百舌鳥《もず》古墳群をあるく

増補改訂第2版

巨大古墳・全案内

久世仁士［著］

創元社

百舌鳥古墳群一覧（五十音順）

現存する古墳（半壊・整備含む）

墳丘の形＊1	名　称	所在地	本書での主な紹介頁
◎ ●▬	石津ケ丘古墳《履中天皇陵》	堺市西区石津ケ丘	74
◎ ●▬	いたすけ古墳	堺市北区百舌鳥本町	89
◎ ●▬	収塚古墳	堺市堺区百舌鳥夕雲町	38
●	鏡塚古墳	堺市北区百舌鳥赤畑町	40
●▬	かぶと塚古墳	堺市西区上野芝町	83
●	狐山古墳	堺市堺区大仙中町	51
●	経堂古墳	堺市堺区南陵町	83
●	グワショウ坊古墳	堺市堺区百舌鳥夕雲町	67
◎ ●	源右衛門山古墳	堺市堺区向陵西町	43
●▬	御廟表塚古墳	堺市北区中百舌鳥町	107
◎ ●▬	御廟山古墳	堺市北区百舌鳥本町	95
◎ ●▬	菰山塚古墳	堺市堺区南丸保園	48
◎ ●	七観音古墳	堺市堺区旭ケ丘北町	70
●▬	定の山古墳	堺市北区百舌鳥梅町	108
●	正楽寺山古墳	堺市北区百舌鳥陵南町	117
■	鈴山古墳	堺市堺区北三国ケ丘町	124
◎ ●▬	銭塚古墳＊2	堺市東区東上野芝町	65
◎ ■	善右ヱ門山古墳	堺市北区百舌鳥本町	93
◎ ●	大安寺山古墳	堺市堺区大仙町	44
◎ ●▬	大山古墳《仁徳天皇陵》	堺市堺区大仙町	55
◎ ●▬	竜佐山古墳	堺市堺区大仙中町	52
◎ ●▬	田出井山古墳《反正天皇陵》	堺市堺区北三国ケ丘町	123
●▬	乳岡古墳	堺市堺区石津町	85
◎ ●	茶山古墳	堺市堺区大仙町	45
●	鎮守山塚古墳	堺市北区百舌鳥赤畑町	104
◎ ●	塚廻古墳	堺市堺区百舌鳥夕雲町	42
◎ ■	寺山南山古墳	堺市西区上野芝町	69
■	天王古墳	堺市堺区北三国ケ丘町	124
◎ ■	銅亀山古墳	堺市堺区大仙町	50
●	ドンチャ山古墳	堺市北区百舌鳥陵南町	117
◎ ●▬	長塚古墳	堺市堺区百舌鳥夕雲町	62
◎ ●▬	永山古墳	堺市堺区東永山園	45
◎ ●▬	ニサンザイ古墳	堺市北区百舌鳥西之町	110
●	西酒呑古墳	堺市堺区旭ケ丘南町	77
◎ ●▬	旗塚古墳	堺市堺区百舌鳥夕雲町	68
●	東上野芝町１号墳	堺市堺区東上野芝町	66
●	東酒呑古墳	堺市堺区旭ケ丘南町	77
●▬	檜塚古墳	堺市堺区石津北町	87
●	樋の谷古墳	堺市堺区大仙町	49
●	坊主山古墳	堺市北区百舌鳥赤畑町	41
◎ ●▬	孫太夫山古墳	堺市堺区百舌鳥夕雲町	54
◎ ●▬	丸保山古墳	堺市堺区北丸保園	47
●▬	万代山古墳	堺市北区百舌鳥赤畑町	100
●▬	文珠塚古墳	堺市西区上野芝向ケ丘町	79

◎は世界遺産登録古墳
＊1　●▬は前方後円墳（帆立貝形古墳も含む）、●は円墳、■は方墳を表す

消滅した古墳（その１）

名　称	所在地	本書での主な紹介頁
赤山古墳＊3	堺市北区百舌鳥西之町	122
尼塚古墳	堺市北区中百舌鳥町	107
石塚古墳（無名塚10号墳）	堺市西区上野芝町	76
一本松古墳	堺市堺区綾西通	50
一本松塚古墳	堺市北区百舌鳥本町	100
上野芝町１号墳	堺市西区上野芝町	84
上野芝町２号墳	堺市西区上野芝町	84
榎古墳	堺市堺区榎元町	47
大塚山古墳	堺市西区上野芝町	80

消滅した古墳（その2）

名　称	所在地	本書での主な紹介頁
カトンボ山古墳	堺市北区百舌鳥赤畑町	101
賀仁山古墳	堺市北区中百舌鳥町	107
亀塚古墳	堺市西区上野芝町	84
狐塚古墳*4	堺市西区上野芝町	77
狐塚古墳*5	堺市堺区百舌鳥夕雲町	64
狐塚古墳（無名塚13号墳）*6	堺市堺区霞ケ丘町	83
木下山古墳	堺市北区中百舌鳥町	107
経塚古墳（京塚山古墳）*7	堺市中区土師町	117
ギンベ山古墳	堺市中区土師町	117
こうじ山古墳	堺市北区百舌鳥西之町	119
黄金山塚古墳	堺市西区上野芝向ケ丘町	80
吾呂茂塚古墳	堺市北区百舌鳥本町	94
七観古墳（七観山古墳）	堺市堺区旭ケ丘中町	71
七郎姫古墳	堺市中区土師町	117
城ノ山古墳	堺市北区百舌鳥西之町	122
銭塚古墳*8	堺市北区百舌鳥赤畑町	41
旅塚古墳	堺市堺区南陵町	76
ツクチ山古墳	堺市中区土師町	117
土山古墳	堺市中区土師町	117
ド塚古墳	堺市西区上野芝町	77
鳶塚古墳	堺市堺区百舌鳥夕雲町	64
長山古墳	堺市堺区東湊町・協和町	88
ナゲ塚古墳（無名塚23号墳）	堺市北区百舌鳥陵南町	122
八幡塚古墳	堺市北区百舌鳥赤畑町	100
ハナシ山古墳	堺市中区土師町	117
原山古墳	堺市堺区百舌鳥夕雲町	64
播磨塚古墳	堺市北区百舌鳥本町	95
平井塚古墳	堺市北区百舌鳥陵南町	120
文山古墳	堺市北区百舌鳥陵南町	117
万代寺山古墳	堺市北区百舌鳥赤畑町	104
無名塚１号墳	堺市堺区榎元町	47
無名塚２号墳	堺市堺区榎元町・中永山園	47
無名塚４号墳	堺市堺区東湊町	88
無名塚５号墳	堺市堺区東湊町	88
無名塚６号墳	堺市堺区東湊町	88
無名塚７号墳	堺市堺区旭ケ丘中町・旭ケ丘南町	77
無名塚12号墳	堺市堺区霞ケ丘町	83
無名塚14号墳	堺市西区上野芝町	85
無名塚15号墳	堺市西区上野芝町	85
無名塚16号墳	堺市北区百舌鳥梅北町	107
無名塚17号墳	堺市北区百舌鳥梅北町	107
無名塚18号墳	堺市北区中百舌鳥町	107
無名塚19号墳	堺市北区百舌鳥本町	94
無名塚20号墳	堺市北区百舌鳥本町	94
無名塚21号墳	堺市北区百舌鳥本町	94
無名塚22号墳	堺市北区百舌鳥赤畑町	100
茂右衛門山古墳	堺市堺区百舌鳥夕雲町	64
百舌鳥赤畑町１号墳	堺市北区百舌鳥赤畑町	100
百舌鳥夕雲町１号墳	堺市堺区百舌鳥夕雲町	40
鼬塚古墳（無名塚３号墳）	堺市北区百舌鳥赤畑町	40
湯の山古墳	堺市北区百舌鳥陵南町	121
渡矢古墳	堺市北区中百舌鳥町	107

（以下、同名の古墳が複数存在するため所在地を付記して区別した）
＊2　大阪府立堺支援学校内に所在する
＊3　堺市立百舌鳥支援学校の正門前に所在した
＊4　石津ケ丘古墳の南東に隣接して所在した
＊5　長塚古墳の南に隣接して所在した
＊6　経堂古墳の西約400mに所在した
＊7　ニサンザイ古墳の南東に隣接して所在した
＊8　坊主山古墳の南約200mに所在した

百舌鳥古墳群全図
前方後円墳
（帆立貝形古墳含む）
（現存）
（消滅）
円墳
（現存）
（消滅）
方墳
（現存）
（消滅）
堺市駅
12
新金岡駅
中央環状線
2
源右衛門山古墳
百舌鳥夕雲町1号墳
坊主山古墳
百舌鳥八幡駅
飩塚古墳（無名塚３号墳）
銭塚古墳
無名塚16号墳
地下鉄御堂筋線
御廟表塚古墳
木下山古墳
中百舌鳥駅
なかもず駅
無名塚17号墳
万代山古墳
無名塚18号墳
万代寺山古墳
鎮守山塚古墳
渡矢古墳
カトンボ山古墳
賀仁山古墳
百舌鳥梅町窯跡
尼塚古墳
百舌鳥赤畑町1号墳
定の山古墳
白鷺駅
こうじ山古墳
南海高野線
ニサンザイ古墳
経塚古墳（京塚山古墳）
ドンチャ山古墳
文山古墳
ツクチ山古墳
正楽寺山古墳
泉北高速鉄道
土山古墳
ギンベ山古墳
ハナシ山古墳
七郎姫古墳
0
250
500m

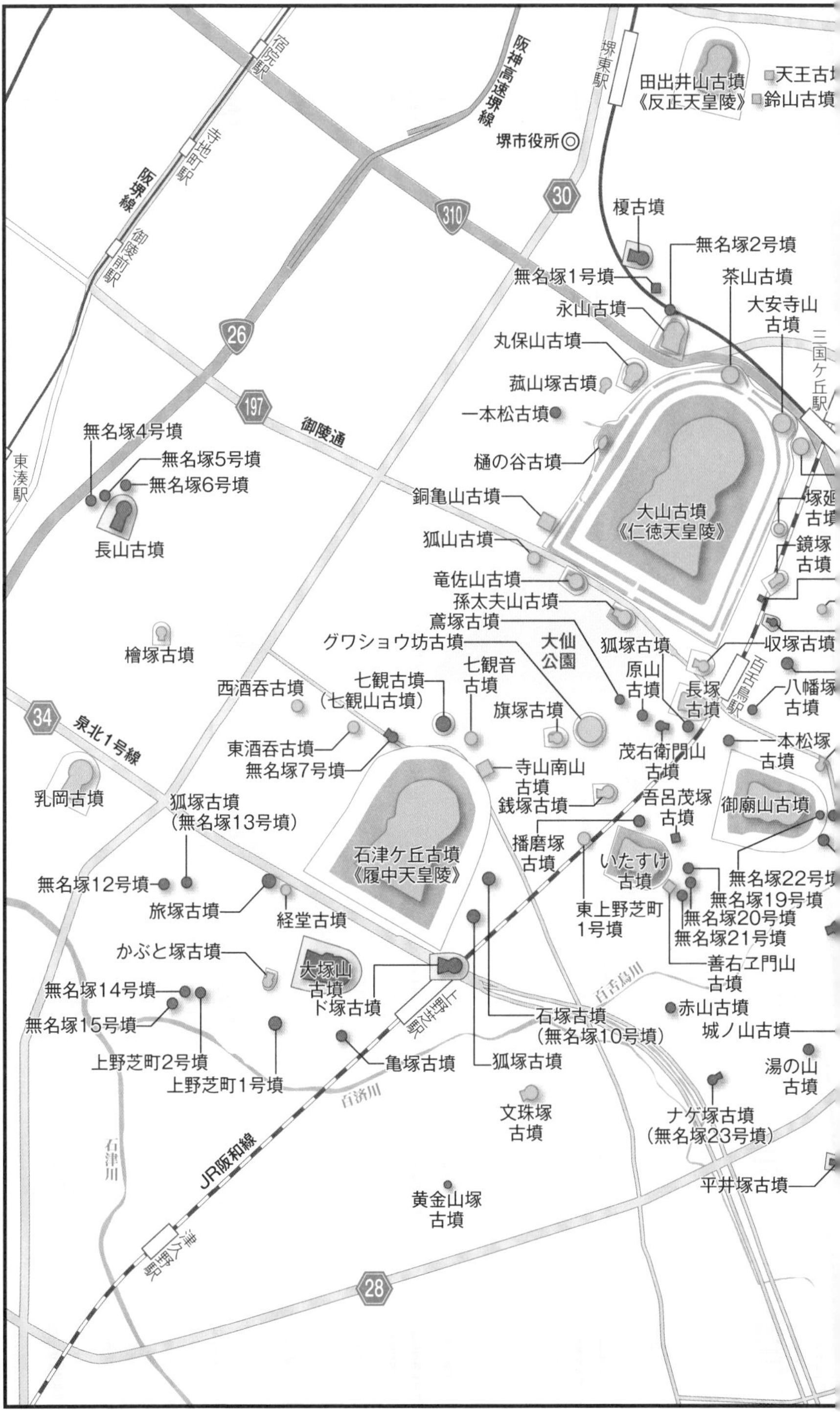

宿院駅
阪神高速堺線
堺東駅
田出井山古墳
《反正天皇陵》
天王古
鈴山古墳
寺地町駅
阪堺線
堺市役所
30
310
榎古墳
無名塚2号墳
御陵前駅
無名塚1号墳
茶山古墳
永山古墳
大安寺山古墳
26
丸保山古墳
三国ケ丘駅
菰山塚古墳
197
一本松古墳
御陵通
無名塚4号墳
樋の谷古墳
無名塚5号墳
東湊駅
無名塚6号墳
銅亀山古墳
塚廻古墳
大山古墳
《仁徳天皇陵》
長山古墳
狐山古墳
鏡塚古墳
竜佐山古墳
孫太夫山古墳
鳶塚古墳
檜塚古墳
グワショウ坊古墳
大仙公園
狐塚古墳
収塚古墳
七観古墳
(七観山古墳)
七観音古墳
原山古墳
西酒呑古墳
長塚古墳
百舌鳥駅
八幡塚古墳
34
泉北1号線
旗塚古墳
東酒呑古墳
茂右衛門山古墳
一本松塚古墳
無名塚7号墳
寺山南山古墳
乳岡古墳
銭塚古墳
吾呂茂塚古墳
御廟山古墳
狐塚古墳
(無名塚13号墳)
播磨塚古墳
石津ケ丘古墳
《履中天皇陵》
いたすけ古墳
無名塚22号墳
無名塚12号墳
無名塚19号墳
旅塚古墳
経堂古墳
東上野芝町1号墳
無名塚20号墳
無名塚21号墳
かぶと塚古墳
大塚山古墳
善右エ門山古墳
無名塚14号墳
ド塚古墳
百舌鳥川
上野芝駅
赤山古墳
無名塚15号墳
石塚古墳
(無名塚10号墳)
城ノ山古墳
上野芝町2号墳
亀塚古墳
狐塚古墳
湯の山古墳
上野芝町1号墳
百済川
文珠塚古墳
ナゲ塚古墳
(無名塚23号墳)
石津川
JR阪和線
平井塚古墳
黄金山塚古墳
津久野駅
28

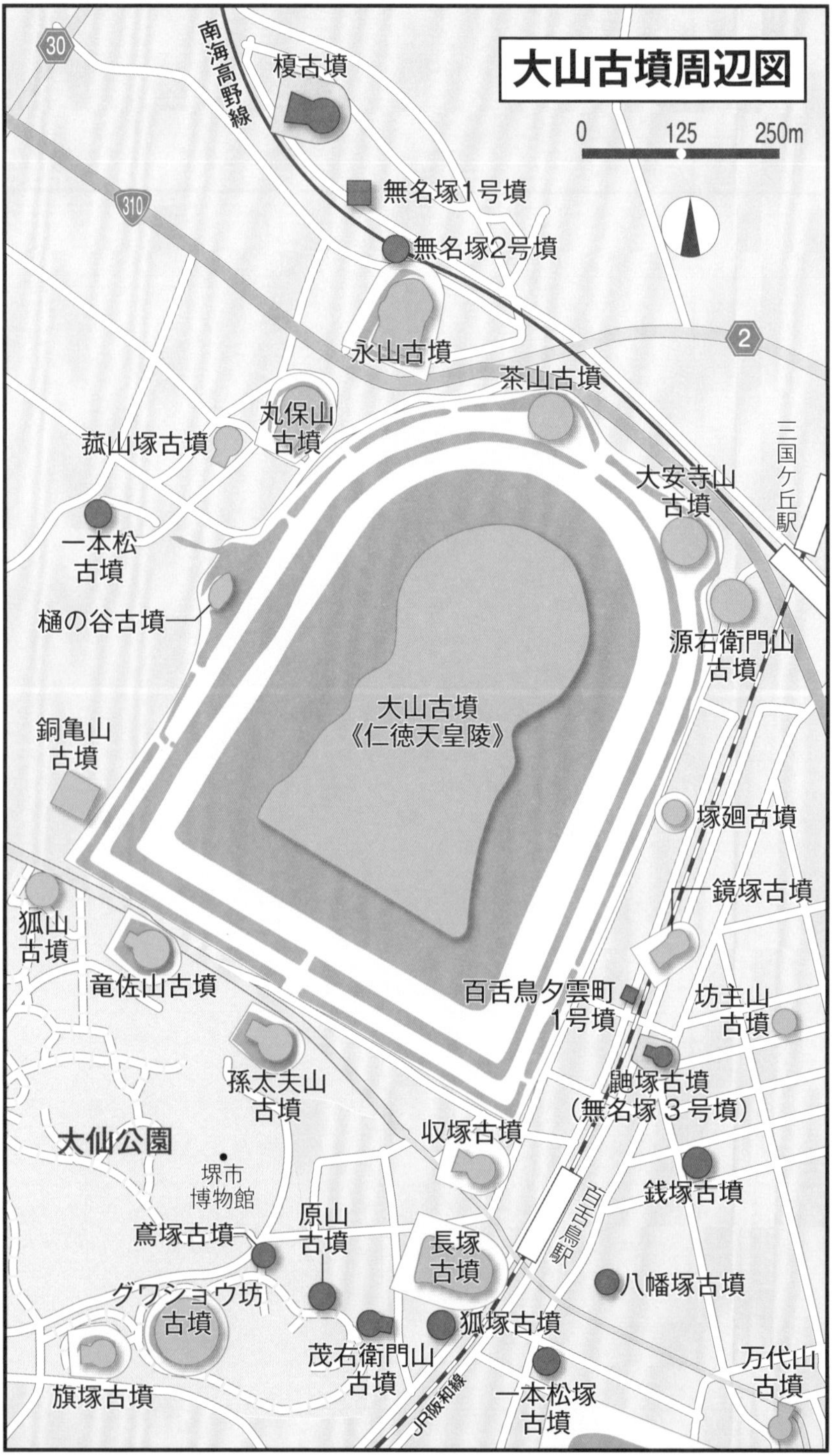
大山古墳周辺図
0
125
250m
30
310
2
南海高野線
榎古墳
無名塚1号墳
無名塚2号墳
永山古墳
茶山古墳
丸保山古墳
菰山塚古墳
一本松古墳
樋の谷古墳
大安寺山古墳
三国ケ丘駅
源右衛門山古墳
大山古墳《仁徳天皇陵》
銅亀山古墳
塚廻古墳
鏡塚古墳
狐山古墳
竜佐山古墳
百舌鳥夕雲町1号墳
坊主山古墳
孫太夫山古墳
鼬塚古墳（無名塚３号墳）
大仙公園
収塚古墳
堺市博物館
銭塚古墳
百舌鳥駅
鳶塚古墳
原山古墳
長塚古墳
八幡塚古墳
グワショウ坊古墳
狐塚古墳
茂右衛門山古墳
万代山古墳
JR阪和線
旗塚古墳
一本松塚古墳

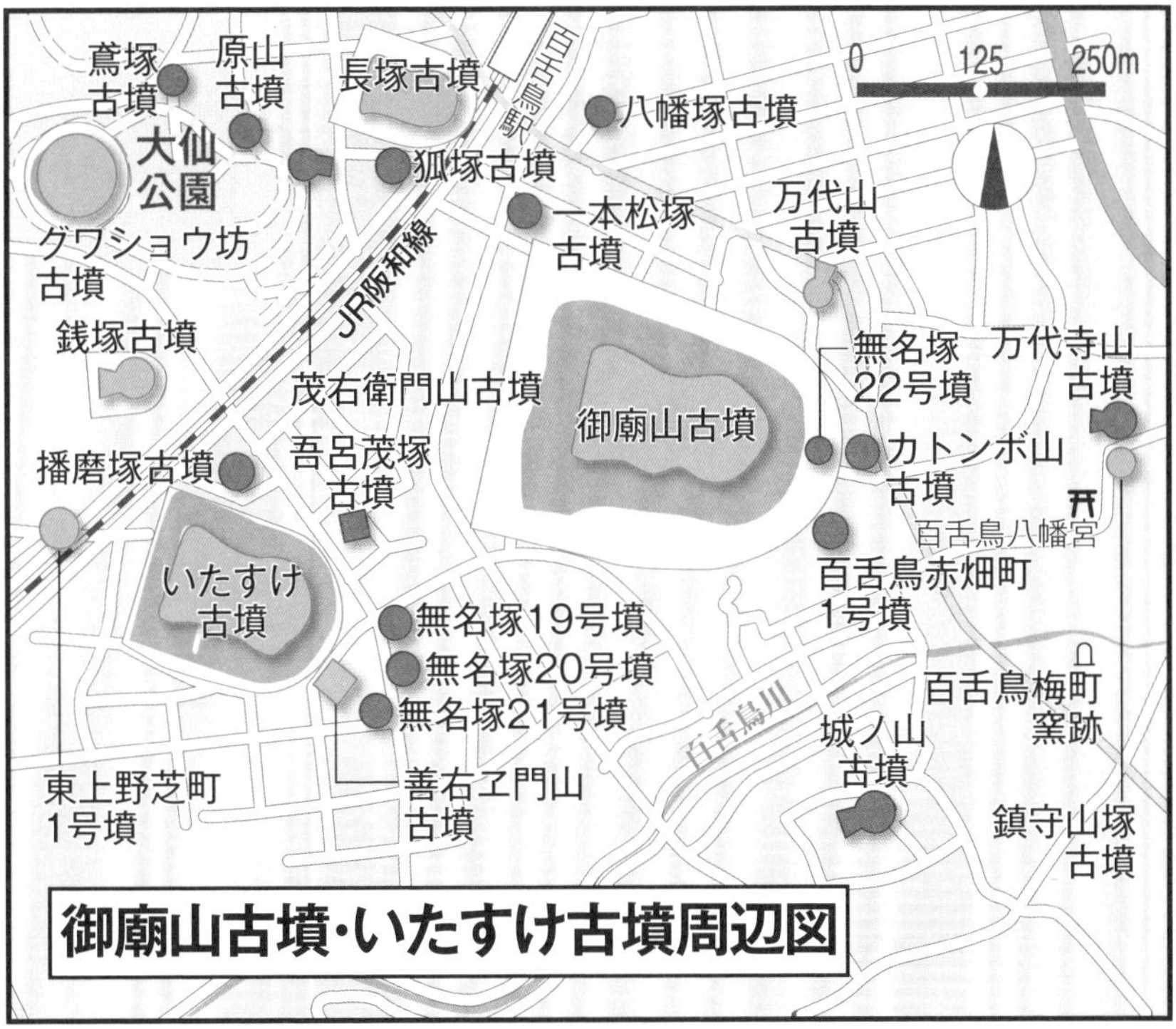
0
125
250m
鳶塚古墳
原山古墳
長塚古墳
百舌鳥駅
八幡塚古墳
大仙公園
狐塚古墳
一本松塚古墳
万代山古墳
グワショウ坊古墳
JR阪和線
銭塚古墳
茂右衛門山古墳
御廟山古墳
無名塚22号墳
万代寺山古墳
カトンボ山古墳
播磨塚古墳
吾呂茂塚古墳
百舌鳥八幡宮
百舌鳥赤畑町1号墳
いたすけ古墳
無名塚19号墳
無名塚20号墳
無名塚21号墳
百舌鳥川
百舌鳥梅町窯跡
城ノ山古墳
東上野芝町1号墳
善右ヱ門山古墳
鎮守山塚古墳
御廟山古墳・いたすけ古墳周辺図

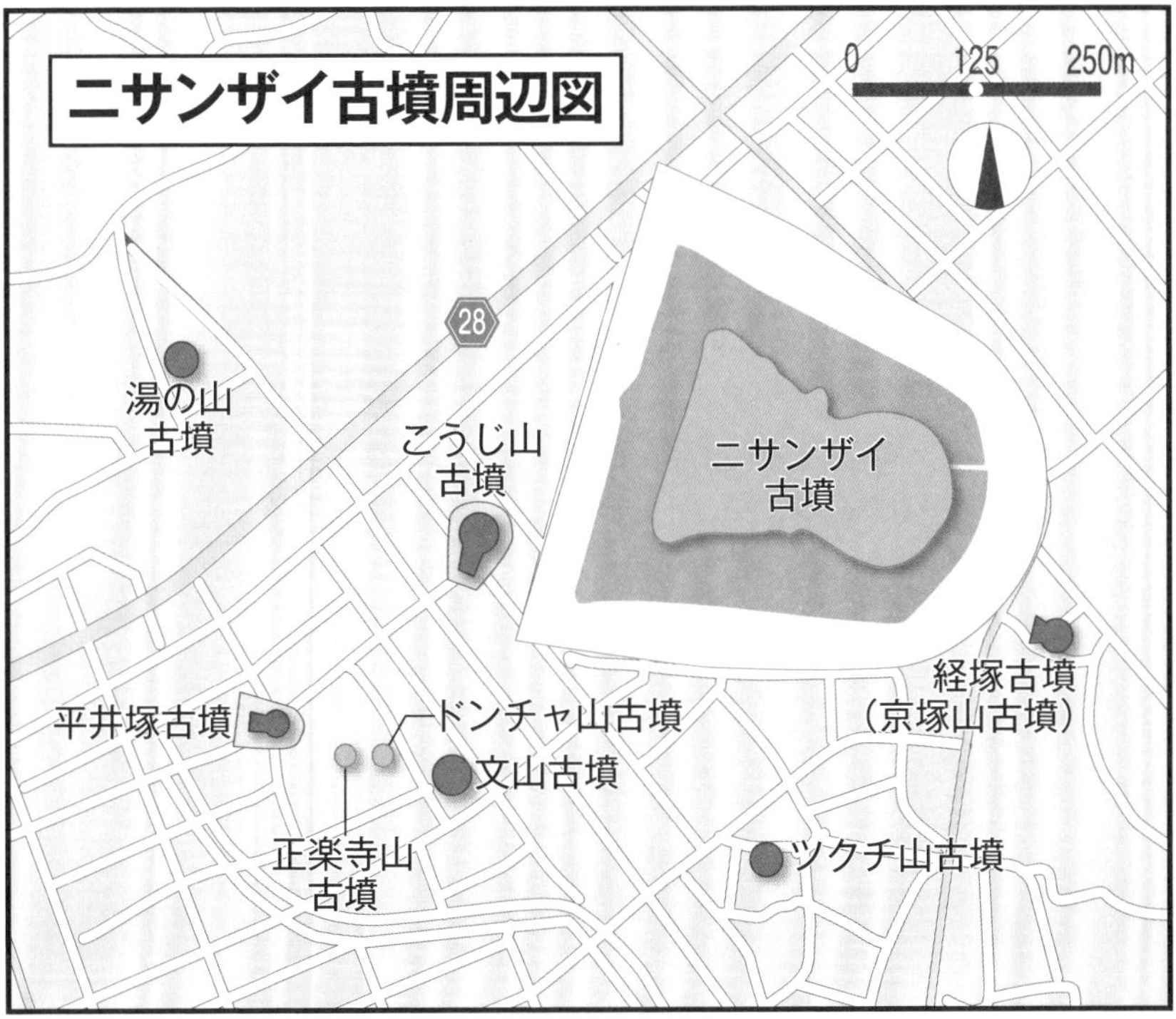
0
125
250m
28
湯の山古墳
こうじ山古墳
ニサンザイ古墳
経塚古墳（京塚山古墳）
平井塚古墳
ドンチャ山古墳
文山古墳
正楽寺山古墳
ツクチ山古墳
ニサンザイ古墳周辺図

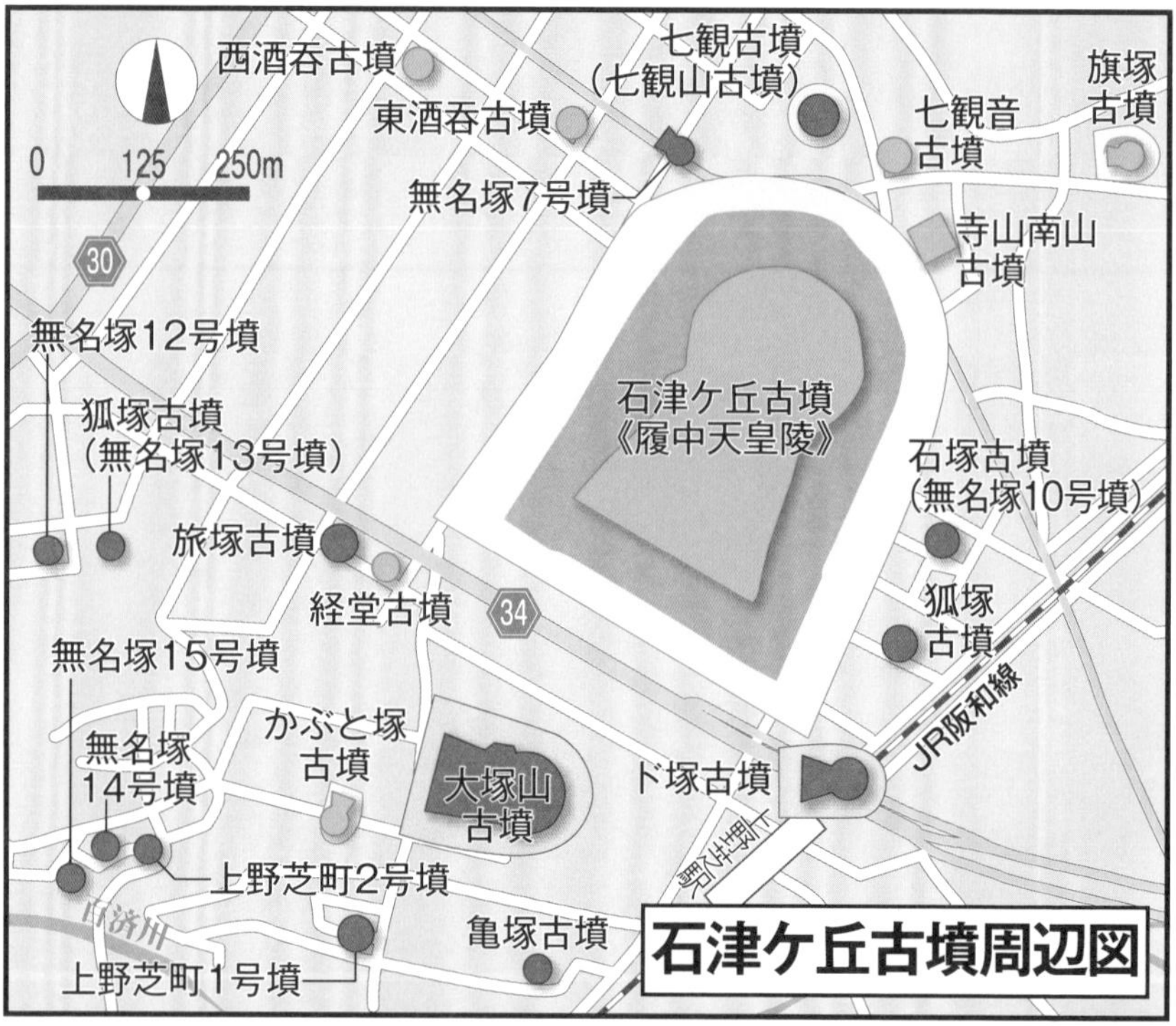

石津ケ丘古墳周辺図

田出井山古墳周辺図

御廟表塚古墳周辺図

古墳時代年表

時代	世紀	西暦	文献史料からわかること	考古学からわかること	百舌鳥古墳群の主な古墳	古市古墳群の主な古墳	全国の主な遺跡
弥生時代	2世紀	180頃	この頃、倭国おおいに乱れる（魏志倭人伝）				池上曽根遺跡（大阪府） 吉野ケ里遺跡（佐賀県）
	3世紀			各地に大型の墳丘墓がつくられる			纒向遺跡（奈良県）
		239	邪馬台国の女王卑弥呼が魏に使いを送る。「親魏倭王」の金印と銅鏡百枚を受ける（魏志倭人伝）				
		240～248	この頃、卑弥呼が亡くなる。径百余歩の墓をつくる。卑弥呼の宗女トヨが女王となる（魏志倭人伝）				
古墳時代 前期				巨大前方後円墳が出現、オオヤマト古墳群がつくられはじめる			箸中山古墳（奈良県） 椿井大塚山古墳（京都府）
	4世紀			佐紀古墳群がつくられはじめる			
		372	百済が倭に使いを派遣して七支刀を送る（石上神宮の七支刀）				
		4世紀後期	百済との連携強化				
		391	倭国軍が渡海して百済・新羅を破る（広開土王碑）	百舌鳥・古市古墳群がつくられはじめる	長山古墳	津堂城山古墳	
		396	高句麗の好太王が百済を破る（広開土王碑）	この頃、九州北部で横穴式石室を持つ古墳が現れる	乳岡古墳		
		399	百済・倭連合軍が新羅に侵入する（広開土王碑）				
		4世紀末	高句麗の好太王が大軍を発動して百済を攻める。日本も援軍を派遣し、激戦を展開	須恵器の生産がはじまる		仲津山古墳《仲姫命陵》	大阪南部窯跡群（大阪府）
古墳時代 中期	5世紀	400	好太王が倭国軍を破り、追撃して任那・加羅に至る（広開土王碑）		石津ケ丘古墳《履中天皇陵》		
		421	倭国王讃が宋に貢ぎ物を送る（宋書倭国伝）		大塚山古墳	墓山古墳	
		438	倭国王讃が没し、弟の珍が立つ（宋書倭国伝）		いたすけ古墳	誉田山古墳《応神天皇陵》	
			宋の文帝が珍を安東将軍倭国王とする（宋書文帝紀）		御廟山古墳		
		443	倭国王済が宋に使いを送り、安東将軍倭国王を授けられる（宋書倭国伝）				
				この頃、吉備や上毛野に巨大古墳がつくられる			造山古墳（岡山県）
		462	倭国王済が亡くなり、後継の興が宋に貢ぎ物を送る。安東将軍倭国王を授けられる（宋書倭国伝）	近畿の一部の古墳で横穴式石室が採用される	大山古墳《仁徳天皇陵》		
		471	稲荷山鉄剣銘文にワカタケル大王の文字	この頃、群集墳が現れる	田出井山古墳《反正天皇陵》		
		475	高句麗が百済の都、漢城を攻略する（三国史記他）			市野山古墳《允恭天皇陵》	
		478	倭国王興が亡くなり、弟の武が立つ。武が宋に使いを送る。宋の順帝が武に安東大将軍倭王を授ける（宋書倭国伝）		ニサンザイ古墳	前の山古墳（軽里大塚古墳）《日本武尊白鳥陵》	
			新羅が大きく領域を拡大。加耶も勢力下に。日本の政治的軍事的影響力が低下			岡ミサンザイ古墳《仲哀天皇陵》	三ツ寺I遺跡（群馬県）
古墳時代 後期	6世紀	507	男大迹王（継体）が即位（日本書紀）			野中ボケ山古墳《仁賢天皇陵》	
		538	百済の聖明王が日本に仏教を伝える（元興寺縁起他）			河内大塚山古墳	
		596	蘇我馬子が飛鳥寺を造営する（日本書紀）	大規模前方後円墳の造営がされなくなる			藤ノ木古墳（奈良県）
飛鳥時代	7世紀	645（大化元年）	乙巳の変（日本書紀） これより大化の改新がはじまる				前期難波宮（大阪府）
		672	壬申の乱（日本書紀）				高松塚古墳（奈良県）

百舌鳥古墳群の編年

4 世紀後半	乳岡古墳	長山古墳	
5 世紀初頭	石津ケ丘古墳 《履中天皇陵》	大塚山古墳	寺山南山古墳
5 世紀初頭～前半	永山古墳		
5 世紀前半	いたすけ古墳	御廟山古墳	七観古墳 （七観山古墳）
	七観音古墳	善右ヱ門山古墳	
5 世紀中頃	収塚古墳	鏡塚古墳	源右衛門山古墳
	菰山塚古墳	大山古墳 《仁徳天皇陵》	田出井山古墳 《反正天皇陵》
	鎮守山塚古墳	塚廻古墳	銅亀山古墳
	旗塚古墳	孫太夫山古墳	文殊塚古墳
5 世紀中頃～後半	赤山古墳[*1]	カトンボ山古墳	こうじ山古墳
	鳶塚古墳	長塚古墳	原山古墳
	丸保山古墳	湯の山古墳	
5 世紀後半	狐山古墳	グワショウ坊古墳	定の山古墳
	城ノ山古墳	銭塚古墳[*2]	ニサンザイ古墳
5 世紀後半～末	御廟表塚古墳		
5 世紀末	一本松古墳	竜佐山古墳	
6 世紀前半	平井塚古墳		
6 世紀前半以降	正楽寺山古墳	ドンチャ山古墳	
7 世紀前半	上野芝 1 号墳		

編年不明の古墳は省いた
現存する古墳は墳丘の形も示した。は前方後円墳（帆立貝形古墳も含む）、は円墳、は方墳を表す

＊1　堺市立百舌鳥支援学校の正門前に所在した
＊2　大阪府立堺支援学校内に所在する

目次

第2章　百舌鳥古墳群をつくった人々

地図制作　河本佳樹
装丁　濱﨑実幸

はじめに

大阪府堺市《さかいし》にある「百舌鳥《もず》古墳群」は、藤井寺《ふじいでら》市と羽曳野《はびきの》市にまたがる「古市《ふるいち》古墳群」とともに世界文化遺産に登録されました。最近では遠くから訪れる人も多いようです。大山《だいせん》古墳（仁徳《にんとく》天皇陵）は日本史の教科書には必ず登場し、誰でも知っていますが、それ以外の古墳については地元でもあまり知られていません。（　）内は宮内庁の呼称です。行政機関や観光団体からは、訪れる人のために案内図やパンフレットが数多く出されているものの、もう少し詳しく知りたい人には物足りなさを感じるのではないでしょうか。かといって発掘調査報告書は専門家向けで、一般の人にはなじみにくく、古墳めぐりをするための手軽な解説書が望まれています。

百舌鳥に一〇〇基以上あった古墳も、現在では四四基になってしまいました。本書ではすでに消滅している古墳も併せて紹介していますが、古墳があった場所を訪れても、今は住宅などが建て込んで、その痕跡すら残っていません。また、現存する古墳でも、宮内庁の管理で一般には公開されていないものも数多くあります。国の史跡に指定された古墳も、多くはフェンスで囲われ、立ち入ることができません。見えない部分は、掲載した紹介文や図版をもとに、その姿を想像してみてください。本書を片手に、はるか一六〇〇年前に思いをはせて、タイムトラベルに出かけてみてはいかがでしょうか。ただし、観光スポットというよりも閑静な住宅街にある古墳が多く、一般市民の生活エリアの中ですので、私有地に立ち入るなどの行為は避けていただきますようお願いします。

まず、序章では古墳の概説をしています。古墳めぐりをはじめるための予備知識として読んでください。地下に埋もれている集落遺跡などとはちがって、視覚的によくわかる古墳は遺跡めぐりの中でも人気ですが、反面、考古学の用語は難解なものが多く、人々を遠ざけているのが実情です。そこで本書では、用語解説をそれぞれの頁の欄外（脚注）で説明しています。

百舌鳥古墳群の実態はいまだによくわかっていませんが、第1章の「百舌鳥古墳群をあるく」では、現在までの調査成果をもとにできるだけ客観的に個々の古墳を紹介しました。ただし、調査、研究の進展によりその成果は絶えず更新されていくことをお断りしておきます。

古墳を専門的に研究している人の中でも、さまざまな説があり、百舌鳥古墳群や個々の古墳の評価も一致しているわけではありません。第2章の「百舌鳥古墳群をつくった人々」では、百舌鳥古墳群を造営した集団の性格を筆者なりの見解をもとに記述しています。

残されたわずかな古墳も自然に残ってきたわけではありません。第3章の「百舌鳥古墳群の破壊と保存運動」は、文化財行政がいまだ整っていなかった頃の保存運動の経過を中心に、若干今日的な課題にふれました。古墳を残すためにどれだけの犠牲と努力が払われてきたか、保存に奔走した人々の記録も併せて紹介しています。

なお、このたびの増補改訂第2版では、最新の発掘調査結果などを反映させて、掲載データを全面的に見直し、景観に大きな変化の生じている古墳は写真も撮り直しました。世界遺産登録後の周辺環境の変化なども極力記載するようにしました。

また、大きな増補内容として、巻末に新たに一章を追加し、大阪府内の主要古墳を姉妹書二冊に分けて紹介しています。本書『百舌鳥古墳群をあるく　増補改訂第2版』には北摂《ほくせつ》地域と大阪市内、泉州《せんしゅう》地域の古墳を、姉妹書『古市古墳群をあるく　増補改訂第2版』には河内《かわち》地域の古墳を載せています。

このように増補・改訂された本書が、古墳めぐりや遺跡探訪をしたい方々にとって少しでもお役に立てれば幸いです。

序章　古墳めぐりをはじめる前に

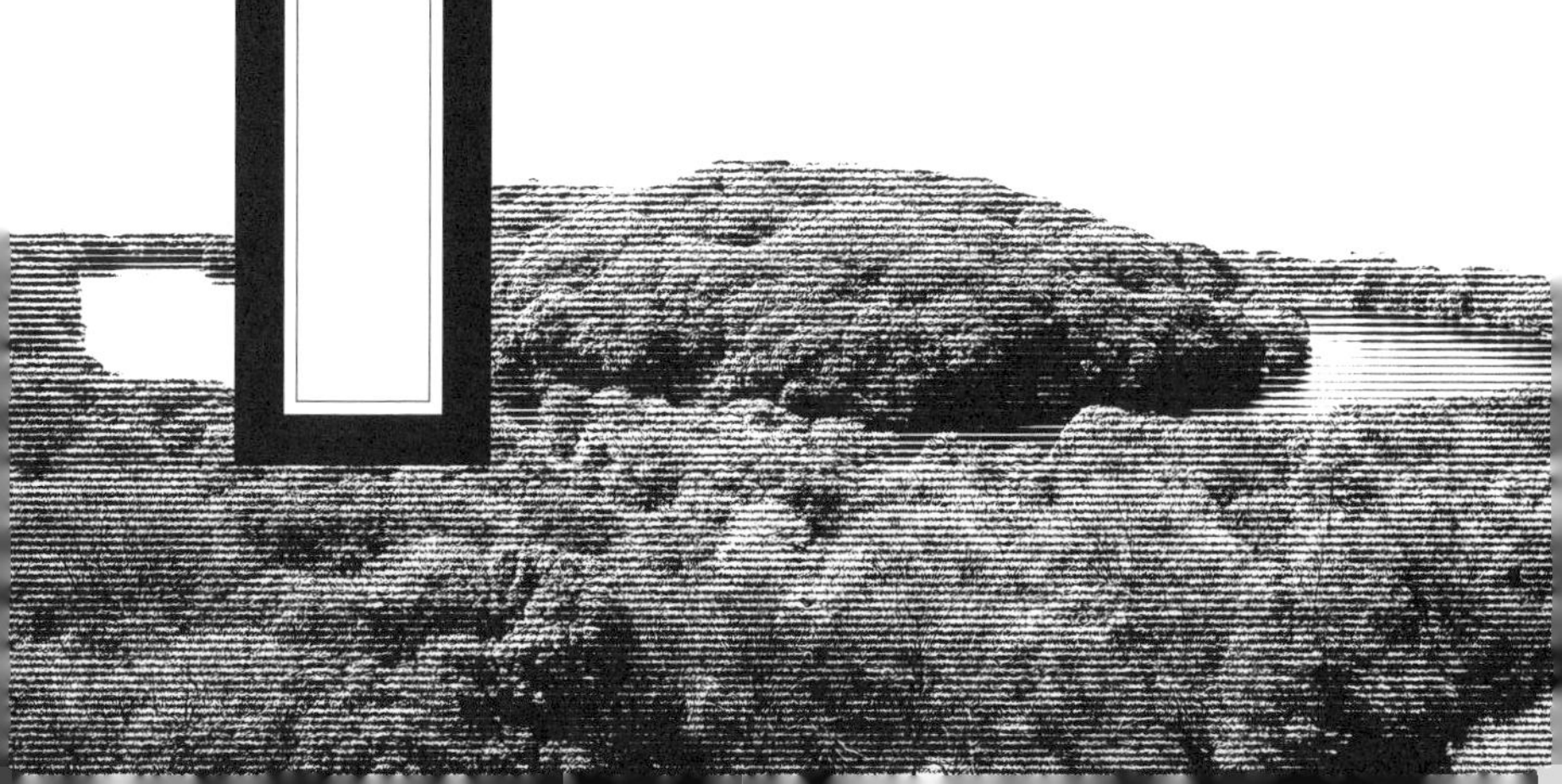

1　古墳は謎だらけ

「卑弥呼《ひみこ》の墓？　初の立ち入り調査」。二〇一三年二月二〇日、新聞各紙はこのような見出しで大きく報道しました。この日、陵墓《りょうぼ》（一八一頁参照）を管理する宮内庁が奈良県桜井市の**箸《はし》中山《なかやま》古墳**の立ち入りを許可し、**陵墓関係学会**の一六名が陵墓の中に入って調査しました。筆者もこの調査に参加した一人です。当日は現場上空をヘリが何機も旋回し、マスコミ関係者が大勢詰めかけて、卑弥呼の墓の謎がすべて解決できるような期待と熱気に包まれていました。調査といっても発掘をしたわけではありません。第一段の平坦面をただ歩くだけ。そして、遺物などは拾ったり動かしてはいけないという厳しい制約があります。しかし、今まで研究者でも立ち入ることすらできなかった陵墓古墳のこと、表面観察だけでも大きな成果はありましたが、謎は深まるばかりです。

箸中山古墳

箸中山古墳　一般に箸墓《はしはか》古墳と呼ばれているが、箸墓は倭迹迹日百襲媛命《やまとととひももそひめのみこと》大《おお》市墓《いちぼ》に限定されるため、この呼び方は正しくない。

陵墓関係学会　陵墓の保存と公開を求める考古学・歴史学関係一六学・協会。

最近の研究の進展により少しずつ古墳の謎が解き明かされてきましたが、まだまだ古墳は謎だらけ。大山《だいせん》古墳は本当に仁徳《にんとく》天皇の墓か、前《ぜん》方後円墳《ぽうこうえんふん》はどちらが前か、なぜ鍵穴の形をしているのか、古墳は被葬者の生前からつくられたのか、等々。

物理学などと違って、考古学は学者でなくとも誰でも参加できます。『まぼろしの邪馬台国』がベストセラーになり、古代史ブームに火をつけた宮崎康平さんは島原鉄道の元重役。日本ではじめて旧石器を発見した相沢忠洋さんは納豆の行商をしていました。作家や俳優から町のお医者さん、タクシーの運転手さんなどさまざまな経歴の人々が古墳の謎に挑戦しています。筆者もその謎にとりつかれた一人です。

古墳の謎を解き明かすためにはまず、生のデータにあたる必要があります。読者のあなたも百舌鳥古墳群を歩いて古墳の謎に挑戦してみてはいかがでしょうか。その前に、大切な古墳が絶えず消滅の危機にあることを忘れてはなりません。宮内庁が管理している陵墓古墳はフェンスで囲われ一見保存されているように見えますが、管理しているのは墳丘《ふんきゅう》のみで、堀から外は民有地というものも少なくありません。かえって宮内庁の管理地外は開発の波にさらされています。大切な古墳を守り、後世に引き継いでいかなければ、永遠にこの謎も解けません。

2　古墳とは何か

近畿地方に集中する巨大古墳

遺跡は行政用語で「埋蔵文化財」と呼ばれ、貝塚、集落、寺院跡や宮跡などがあり、古墳もそのひとつです。古墳は全国におよそ一六万基あるといわれています。そのうち大半が円墳《えんぷん》で、前方後円墳が**約五二〇〇基**、前方後方墳は約五〇〇基あります。墳丘の長さが一〇〇メートルを超える古墳は約三〇〇基。その約半数は近畿

約五二〇〇基　広瀬和雄「古墳時代像再構築のための考察――前方後円墳時代は律令国家の前史か」国立歴史民俗博物館研究報告、２００９年による。

地方に集中します。奈良盆地南東部のオオヤマト古墳群、北部の佐紀《さき》古墳群、南西部の馬見《うまみ》古墳群、大阪府南河内《みなみかわち》の古市《ふるいち》古墳群、堺市の百舌鳥古墳群は畿内《きない》五大古墳群と呼ばれています。

古墳の形

古墳は真上から見た形によって、基本的には円墳、方墳《ほうふん》、前方後円墳、前方後方墳《ぜんぽうこうほうふん》があります。古墳の形は身分の違い、大きさは権力を示しており、前方後円墳は最も有力な王や豪族の墓で、その大きさによって実力が示されていると考えられます。

前方後円墳の前方部が短いものを帆立貝形《ほたてがいがた》古墳、そのほか双円墳《そうえんふん》、双方墳《そうほうふん》、双方中円墳《そうほうちゅうえんふん》、八《はっ》角墳《かくふん》、六角墳《ろっかくふん》があります。上段と下段の形が違う上円下方墳《じょうえんかほうふん》、下円上方墳《かえんじょうほうふん》もあります。また変わったところでは下段が前方後方形で、上段が前方後円形をした奈良県天理市の西山《にしやま》古墳があります。西山古墳は前方後方墳に分類されており、日本で一番大きい前方後方墳です。前方後方墳は近畿地方東部から東日本にかけて多く見られます。邪馬台国《やまたいこく》と対立した狗奴国《くなこく》の系譜につながる王墓だったかもしれません。

中期までの**大王**墓はすべて前方後円墳ですが、後期には大王や有力豪族の墓は方墳が主流にな

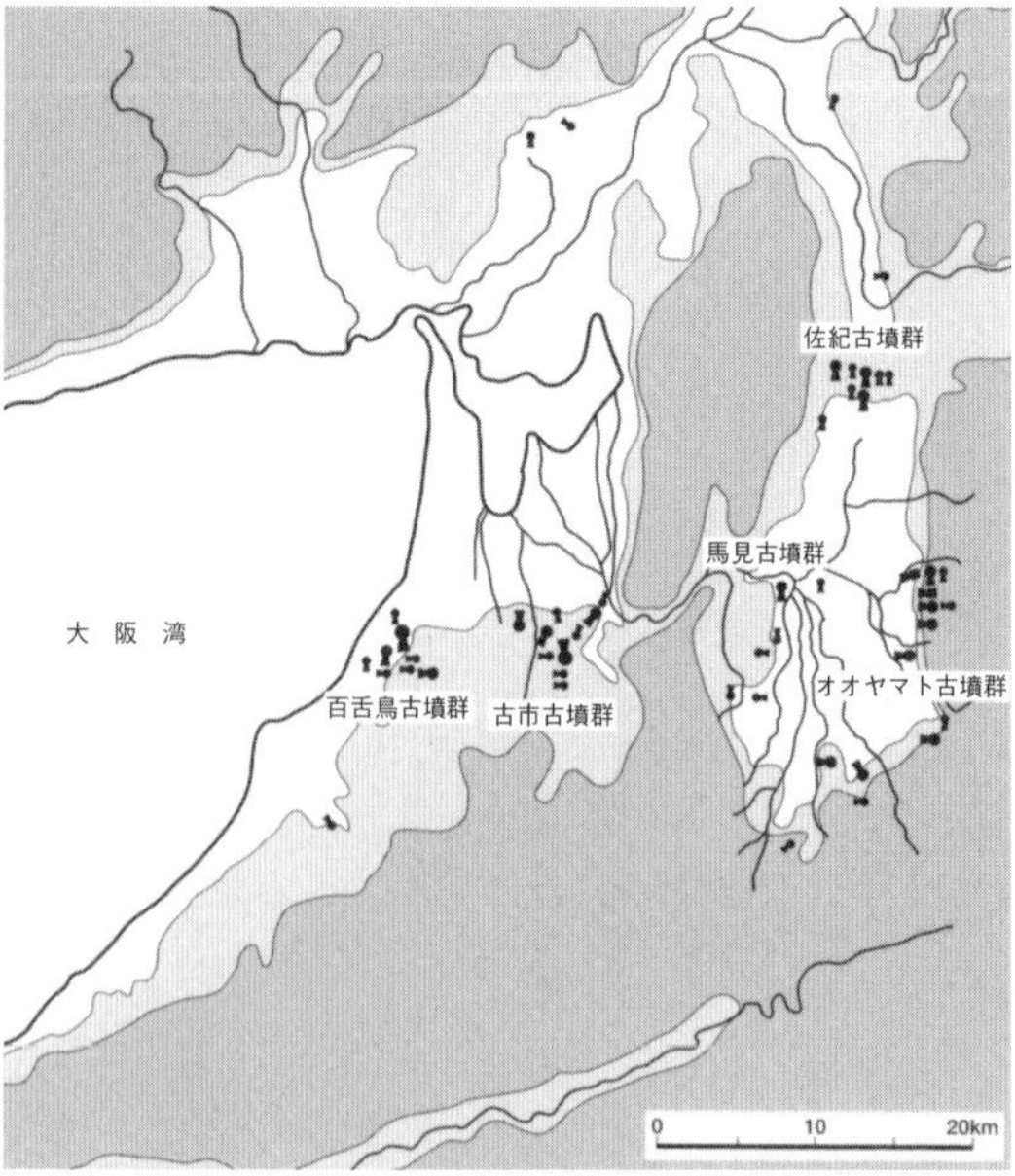

畿内大型古墳群の分布

大王　古墳時代は各地のリーダーが集まって、共同で代表者を決めていた。各地のリーダーは王《きみ》と呼ばれ、その代表者は王のなかの王、大王《おおきみ》と呼ばれた。考古学では大王のこ

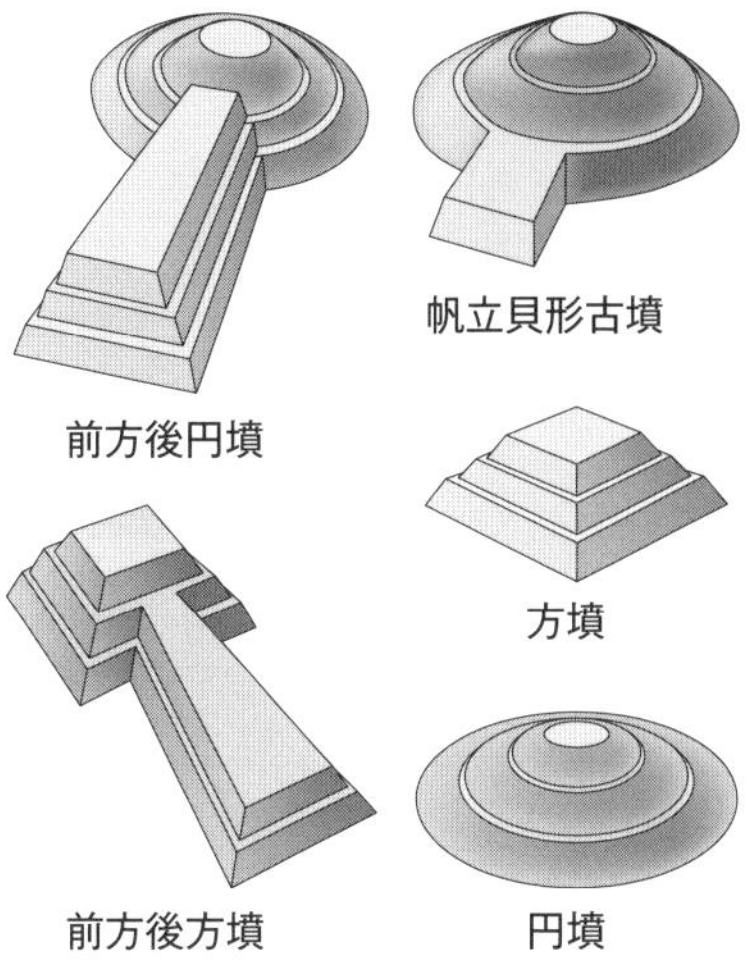

古墳の形

り、末期になると天皇クラスの墓は八角形に変わります。

百舌鳥古墳群で見られるのは前方後円墳、帆立貝形古墳、方墳、円墳でそれ以外の形をした古墳はありません。

日本一大きい古墳は大山古墳か

日本史の教科書などで、クフ王のピラミッドや秦《しん》の始皇帝《しこうてい》陵《りょう》と比べ、世界一大きい大山古墳（仁徳天皇陵）などと書かれています。多くは墳丘の平面積だけを比べてのことですが、墳墓は立体的な構築物であるとともに、さまざまな付帯施設を持っています。

大山古墳の敷地面積は陪塚《ばいづか》や飛び地も含めて約四七万八〇〇〇平方メートルで、秦の始皇帝陵は本体と周辺の副葬《ふくそう》地区も含めると六六平方キロメートルにも及び、現在の西安《せいあん》の都市面積の二倍にあたります。地下にも巨大な宮殿があります。またピラミッドの平面積は小さくても、相当大きな労力が必要だったことは誰の目にも明らかです。このように文化も時代も違うものを比べることには少なからず無理があると思います。

それでは、日本で一番大きい墓は大山古墳か――それも疑問です。大阪府羽曳野《はびきの》市の**誉田山《こんだやま》古墳**（応神《おうじん》天皇陵）は、墳丘長が四二〇メートルで、大山古墳の四八六メートルにわずかに及びませんが、容積は誉田山古墳の一四三万立方メートルに対して大山古墳は一四〇万立方メー

とを通常「だいおう」と呼び習わしている。

誉田山古墳　誉田御廟山《こんだごびょうやま》古墳とも呼ばれている。

トルで、順位は逆転します。

古墳には誰が葬られているか

これは最も興味深いテーマのひとつですが、日本の古墳からは墓誌など被葬者を特定するものは副葬されておらず、誰が葬られているかは定かではありません。わずかに奈良県明日香村の野口王墓《のぐちのおうのはか》古墳は鎌倉時代の盗掘記録から天《てん》武《む》天皇・持統《じとう》天皇合葬陵であることがほぼ間違いないと考えられています。そのほか京都市山《やま》科《しな》区の御廟野《ごびょうの》古墳は天智《てんち》天皇の、大阪府高槻《たかつき》市の今城塚《いましろづか》古墳は継体大王《けいたいだいおう》（男大迹王《おほどのおおきみ》）の墓であることが有力視されています。

現在、宮内庁では「○○天皇陵」などとしていますが、これは幕末から明治にかけて、平安時代に編纂された『延喜式《えんぎしき》』などに基づいて指定（宮内庁用語では「治定《じじょう》」）されたもので、科学的な根拠に乏しいものが少なくありません。大山古墳は仁徳天皇の墓とされていますが、息子である履中《りちゅう》天皇の墓（石津ケ丘《いしづがおか》古墳）のほうが先につくられていることが定説になっています。そればかりか仁徳天皇は一四〇歳まで生きたことになっており、実在性そのものが疑われます。万世一系を正当化するため、系譜のちがう大王同士を親戚のようにつなぐための架空の人物ではないか、とも考えられています。

最近の研究の進展により、各古墳のつくられた年代がほぼ推定できるようになってきました。同じ年代につくられた最も大きい前方後円墳が、大王の墓であると考えることもできます。しかし、同時代に大王墓と匹敵する規模を持つ古墳がいくつもあり、各地に有力者がたくさんいたことがわかります。また、ひとつの古墳に複数の人が葬られている例もあり、大王一人のための墓であったかどうか疑問です。最近では同時代に大王が複数いたという説も出されています。

ちなみに、天皇《すめらみこと》という名称が使われるのは、律令制が創始された天武天皇または持統天皇の頃（七世紀後半）から後の時代のことです。したがって、五世紀代の古墳に「〇〇天皇陵」とするのは誤解を招くことになります。このような理由で、研究者によっては「伝〇〇天皇陵」とか「〇〇天皇陵古墳」といった呼称を使っていますが、これでも〇〇天皇の陵というイメージは払拭されません。このような理由で、古墳の名称に〇〇天皇陵とか〇〇皇子の墓などといった人名、固有名詞を使うのは、適切ではないのです。

通常、遺跡の名前は平城宮跡《へいじょうきゅうせき》とか大坂城跡など、その実態が確実にわかっているもの以外は、小字《こあざ》などの地名をつけるのが慣例となっています。大山古墳には「仁徳陵古墳」「伝仁徳陵」「大仙陵《だいせんりょう》」「百舌鳥耳原中陵《もずみみはらのなかのみささぎ》」「大仙古

陵墓に指定された主な前方後円墳

古墳名	天皇及び皇族名	所在地
行燈山古墳	崇神天皇	奈良県天理市
宝来山古墳	垂仁天皇	奈良市
渋谷向山古墳	景行天皇	奈良県天理市
佐紀石塚山古墳	成務天皇	奈良市
岡ミサンザイ古墳	仲哀天皇	大阪府藤井寺市
誉田山古墳	応神天皇	大阪府羽曳野市
大山古墳	仁徳天皇	大阪府堺市
石津ケ丘古墳	履中天皇	大阪府堺市
田出井山古墳	反正天皇	大阪府堺市
市野山古墳	允恭天皇	大阪府藤井寺市
白髪山古墳	清寧天皇	大阪府羽曳野市
(不明)	顯宗天皇	奈良県香芝市
野中ボケ山古墳	仁賢天皇	大阪府藤井寺市
太田茶臼山古墳	継体天皇	大阪府茨木市
高屋築山古墳	安閑天皇	大阪府羽曳野市
鳥屋ミサンザイ古墳	宣化天皇	奈良県橿原市
平田梅山古墳	欽明天皇	奈良県明日香村
太子西山古墳	敏達天皇	大阪府太子町
佐紀高塚古墳	称徳天皇	奈良市
市庭古墳	平城天皇	奈良市
中山茶臼山古墳	大吉備津彦命	岡山市
箸中山古墳	倭迹迹日百襲姫命	奈良県桜井市
佐紀陵山古墳	日葉酢媛命	奈良市
淡輪ニサンザイ古墳	五十瓊敷入彦命	大阪府岬町
羽咋御陵山古墳	磐衝別命	石川県羽咋市
日岡山高塚(褶墓)古墳	播磨稲日大郎姫命	兵庫県加古川市
能褒野王塚古墳	日本武尊	三重県亀山市
軽里大塚(前の山)古墳	日本武尊	大阪府羽曳野市
西本郷和志山1号墳	五十狭城入彦皇子	愛知県岡崎市
牟礼大塚古墳	神櫛王	香川県高松市
五社神古墳	神功皇后	奈良市
仲津山古墳	仲姫命	大阪府藤井寺市
莵道丸山古墳	莵道稚郎子尊	京都府宇治市
上のびゅう塚古墳	都紀女加王	佐賀県上峰町
ヒシャゲ古墳	磐之媛命	奈良市
北花内大塚古墳	飯豊天皇	奈良県葛城市
西殿塚古墳	手白香皇女	奈良県天理市
高屋八幡山古墳	春日山田皇女	大阪府羽曳野市
宇治黄金塚古墳	伊豫親王	京都市
片平大塚古墳	仲野親王	京都市

墳」とさまざまな呼び方があります。本書では、固有名詞や天皇、皇后の墓を表す「陵《みささぎ》」という言葉は使わずに、地元の人々が古くから呼び習わしてきた**大山古墳の名称**を使うことにします。

一方、履中天皇陵は、最近では「上石津《かみいしづ》ミサンザイ古墳」という呼称も使われています。上石津にあるミサンザイ（陵＝ミササギがなまったもの）古墳ということですが、これでは範囲が広く固有名詞としては一般的すぎてふさわしくありません。履中天皇陵の敷地のみが石津ケ丘町という地名であり、石津ケ丘古墳と呼ぶのが妥当でしょう。また反正《はんぜい》天皇陵は同じような理由から田出井山《たでいやま》古墳と呼びます。

古墳はどのようにして築かれたか

古墳時代初期の前方後円墳の多くは丘陵の尾根などを利用してつくられています。少ないコストでより壮大に見せるにはもってこいの場所です。中期になると平野部で巨大な古墳が築かれるようになります。より多くの労力が必要ですが、民衆を動員する力が王の権威の証であったのでしょう。百舌鳥古墳群は、この中期の大古墳群です。

百舌鳥の前方後円墳の大半は満々と水をたたえた堀がめぐっていますが、本来、水を貯めるためのものかどうかは定かではありません。したがって本書では「濠」ではなく「堀」の字を使っています。近畿地方の古墳の多くは溜池《ためいけ》として堀を利用しており、新田開発などに伴い、より多くの水を確保するため堀を拡張したり、堤をかさ上げしたりしている例が多く見られます。

前方後円墳の中には同じ形で縮尺の違う古墳があります。古墳の形を正確につくるためには設計図と物差しがあったことは間違いありません。

大林組が大山古墳をつくるための労力と期間を試算しています。それによると、一日二〇〇

大山古墳の名称　大山古墳という呼称は、『大阪府史』や「堺市文化財地図」をはじめ、教科書等でも定着してきており、もとより江戸時代の地誌や絵図の多くは「大山陵」や「大仙陵」となっていた。大仙は大山の訛りと記された書物などもある。公の文書や絵図では「大仙陵」となっているものが多いが、民間などでは古くから「大山陵」と呼ばれていたようである。以上に鑑み、本書では従来から呼ばれてきた「大山古墳」という名称を採用している。

〇人の人が働いて一五年八か月かかるとされています。墳丘や堤上には約三万本もの埴輪《はにわ》が立て並べられていたと推定されていますが、この埴輪をつくるためにさらに多くの時間と労力が使われたでしょう。五世紀には巨大前方後円墳が数多くつくられています。当時の日本の人口を知る確かな手がかりはありませんが、奈良時代でも五〇〇万人前後であったと推定されています。このことから、農作業など生産労働に従事する人や、高齢者、幼児を除けば、ほとんどの人々が古墳づくりに明け暮れた時代であったとも言えます。

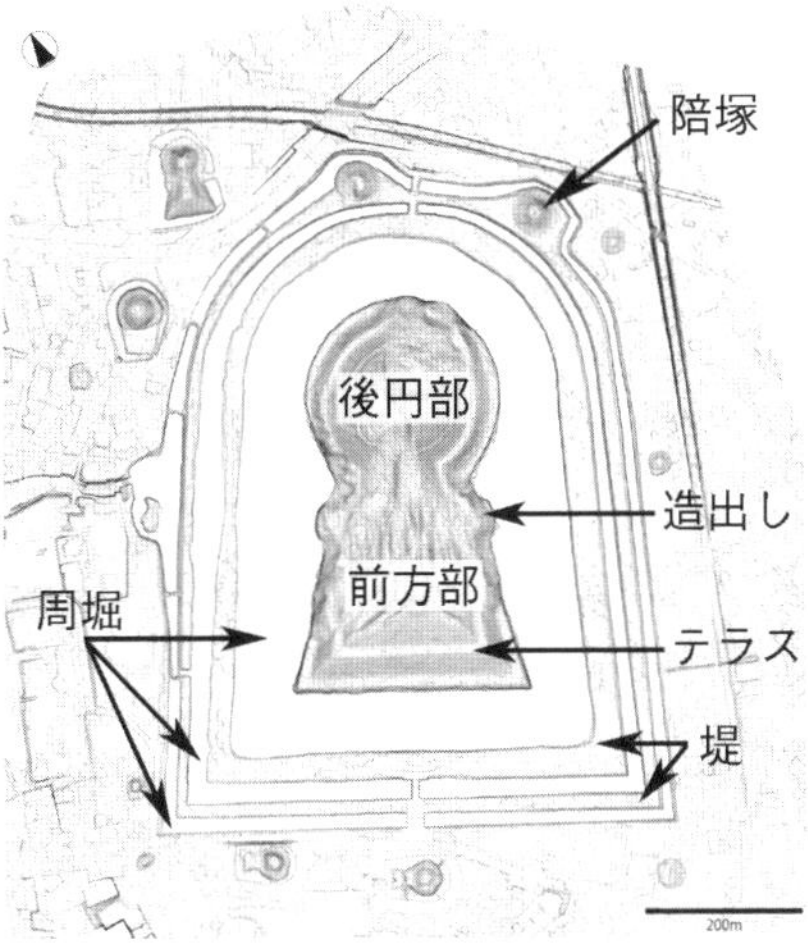

前方後円墳の名称

秦の始皇帝陵やピラミッドの造営のように奴隷的な強制労働を強いられたのでしょうか。当時の日本にはそのような人々がいたとは考えにくく、人々は古墳づくりに参加すること自体に意義を見いだしていたに違いありません。王の古墳をつくることが、一族の繁栄につながると考えたのだと思います。

古墳の中はどのようになっているか

葺石と埴輪

古墳はつくられた当初、現在のように鬱蒼《うっそう》とした樹木に覆われていたわけではありません。古墳の表面を山石や河原石などで覆い、下から見ると無機質な石の構築物に見えます。この石は考古学用語では葺石《ふきいし》と呼ばれています。大阪府八尾《やお》市の心合寺山《しおんじやま》古墳などは整備事業で築造当初の姿に復元されています。

墳丘や堤上には埴輪が立て並べられています。筒状をした円筒《えんとう》埴輪や上部がラッパ状に開く朝《あさ》顔形《がおがた》埴輪が基本ですが、それ以外に人物、動物、家、武器、**衣蓋**《きぬがさ》、舟などの形をした形象《けいしょう》埴輪があります。埴輪は殉死の代わりにつくられたとの伝承がありますが、人物や動物の埴輪は円筒埴輪の後に出現します。埴輪の祖型は亡くなった首長を祀る特殊器台《とくしゅきだい》や特殊壺《とくしゅつぼ》と呼ばれる焼き

円筒埴輪と朝顔形埴輪（復元）

復元された心合寺山古墳の葺石

衣蓋　蓋、衣笠、絹傘とも書き、絹で張った長柄の傘で古代、天皇、親王、公卿などの行列にさしかざすのに用いられた。高松塚古墳の壁画では貴人に差しかけられており、奈良県河合町の佐味田《さみだ》宝塚《たからづか》古墳出土の家屋文《かおくもん》鏡《きょう》では住居の前に立てかけられている。権力の象徴として古墳時代から重用され、埴輪にもその形をしたものがある。

物から発達したと考えられています。円筒埴輪は、その形やつくり方が細かく研究され、製作された前後関係がたどれるようになり、埴輪の型式が古墳の築造年代を決める物差しとして使われています。

形象埴輪は葬式の祭祀に関係したものと考えられています。今城塚古墳では、四つに区切られた区画に、武人《ぶじん》や巫女《みこ》、家、動物形などの形象埴輪が配置され、亡き大王を悼《いた》み新しい大王が即位する儀式の様子を表しています。今城塚

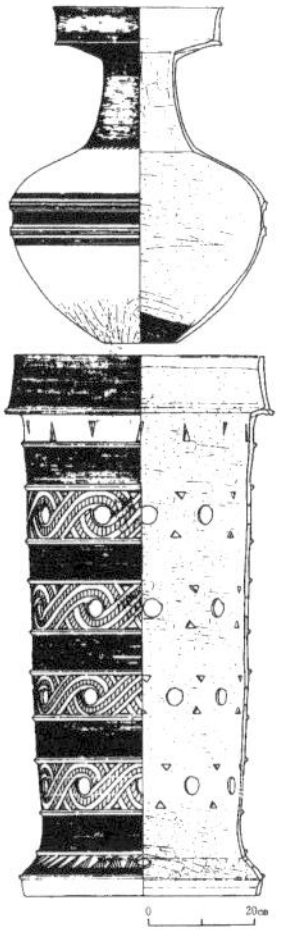

特殊器台と特殊壺

形象埴輪
右上：人物男子形（蕃上山古墳）
右下：水鳥形（津堂城山古墳）
左：衣蓋形（津堂城山古墳）

今城塚古墳の埴輪群像（復元）

古墳の埴輪は近くの**新池《しんいけ》埴輪窯**で焼かれたことがわかっていますが、大山古墳に立てられた三万本もの埴輪が、どこで焼かれていたかは謎のひとつです。百舌鳥《もず》八幡宮《はちまんぐう》境内から埴輪を焼いた窯（百舌鳥《もず》梅町窯跡《うめまちかまあと》）が見つかっていますが、それだけでは到底まかないきれる数ではありません。

埋葬施設と副葬品

前方後円墳の埋葬施設は通常、後円部の中心にありますが、なかには前方部にもある古墳があります。一般に前期の古墳には竪穴式石槨や**粘土槨《ねんどかく》**が多く、後期になると横穴式石室《よこあなしきせきしつ》が普及します。槨《かく》とは墓室内部の棺を保護するカプセルです。葬られているのは一人とは限らず、夫婦、親子など複数の棺が納められた例もあります。竪穴式石槨は一回きりの使用ですが、横穴式石室には複数回使用された例もあります。このことは、前期と後期では古墳をつくる意義や他界観が大きく変化したことを示しています。百舌鳥古墳群の中にも横穴式石室を持つ古墳が存在しますが、**和泉**の勢力が大王権を掌握した絶頂期の古墳ではなく、一時代後の在地の首長墓と考えられます。

古墳時代末期には高松塚《たかまつづか》古墳のような人一人が腰をかがめてやっと入れるぐらいの**横口式石《よこぐちしきせっ》槨《かく》**が現れます。石室の内部に絵を描いた古墳は装飾《そうしょく》古墳と呼ばれ、九州地方や関東地方に多く見られます。

棺には木棺《もっかん》、石棺《せっかん》、焼き物でつくった陶棺《とうかん》、布地を何枚か漆《うるし》で固めた夾紵棺《きょうちょかん》があります。木棺や夾紵棺はほとんど腐食して残っていませんが、棺を覆う粘土や材質の断片などから、どのような棺が納められていたかを推定することが可能です。大山古墳前方部や大阪府藤井寺《ふじいでら》市の津堂城山《つどうしろやま》古墳などで見つかった長持形石棺は別名「王者の棺」ともいわれています。棺に使われた石材は大阪府と奈良県境の二上山《にじょうざん》や兵庫県高砂《たかさご》市、はるか遠く九州の阿蘇山などからも運ばれています。

遺体と一緒にいろいろなものが納められてい

新池埴輪窯　五世紀中頃から六世紀中頃までの約一〇〇年間創業していた埴輪製作遺跡。三棟の大型埴輪工房と一八基の埴輪窯、工人集落などが見つかっている。太田茶臼山《おおだちゃうすやま》古墳専用の窯として創業が開始され、その後、今城塚古墳をはじめ、三島の有力者の墓に供給された。

粘土槨　遺骸を安置するために粘土床を設け、さらに遺骸を納めてから粘土でこれを被覆した施設。直接遺骸を覆うもののほか、木棺に安置してから粘土で被覆する場合もある。床にだけ粘土を敷いたものが多い。しかし木棺はほとんど腐って消滅する。

和泉　古代の国名。現在の和泉市の範囲とは異なり、堺市（一部を除く）から

ます。前期の古墳には鏡や勾玉《まがたま》などの玉類、碧《へき》玉製《ぎょくせい》の腕輪の形をした祭祀用の器物、鉄製の武器・武具、農工具が多く、中期には豊富な武器・武具類とともに、**石製模造品**《せきせいもぞうひん》なども副葬されています。前期古墳には必需品であった呪術的な副葬品は、本物ではなく形式的な代用品で補われるようになりました。

　石津ケ丘古墳陪塚の七観《しちかん》古墳には多量の武器、武具が埋納されており、また御廟山古墳に近接したカトンボ山《やま》古墳からはおびただしい数の石製模造品や玉類が出土しています。両古墳には人体埋葬をした痕跡が認められません。このよ

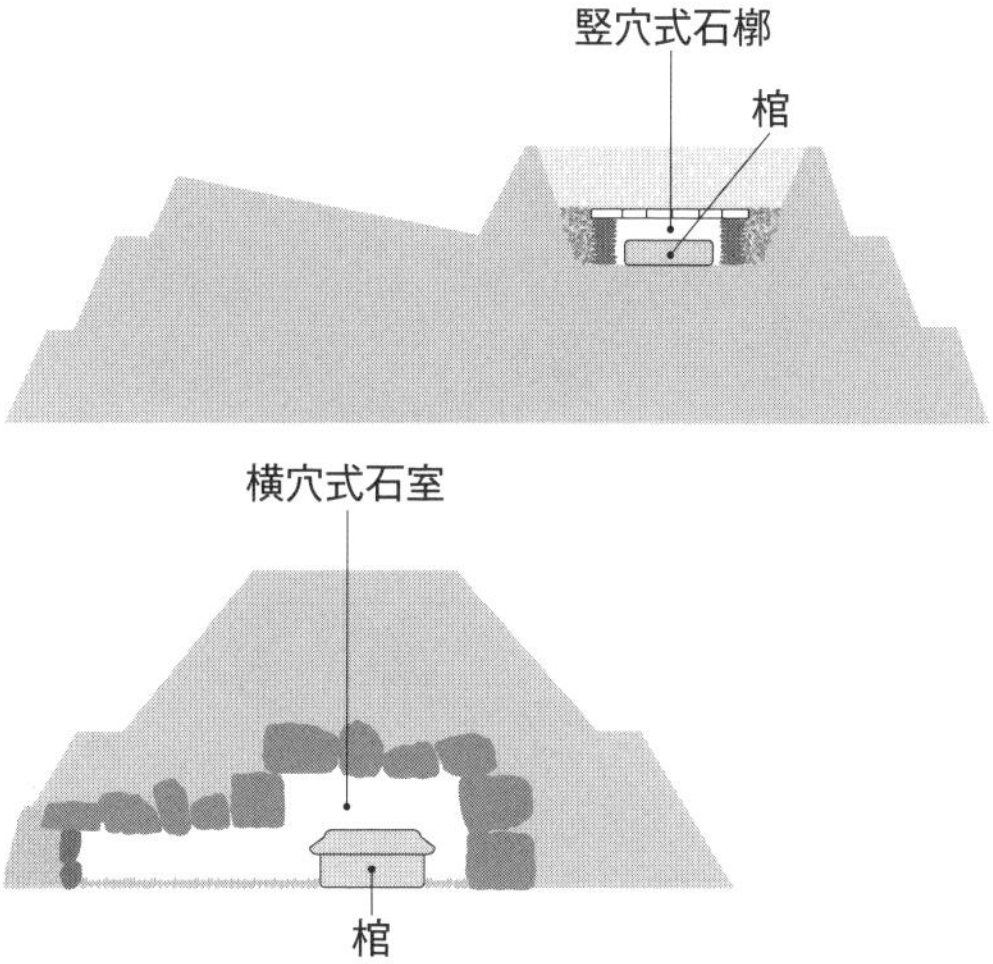

埋葬施設のいろいろ
上：竪穴式石槨、下：横穴式石室

装飾古墳（福岡県仙道古墳）

大阪最南端の岬町までをいう。和泉国ができるまでは、この地域はチヌと呼ばれていた。

横口式石槨　後期〜末期の古墳にみられる横穴式墓制のひとつであり、切石を用いて、内部に木棺や乾漆棺を納められる程度の大きさで、短辺の小口部が開口する。代表的な例に高松塚古墳がある。

石製模造品　実物を模造した小型の粗製の仮器《かき》で、実用品ではなく祭祀に伴う供献《きょうけん》的な性格をもったものと考えられている。

うに巨大古墳に隣接する古墳の中には、副葬品だけが納められた古墳は各地に見られます。後期になると馬具《ばぐ》や須恵器《すえき》などが多くなります。

　以上のことから、葬られている人（首長）が民衆とともに祭祀を執り行うリーダーから、民衆からかけ離れた権力者に変化していく様子が見て取れます。奈良県斑鳩《いかるが》町の藤《ふじ》ノ木《き》古墳からは、超豪華な副葬品が数多く発見されました。しかし、完璧な形で残っている古墳はごくわずかで、ほとんどが過去に盗掘に遭っているもの

三角縁神獣鏡（奈良県黒塚古墳出土）

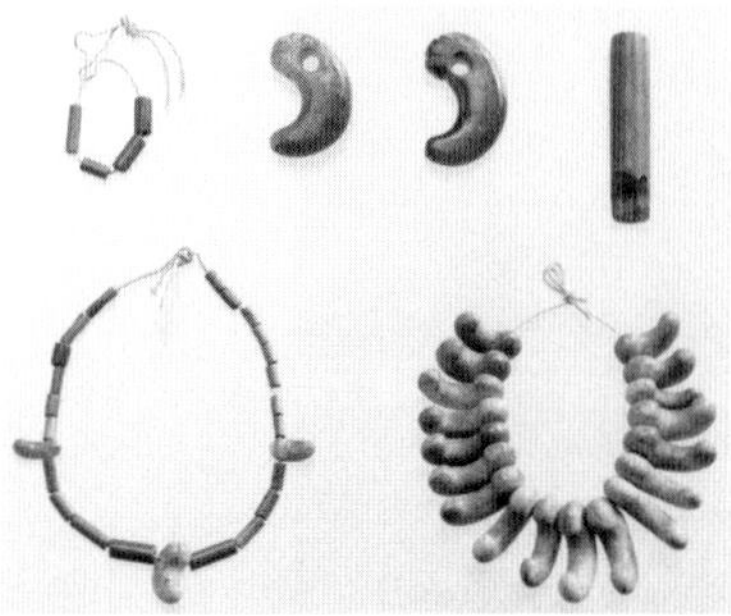
玉類（玉手山10号墳出土）

甲冑（黒姫山古墳出土）

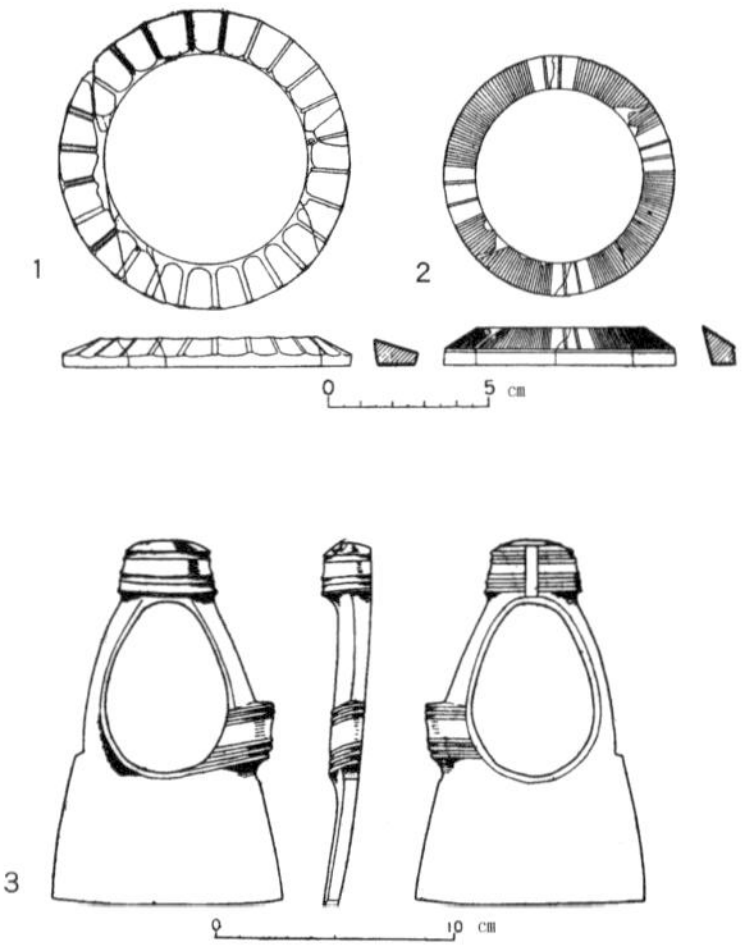

腕輪形石製品（和泉黄金塚古墳出土。1. 石釧、2. 車輪石、3. 鍬形石）

と思われます。現在、宮内庁が厳重に管理している陵墓ですら、その例外ではありません。

3　一〇〇基以上もあった百舌鳥古墳群

百舌鳥古墳群は、大阪府堺市の北西部、大阪湾を望む百舌鳥野《もずの》台地の西端と大阪湾岸の低地部にかけて東西南北約四キロメートル四方に分布しています。百舌鳥野台地は北方の大阪城あたりまで細長く延び、上町《うえまち》台地を形成。百舌鳥野台地とその南側の信太山《しのだやま》台地との間を横切って東から西へ石津《いしづ》川が流れており、主な古墳は石津川の北岸と、その支流の百済《くだら》川、百舌鳥川をはさんで築かれています。

日本を代表する巨大前方後円墳から小型の円墳まで**一〇〇基以上**の存在が確認されていますが、半壊状態のものも含め残存するのは四四基です。

古墳群は四世紀後半から六世紀後半頃にかけて築かれ、五世紀頃、中国の史書『宋書《そうじょ》』に見える倭の五王の時代に最も巨大化します（百舌鳥古墳群には一部で七世紀代の古墳も含まれる）。墳丘長全国第一位の前方後円墳である大山古墳をはじめ、三位の石津ケ丘古墳、七位のニサンザイ古墳とベスト一〇に三基も入っています。その他、御廟山《ごびょうやま》古墳、大塚山《おおつかやま》古墳、乳岡《ちのおか》古墳、田出井山古墳（反正天皇陵）、いたすけ古墳、長山《ながやま》古墳、永山《ながやま》古墳、長塚《ながつか》古墳と一〇〇メートルを超す前方後円墳が一一基あります。このうち大塚山古墳と長山古墳はすでに消滅。現存する九基の大型前方後円墳のうち乳岡古墳、いたすけ古墳、長塚古墳を除いて陵墓に指定され、宮内庁管理となっており、研究者ですら立ち入りが厳しく制限されています。陵墓以外の三基は国史跡に指定されていますが、墳丘内には自由に立ち入ることができません。

なお、二〇一四年三月一八日、文化庁は、これまで七基の古墳を個々に史跡に指定していた

一〇〇基以上　百舌鳥古墳群は、現存する古墳だけでなく、かつて存在した可能性が高いと考えられるものも含め、現在までに確認されている一〇〇基以上を呼んでいる。ここでは四ツ池遺跡周辺の古墳は含めていない。

のを、新たに一〇基追加指定するとともに、名称を「百舌鳥古墳群」に変更すると告示しました。内訳は、いたすけ古墳、長塚古墳、収塚《おさめづか》古墳、塚廻《つかまわり》古墳、文殊塚《もんじゅづか》古墳、丸保山《まるほやま》古墳、乳岡古墳の七基に加え新たに追加された一〇基は、御廟表塚《ごびょうおもてづか》古墳、ドンチャ山古墳、正楽寺山《しょうらくじやま》古墳、鏡塚《かがみづか》古墳、善右ヱ門山《ぜんえもんやま》古墳、銭塚《ぜにづか》古墳、グワショウ坊《ぼう》古墳、旗塚《はたづか》古墳、寺山南山《てらやまみなみやま》古墳、七《しち》観音《かんのん》古墳です。

では、次章から各古墳を歩いてめぐってみましょう。広範囲に広がっているため、一筆書きで見学コースを設定することは困難です。本書で紹介したコースにこだわらず、見学コースは自由に設定していただいてもかまいません。大阪市内から南海線、南海高野線、JR阪和線、地下鉄御堂筋線、阪堺線が通じており、古墳群の見学にはこれらの交通機関を使うと便利です。JRや南海電鉄の最寄り駅には、古墳めぐりのコースが載ったパンフレットが置いてあり、古墳散策に役立ちます。

なお、堺市役所高層棟の二一階に展望ロビーがあり、大山古墳をはじめ主要古墳が一望のもとに見渡せます。事前に立ち寄るか、見学後にこの展望ロビーの喫茶コーナーで一休みするのもよし。年中無休で九時から二一時まで入場することができます。

堺市役所からの展望

第1章 百舌鳥古墳群をあるく

1　大山古墳をめぐる

大山《だいせん》古墳については、これまで多数の研究者が論述してきています。しかし、その実態はいまだによくわかっていません。これは宮内庁が陵墓への立ち入り調査を頑なに拒んできたことが大きな原因のひとつです。

　まずは手はじめに、近年周遊コースが整備された大山古墳の外周をまわってみましょう。最寄り駅はＪＲ阪和線の百舌鳥駅または三国《みくに》ケ《が》丘《おか》駅です。三国ケ丘駅の屋上公園「みくにん広場」の眺望デッキからは大山古墳の全貌が眺められます。自動車なら、大仙《だいせん》公園の駐車場を利用するのが便利です。レンタサイクルは大仙公園観光案内所にあります。スタートする前に大仙公園内にある堺市博物館に立ち寄って予備知識を仕入れることにしましょう。博物館では大山古墳の石室・石棺図や、いたすけ古墳の冑《かぶと》形埴輪のほか大塚山《おおつかやま》古墳の鉄製品などが常設展示されています。

堺市博物館

大山古墳の陪塚

陪塚《ばいづか》もしくは陪冢《ばいちょう》とも言います。大山古墳の陪塚として宮内庁が管理しているものは坊主山《ぼうずやま》、源《げん》右《え》衛門山《もんやま》、大安寺山《だいあんじやま》、茶山《ちゃやま》、永山《ながやま》、丸《まる》保《ほ》山《やま》、菰《こも》山塚《やまづか》、樋《ひ》の谷《たに》、銅亀山《どうがめやま》、狐山《きつねやま》、竜佐山《たつさやま》、孫太夫《まごだゆう》山《やま》古墳の一二基。しかし陪塚の位置にありながら塚廻《つかまわり》、鏡塚《かがみづか》、収塚《おさめづか》古墳などは指定されてい

陪塚　従者の墓という意味で、大型の古墳にごく接近して築かれた同時代の小古墳のことを便宜的にそう呼んでいるが、陪塚とされている古墳の中には人体埋葬を伴わないものもある。

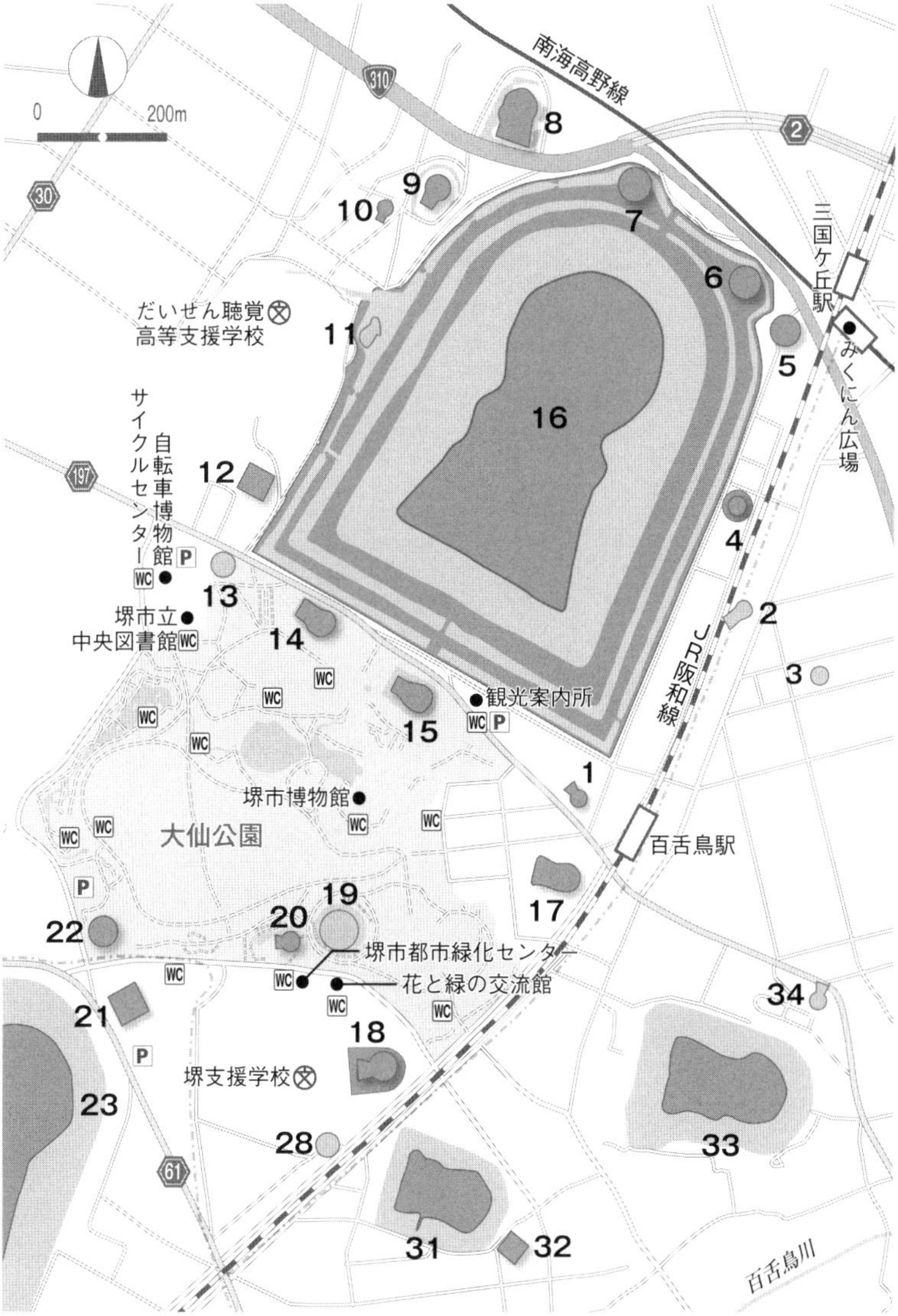

大山古墳周辺の古墳

1.収塚古墳　2.鏡塚古墳　3.坊主山古墳　4.塚廻古墳　5.源右衛門山古墳　6.大安寺山古墳
7.茶山古墳　8.永山古墳　9.丸保山古墳　10.菰山塚古墳　11.樋の谷古墳　12.銅亀山古墳
13.狐山古墳　14.竜佐山古墳　15.孫太夫山古墳　16.大山古墳　17.長塚古墳　18.銭塚古墳
19.グワショウ坊古墳　20.旗塚古墳　21.寺山南山古墳　22.七観音古墳　23.石津ケ丘古墳
28.東上野芝町1号墳　31.いたすけ古墳　32.善右ヱ門山古墳　33.御廟山古墳　34.万代山古墳

ません。逆に坊主山古墳などは遠くの位置にあり、永山古墳はその規模から見て陪塚とは考えられません。この理由として、陪塚に指定する際に、当時の村の水利事情が絡んでいるのではないかと、大山古墳の研究家中井正弘氏は見ています。また、樋の谷古墳は後述するように古墳かどうか疑問です。

　大山古墳を取り巻く古墳の中でも築造時期が若干ずれるものがあります。陪塚の定義が明確にされていない中で、どれが陪塚か、そうでないかの判断はなかなか難しい。百舌鳥古墳群の中では石津《いしづ》ケ丘《がおか》古墳に近接した七観《しちかん》古墳や、御《ご》廟山《びょうやま》古墳の後円部付近にあったカトンボ山古墳などは人体埋葬がなく、多量の鉄製品や鏡、玉類などが埋納されています。また大塚山古墳のように墳丘上に八箇所の埋葬・埋納施設があり、その中で人体埋葬がある施設と副葬品だけが埋められているものがあります。

　なお、大山古墳拝所の横に模型があり、大山古墳を取り巻く古墳群のおおまかな姿が確認できます。

収塚古墳

　大山古墳の拝所から東、百舌鳥駅のほうへ向かって歩くと、収塚《おさめづか》古墳があります。前方部を西に向けた帆立貝形古墳です。墳丘長五九メートル、後円部直径四二メートル、同高さ四・二メートル（以下墳丘の高さはすべて現状）、前方部幅二七メートル。後円部は**二段築成**で、国史跡に指定されています。墳丘のまわりを盾形の堀がめぐっています。

　堀内などから須恵器の器台《きだい》や円筒埴輪、朝顔形埴輪のほか衣蓋《きぬがさ》形など形象埴輪が出土しています。かつて墳頂部に短甲片《たんこうへん》などが散乱していたことが伝えられています。

　古墳が築造されたのは出土した須恵器や埴輪から五世紀中頃と推定されています。須恵器や円筒埴輪は、製作技法や形が細かく研究され、編年的な序列がたどれるようになってきており、

二段築成　二段重ねに古墳がつくられている状態で、普通は三段でそれ以上のものもある。

収塚古墳

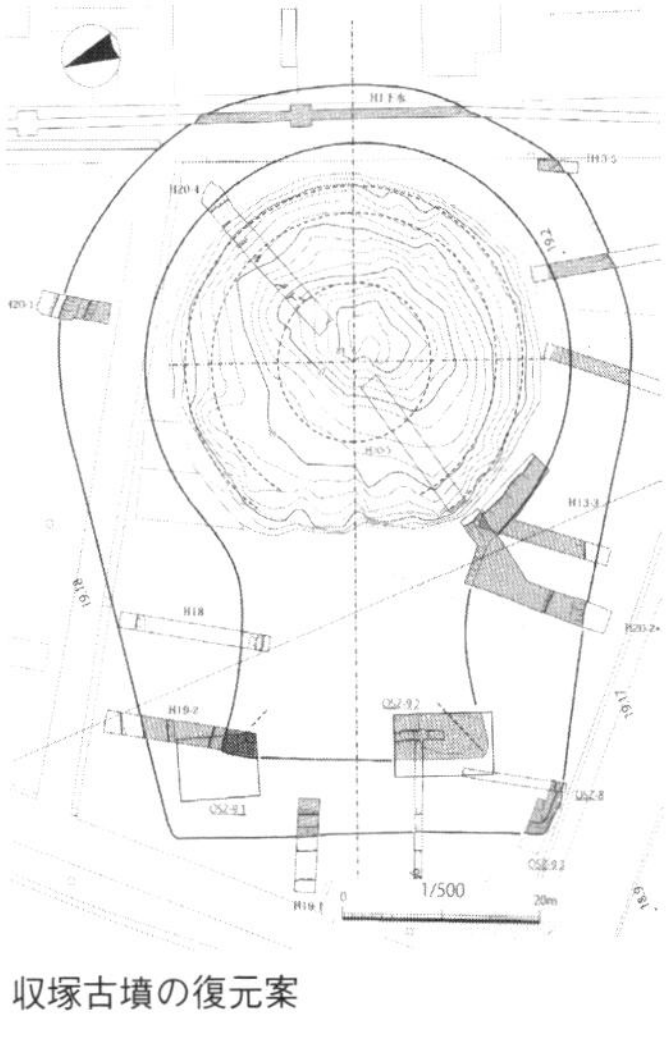

収塚古墳の復元案

これらの型式が古墳の築造年代を決める物差しとして使われています。しかし、須恵器や埴輪の年代だけで、古墳のつくられた時期を決めるのは危険であり、古墳の外形や副葬品などを総合して判断する必要があることは言うまでもありません。

削平《さくへい》された前方部と堀は茶色と緑のブロックで表示されています。後円部はロープで囲われていますが、間近に観察することができます。傍らに地元産品や古墳グッズを並べた土産物屋「もず庵」があります。

では、左まわりに大山古墳を一周しましょう。

鼬塚古墳・百舌鳥夕雲町1号墳

収塚古墳から周遊路は北側に折れます。周遊路からは少し離れますが、かつて帆立貝形（規模不明）の鼬塚《ゆうづか》古墳（無名塚《むめいづか》3号墳）と、約二〇×一七メートル（宮内庁の陵墓図で計測）の長方墳、百舌鳥《もず》夕雲町《せきうんちょう》1号墳（旧称「夕雲町1丁南古墳」）がありました。前者は阪和線の東に、後者は阪和線に沿った西側にあったとされていますが、両者ともすでに消滅しています。

鏡塚古墳

夕雲町踏切を東に渡ると、スーパー・ライフの駐車場に出ます。その一画にあるのが国史跡の鏡塚《かがみづか》古墳です。解説板には一九六一年頃の写真と実測図が添えられています。それによると、直径二六メートル、高さ二・五メートル、堀がめぐる円墳と書かれていますが、旧は帆立貝形をしていました。葺石や埴輪が出土し、その埴輪の年代から五世紀中頃に築造された古墳と推定されています。墳丘の一部は阪和線と道路で削平されています。この道路は古墳のところで狭くなっているのは、古墳を保護するための措置とのこと。以前は柵がしてあり、「古墳に入らないでください」と書かれた看板が建てられていたようですが、現在その柵はありません。自由に立ち入ることができ、墳丘は踏み固められ扁平になっています。整備されるのでもなく、ただ残してあるだけ

鏡塚古墳

といった状態。これでは、ますます墳丘が変形するのではないかと危惧されます。

阪和線の線路は夕雲町の踏切から徐々に高度を下げ、三国ケ丘駅まで半地下を通過します。「仁徳天皇陵の側面を見て通るのはおそれ多いので、見えないようにつくられた」とまことしやかに言われていました。しかし、鉄道は道路とちがって、急勾配にはできません。阪和線は先に敷設されていた南海高野線と三国ケ丘駅で立体交差するため、地形的な制約もあり、このような工法が採られたというのが真相のよう。

坊主山古墳

坊《ぼう》主《ず》山《やま》古墳は直径一〇メートルの円墳で、仁徳天皇陵の陪塚（**飛地り号**）として宮内庁が管理しています。阪和線の東約一〇〇メートルの住宅地の中にあり、陪塚にしては遠すぎるので独立した古墳と思われます。現状は半壊状態です。

なお、坊主山古墳の南、約二〇〇メートルのところに銭塚古墳（大阪府立堺支援学校内にある銭塚古墳とは別）がありましたが、すでに消滅しており、詳しいことはわかっていません。

坊主山古墳

飛地り号　大山古墳の陪塚は孫太夫山古墳を起点に、時計まわりでいろは順につけられている。なお、堀内にある茶山古墳、大安寺山古墳、樋の谷古墳はそれぞれ甲号、乙号、丙号となっている。

塚廻古墳

もう一度、周遊路に戻って一〇〇メートルばかり北に行くと国史跡の塚廻《つかまわり》古墳に出ます。位置的には大山古墳のくびれ部のあたりですが、三重の堀に囲まれているため大山古墳の墳丘は見えません。古墳の南側に隣接して天理教岸ノ里分教会があり、北側は民間の駐車場です。一見すると、天理教会の庭園の築山のよう。駐車場と接する部分はフェンスで囲まれており、天理教の駐車場との間にわずかに入り口がありますが、普段は鍵がかかっています。そこには実測図と解説板がありますが、すぐ右に電柱があり、あまり目立たないので見落とさないように。阪和線側は墳丘裾まで民家が建て込んでおり、入るすき間はありません。一九三九年に大阪府が建立した「史蹟塚廻古墳」の石碑は民家の側を向いており、今では何の役にも立っていません。

一九一二年に発掘調査が行われ、粘土槨《かく》の中に木棺が収められていました。その粘土槨の上から銅鏡二面（**変形《へんけい》四獣鏡《しじゅうきょう》、変形五獣鏡**）刀剣

塚廻古墳

変形四獣鏡、変形五獣鏡　一定の鏡の図文ではなく特殊な変形的な図文の配されているものを変形文鏡または特殊文鏡という。変形四獣鏡、変形五獣鏡はその一種で、獣が四ないし五頭描かれている鏡。

硬玉　蛇紋岩《じゃもんがん》中に塊状で産する一種の硬石。日本では翡翠《ひすい》のこと。緑色凝《りょくしょくぎょう》

のほか、勾玉（**硬玉**《こうぎょく》、**碧玉**《へきぎょく》、ガラス製、**滑石**《かっせき》製《せい》）、**管玉**《くだたま》（碧玉製）、**棗玉**《なつめだま》（**緑色片岩**製《りょくしょくへんがんせい》）、丸玉（ガラス製）、小玉（ガラス製）、**臼玉**《うすだま》（滑石製）などの玉類が多数出土しました。これらの遺物は宮内庁が保管しています。二段築成の円墳で、墳丘は直径三五メートル、高さは五・一メートル、まわりを幅八から一〇メートルの堀がめぐります。墳丘の裾まわりには、埴輪列が立てられていました。

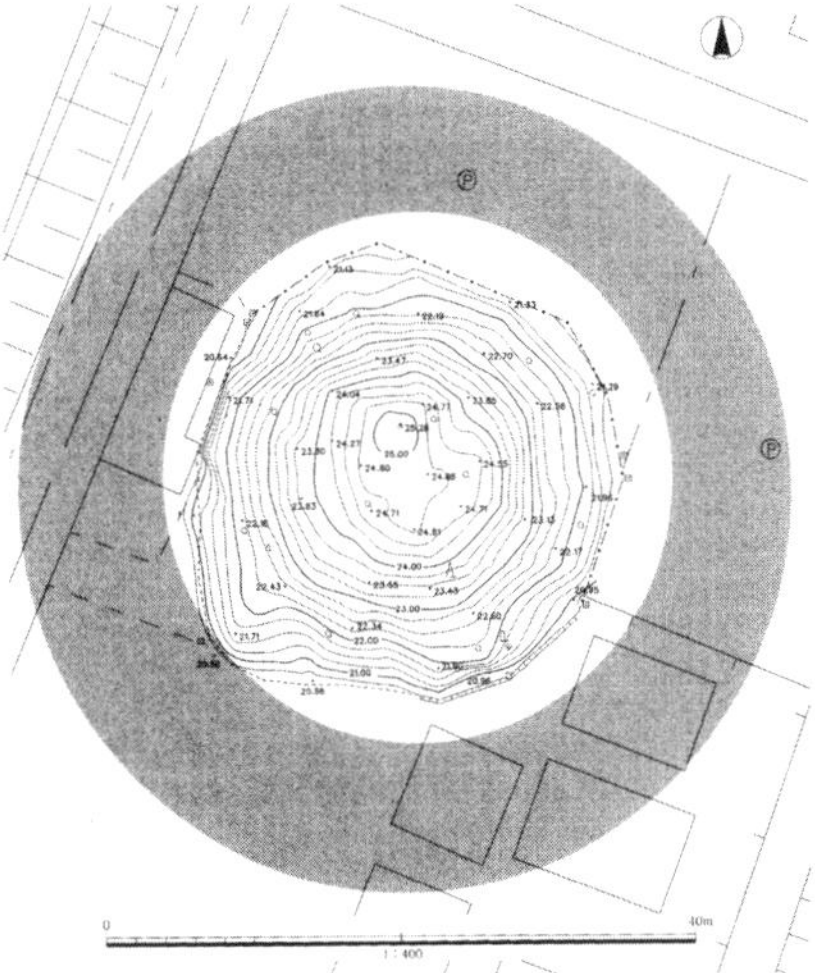
塚廻古墳平面図

副葬品と埴輪の型式から、大山古墳と同じ五世紀中頃に築造されたものと考えられています。堀は、現在民家の下に埋まっており、一部道路上に舗装用ブロックで明示されています。大山古墳の陪塚と考えられますが、宮内庁は陪塚としていません。なお、この駐車場のあたりから大山古墳の墳頂部（側面）がかろうじて見渡せます。

源右衛門山古墳

次は源右衛門山古墳《げんえもんやま》です。塚廻古墳から約三〇〇メートル北にあります。古墳名は江戸時代の所有者に由来します。宮内庁により、陪塚（飛地ち号）に指定されています。墳丘は未調査ですが、直径三四メートル、高さ五・四メートル二段築成の円墳で、円筒埴輪や葺石も確認されています。一九八九年、隣接する道路の下水道管敷設工事に先立ち発掘調査が行われました。また二〇〇三年度には、西側で範囲確認調査が

灰岩《かいがん》のものもある。

碧玉　石英の一変種で、不純物の違いによって緑色や褐色などさまざまな色や模様のものがある。古墳出土の管玉などは真の碧玉ではなく碧玉類似のもの。

滑石　珪酸塩《けいさんえん》鉱物の一種で蝋石《ろうせき》と呼ばれることもある。柔らかいので子持勾玉や石製模造品の原料になることが多い。

管玉、棗玉、臼玉　古墳時代の装身具の玉。管玉は細長い竹管状をしており、碧玉製のものが多い。棗玉は棗の実ににているのでこう呼ばれる。臼玉は管玉をきわめて短くした形をしたもの。

緑色片岩　緑泥石、緑簾石《りょくれんせき》、アクチノ閃石《せんせき》、パンペリー石、曹長石などを主成分とする結晶片岩。緑泥片岩ともいう。

源右衛門山古墳

行われています。その結果、墳丘の北と西側で幅五メートルの堀が検出されました。築造時期は五世紀中頃と推定されています。この古墳もまた、堀の位置が舗装用ブロックで明示されています。墳丘はフェンスで囲まれており、堺市の解説板があります。

大安寺山古墳

源右衛門山古墳から住宅地をはさんですぐ西に隣接したところにあるのが大安寺山《だいあんじやま》古墳です。墳丘は大山古墳三重目の堀の中にあり、第二堤につながっています。当然、宮内庁の管理で、陪塚（乙号）に指定されています。旧は二重目の堀の外にありましたが、明治年間、三重目の堀が途切れていた部分を新たに造成し、一周させた時、この堀の中に取り込まれたといわれています。

三重目の堀が大山古墳築造時からあったかどうかは諸説があり、中井正弘氏は、江戸時代の絵図や元禄年間の新田開発の資料などから、本来は三重堀であったと結論づけています。大安寺山古墳の外側で三重目の堀らしい落ち込みが確認されており、築造当初から三重目の堀が存在した可能性を示す痕跡も見つかっています。

　名称の由来は、もと大安寺の所有地であったことによります。古くは寺山とも呼ばれていました。現況は直径六二メートル、高さは九・八メートルの円墳です。大安寺山古墳の北側は国道三一〇号線。大安寺山古墳の堀に沿った歩道に西《にし》高野《こうや》街道の石柱が建っています。

茶山古墳

　大山古墳の堀に沿って西に二〇〇メートルほど行くと茶山《ちゃやま》古墳（陪塚「甲号」）があります。大安寺山古墳と同様、第二堤から三重堀に張り出す形で築かれています。直径五六メートル、高さ九・三メートルの円墳で、名称の由来は、江戸時代の地誌『堺鑑《さかいかがみ》』に「豊臣秀吉が大山古墳で狩りをした時に茶屋を構えた所を茶屋山と呼んだことからきている」と記されています。茶山古墳のすぐ西側に堀を渡る道があり、第一堤まで行くことができるようになっています。とはいっても、頑丈な石柵と門扉に阻まれ一般の人は入ることができません。茶山古墳から中央環状線を渡る歩道橋があります。歩道橋の上からは大山古墳の後円部墳頂付近を樹林の間から垣間見ることができます。

永山古墳

　ここでいったん周遊路を離れ、この歩道橋を渡って永山《ながやま》古墳に向かうことにしましょう。墳丘は宮内庁の管理で陪塚（飛地と号）となっています。ただし宮内庁の管理は墳丘のみで、まわりの堀は堺市の史跡に指定されています。前方部を南に向けた前方後円墳であり、その規模は墳丘長一〇〇メートル、後円部直径六三メートル、同高さ一〇・三メートル、前方部幅六八・五メートル、同高さ一〇・三メートル、墳丘は二段または三段築成と考えられています。幅一〇～二〇メートルほどの盾形の堀がめぐってお

永山古墳の堀（最近まで釣り堀となっていた）

り、西側くびれ部に**造**《つくり》**出**《だ》**し**があります。

　最近まで、後円部から東側は生け垣で囲まれ墳丘を見通すことはできませんでした。また、中に民家か倉庫のようなものがありました。西側の堀は前方部にかけて民間の釣り堀として使われていました。堺市の立ち退き請求により二〇一二年に撤去され、今は旧の美しい堀に戻り、フェンス越しに墳丘がよく見えるようになりました。後円部から前方部東側にかけて何箇所か**渡土堤**《わたりどて》がありますが、古い図面には載っていないので近年つけられたものでしょう。前方部正面の堀は中央環状線拡張工事の際、一部が埋め立てられています。永山古墳はその位置や形、規模から見て陪塚とは考えられません。築造時期は五世紀

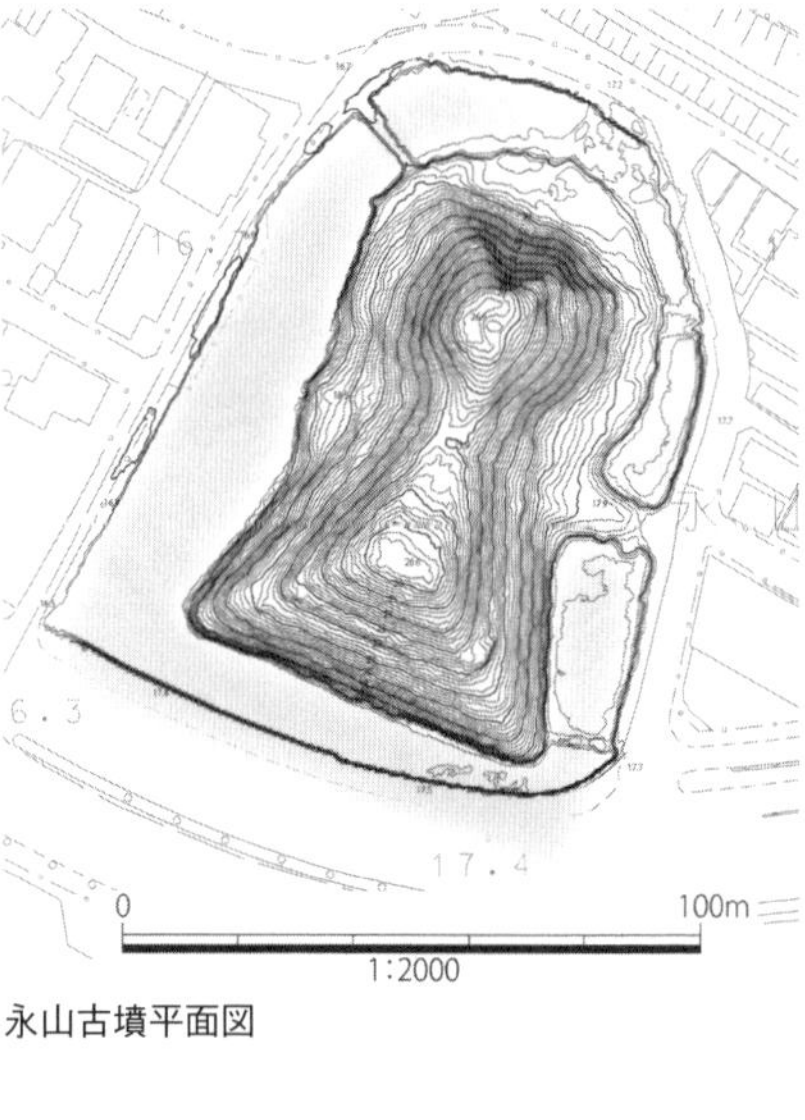

永山古墳平面図

造出し　前方後円墳のくびれ部の左右または片側につけ加えられた方形の張り出しで、帆立貝形の古墳や円墳にもつけられている例がある。

渡土堤　墳丘と外堤を結ぶ堤。

初頭から前半頃と推定されていますが、断定できる資料はありません。

なお、永山古墳から南海高野線に沿って三基の古墳（榎《えのき》古墳、無名塚1号墳、無名塚2号墳）が「堺市文化財地図」に記載されていますが、前方後円形をした榎古墳は江戸時代の「舳松領絵図」によって確認されたものです。

丸保山古墳

永山古墳前方部西角から、中央環状線の信号を渡るとすぐ前が丸保山《まるほやま》古墳です。墳丘長八七メートル、後円部直径六〇メートル、同高さ九・八メートル、前方部幅四〇メートル、同高さ二・七メートル、後円部は二段築成で、前方部が南向きの帆立貝形古墳。周囲は幅一〇メートルほどの堀がめぐっています。後円部に比べ前方部が平坦なのは、以前に民間の幼稚園が建っていたからです。

ここにホテルの建設計画が持ち上がり、危機

丸保山古墳

感を感じた堺市が史跡指定を国に要請、前方部と堀が一九七二年に指定され、堺市により買い上げられました。後円部は陪塚（飛地へ号）として宮内庁の管理です。採集された円筒埴輪の年代から五世紀中頃から後半頃に築造されたと推定されています。大山古墳の遊歩道とはごくわずかしか離れていませんが、その間にラブホテルが建っており、その隣は近年、分譲地として売りに出されていました。当時堺市は世界遺産登録を推進しており、先行取得してバッファゾーンを確保するくらいのことは最低必要と思われましたが、すでに新築住宅に変わってしまいました。

菰山塚古墳

丸保山古墳前方部の前の道を西に行くと、住宅地の一角に菰山塚古墳《こもやまづか》があります。大きな松の木と数本の樹木が生えています。墳丘は低いドーム状をなしていますが、二段築成と考えら

菰山塚古墳

れています。

　現状では墳丘長三三メートル、後円部高さ四メートルですが、江戸時代の絵図には周堀《しゅうぼり》が一部残っており、前方部が南向きの帆立貝形古墳の姿が描かれています。それから推定すると後円部の直径一八メートル、前方部幅二八メートルとなります。菰山塚古墳の円筒埴輪は大山古墳と同時期の五世紀中頃のものです。

　陪塚（飛地ほ号）として宮内庁の管理です。東側と西側には隣接して住宅があり、古墳を一周することができません。宮内庁の管理としては珍しく背の低い木の柵をめぐらせています。古墳の解説板が新たに設置されました。

樋の谷古墳

　再び周遊路に出て大山古墳の堀に沿って歩きます。このあたりは閑静な住宅街。樋《ひ》の谷《たに》古墳のところで堀幅が広くなっています。この部分では周遊路が堀から離れており、迂回しなくて

樋の谷古墳

はなりません。樋の谷は堀水の出口で堀の中に樋門の柱があり、カワウが羽を休める姿もしばしば見かけます。住宅地をまわり込むと大阪府立だいせん聴覚高等支援学校の正門に出ます。正門の前が親水公園になっており、初夏にはキショウブの黄色が鮮やかです。歩道には「(左まわり大山古墳の)正面まで八〇〇メートル」との標識があります。樋の谷古墳は三重目の堀内に浮かぶ島のよう。宮内庁により陪塚(丙号)とされていますが、現状はおよそ古墳の形をしていません。外堤の一角が樋門工事のために切り離されたのではないかと思われます。

ここから先は公園となっています。ここまで来ると風の音、野鳥の鳴き声、散歩する人の靴音しか聞こえません。中央環状線の騒音が嘘のようです。

ありつつも　君をば待たむ　うち靡《なび》く
わが黒髪に　霜の置くまで
万葉集巻二―八七

(ここに居続けてあなたを待っていよう。長く靡くこの黒髪に霜が置くようになるまでも)

磐之媛《いわのひめ》(仁徳天皇皇后)の歌を刻んだ石碑などがあり、しばし、文学散歩を楽しむことができます。

一本松古墳

大阪府立だいせん聴覚高等支援学校の北に隣接して一本松《いっぽんまつ》古墳がありました。五世紀末頃の円墳で、直径二〇～三〇メートルと推定され半壊状態で残っていましたが、一九八七年、住宅建設のため完全に破壊されました。

銅亀山古墳

銅亀山《どうがめやま》古墳は御陵《ごりょうどおり》通に出る手前、大山古墳の前方部西角にあります。一辺推定四〇メートル以上、高さ五・四メートル、二段築成の方墳です。築造時期は大山古墳と同じ五世紀中頃と推定されています。陪塚として宮内庁の管理(飛

銅亀山古墳

地に号）であり、古墳を取り巻く石柵に鉄線が張られています。樹木の枝が払われ、下草も刈られているので墳丘の形がよく観察できます。方墳とされていますが、帆立貝形古墳の可能性もあります。また享保一五年（一七三〇）の「舳《への》松《まつりょう》領絵図」では堀がめぐる円形をしています。ちなみに一九一五年（大正四）に書写された高林家の「百舌鳥耳原三御陵」絵図でも円形に描かれています。

　このあたりは桜の木も多く古墳めぐりに疲れた足を休めるのには最適です。

狐山古墳

　御陵通の横断歩道を渡ったところに狐山《きつねやま》古墳があります。ここから先は大仙公園の中。東西方向が直径二七メートル、高さ二・三メートルのやや楕円形の円墳ですが、堀の形から方墳の可能性も指摘されています。周囲から人物、衣蓋、家、柵、**囲形埴輪**《かこいがた》と多数の円筒埴輪片、須

囲形埴輪　祭祀を行う場所など何か特別な空間を囲む塀などをかたどった形をした埴輪。三重県松阪市の宝塚《たからづか》1号墳や大阪府八尾市の心合寺山《しおんじやま》古墳、同藤井寺市の狼塚《おおかみづか》古墳など、これまでに数十例発見されている。百舌鳥古墳群では御廟山古墳と寺山南山古墳、赤山古墳で発見されている。

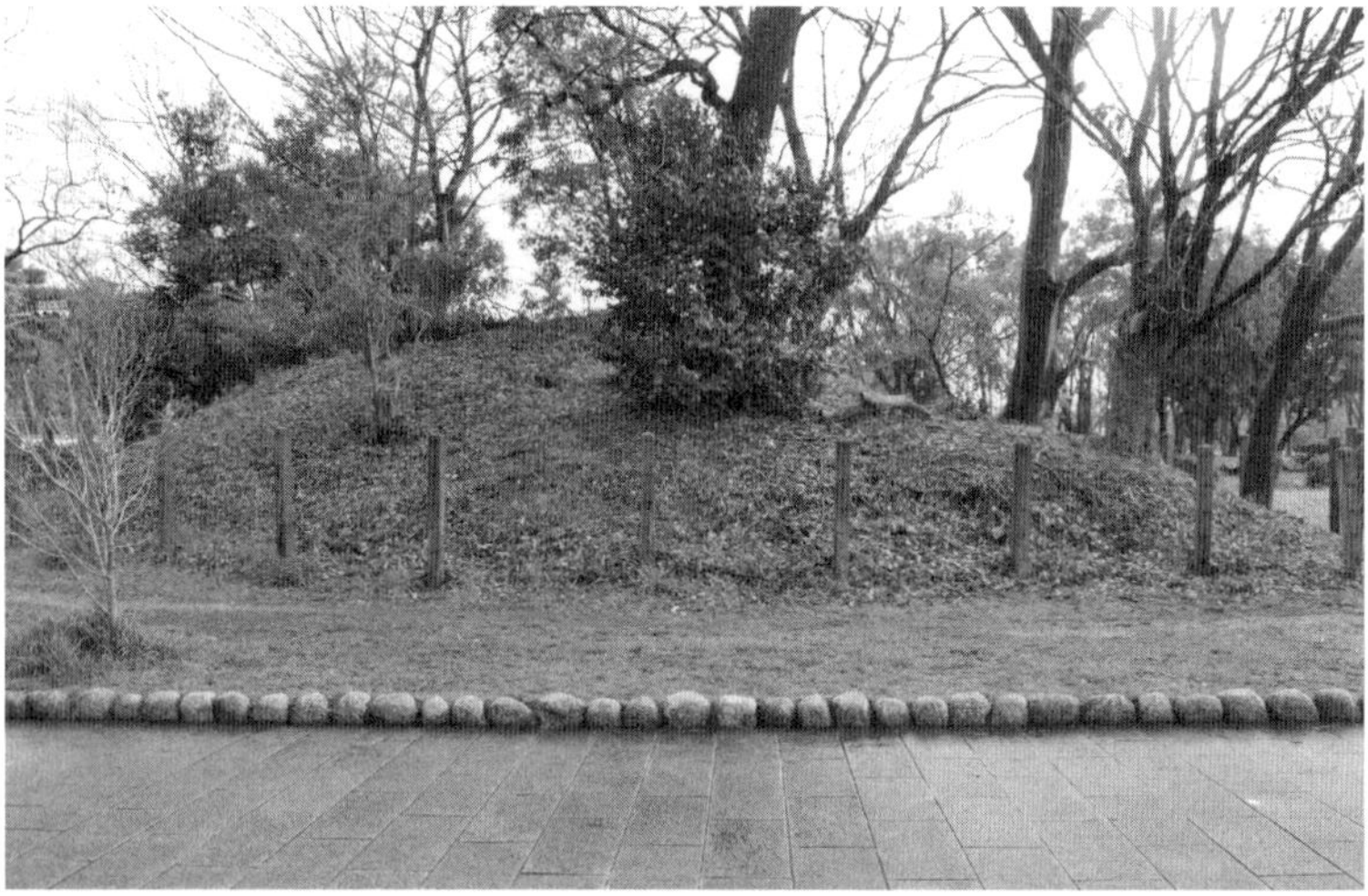

狐山古墳

恵器などが出土しました。

　円筒埴輪の年代から大山古墳よりやや遅れる五世紀後半の築造と推定されています。墳丘は陪塚（飛地は号）として宮内庁の管理です。堺市立中央図書館のほうに狸小路と呼ばれる小径が延びており、赤い前掛けをしてタオルのマントをまとった石づくりの狸が、ひょうきんな姿で立っています。いたすけ古墳だけではなく、大山古墳周辺にも狸が生息しているとのことですが、古墳の名前はなぜか「狐山」。今でこそ都市化が進んでいますが、明治時代、**ウィリアム・ゴーランド**が写した大山古墳の写真を見ると、あたり一面はのどかな農村風景でした。狸も狐もたくさん住んでいたことでしょう。

竜佐山古墳

　亀、狐、狸の次は竜が登場します。大山古墳の前方部に沿って御陵通を東に進むと竜佐山《たっさやま》古墳です。墳丘長六一メートル、後円部直径四三

ウイリアム・ゴーランド
明治政府がイギリスより造幣寮（現造幣局）に治金学の技術指導者として招聘した技師。日本全国の古墳めぐりをし、詳細な観察記録を残している。

メートル、同高さ八メートル、前方部幅二六メートル、同高さ二メートル、前方部を西に向けた帆立貝形古墳です。御陵通の拡張工事の際、堀が確認されたため歩道の部分を高架橋にしています。大仙公園の整備の一環として前方部と堀の整備工事が行われ、埋没していた堀が盾形に復元されましたが、本来の形とは違うようです。前方部北西隅に渡土堤があった可能性が指摘されています。整備工事がはじまった一九八五年、「百舌鳥古墳群を守る会」などから、後述する旗塚《はたづか》古墳とともに「古墳本来の規模や形態の正確な把握と学術的な検討が不十分なので工事を中断し設計変更するよう」要望が出されました。このような指摘にもかかわらず、予定通り工事が行われ現在の形になってしまいました。

古墳の築造時期は、整備工事に伴う範囲確認調査の際に出土した円筒埴輪の型式から五世紀末頃と推定されています。他に衣蓋形埴輪が出

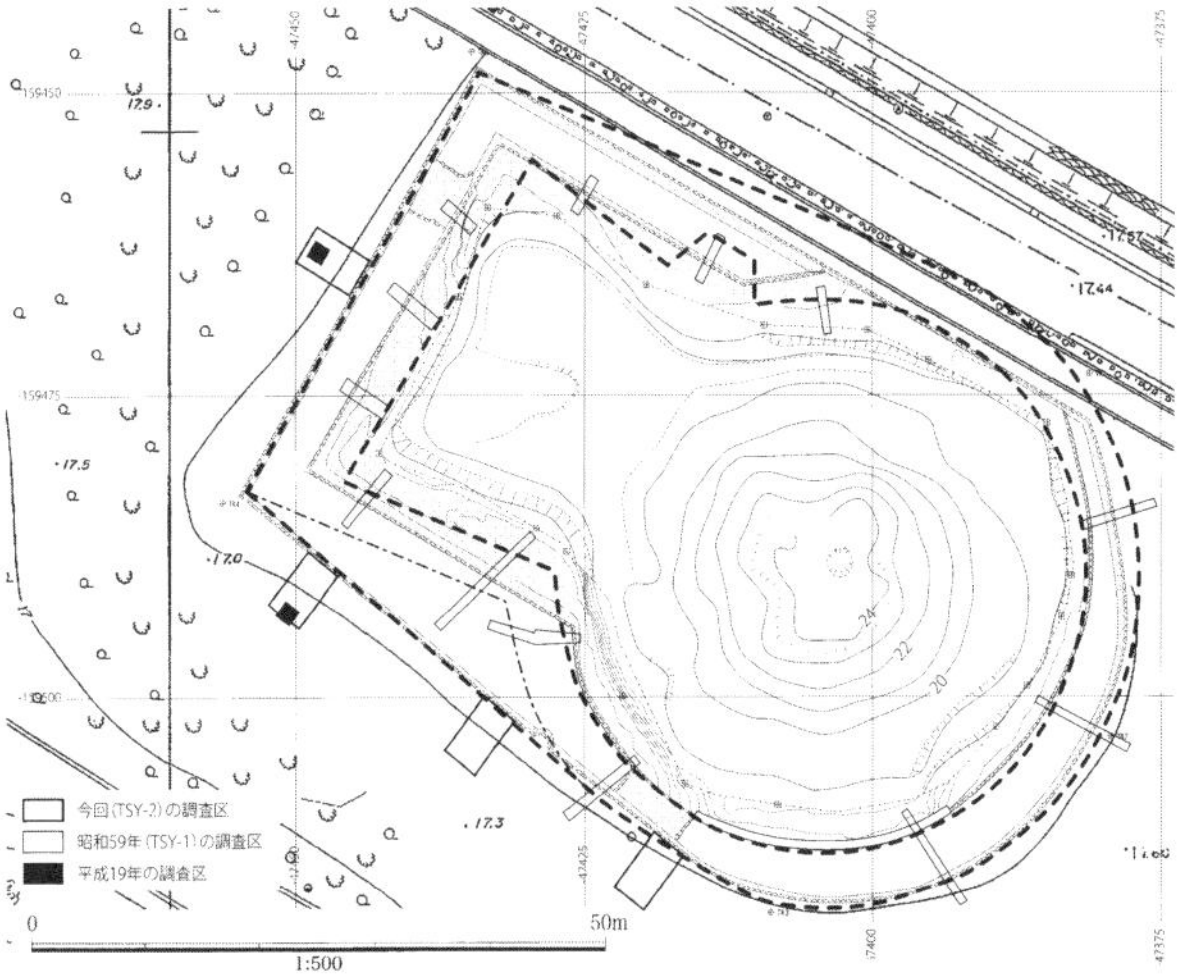

竜佐山古墳推定復原図

竜佐山古墳の円筒埴輪

土。竜佐山古墳の墳丘の大部分は陪塚（飛地ろ号）として宮内庁が管理しており、墳丘裾部から堀は堺市指定史跡です。

孫太夫山古墳

大山古墳を一周して拝所の前に出てきました。正面にあるのが孫太夫山《まごだゆうやま》古墳です。墳丘長六五メートル、後円部直径四六メートル、同高さ七・七メートル、前方部幅二六メートルに推定復元されており、竜佐山古墳と同じ前方部を西に向けた帆立貝形古墳です。「墳頂から土製勾玉が数個採集された」と『大阪府史』に記載があります。後円部からくびれ部にかけてフェンスで囲まれた部分は陪塚（飛地い号）として宮内庁の管理、堀と前方部は堺市指定史跡です。公園の整備工事の際、前方部を七メートルほど新しくつけ足され、墳丘を囲む盾形の堀もこの工事でつくられたものですが、本来の堀は、前方部側がややすぼまる馬蹄形であったようです。

孫太夫山古墳

二〇一二年、堺市文化財課が世界遺産登録実現の一環として堀の調査を行い、前方部の位置と堀の範囲を確認しました。その結果、現在の前方部は、ほぼ同じ位置に復元されていますが、堀の外側は本来の位置より若干広めに復元されていました。堀は中世から近世にかけて何度も底ざらえされ、その土を墳丘に積み上げているようです。そのため本来の墳丘裾が削平されています。今回の調査で出土した埴輪から、大山古墳と同時期の五世紀中頃に築造されたこともわかりました。

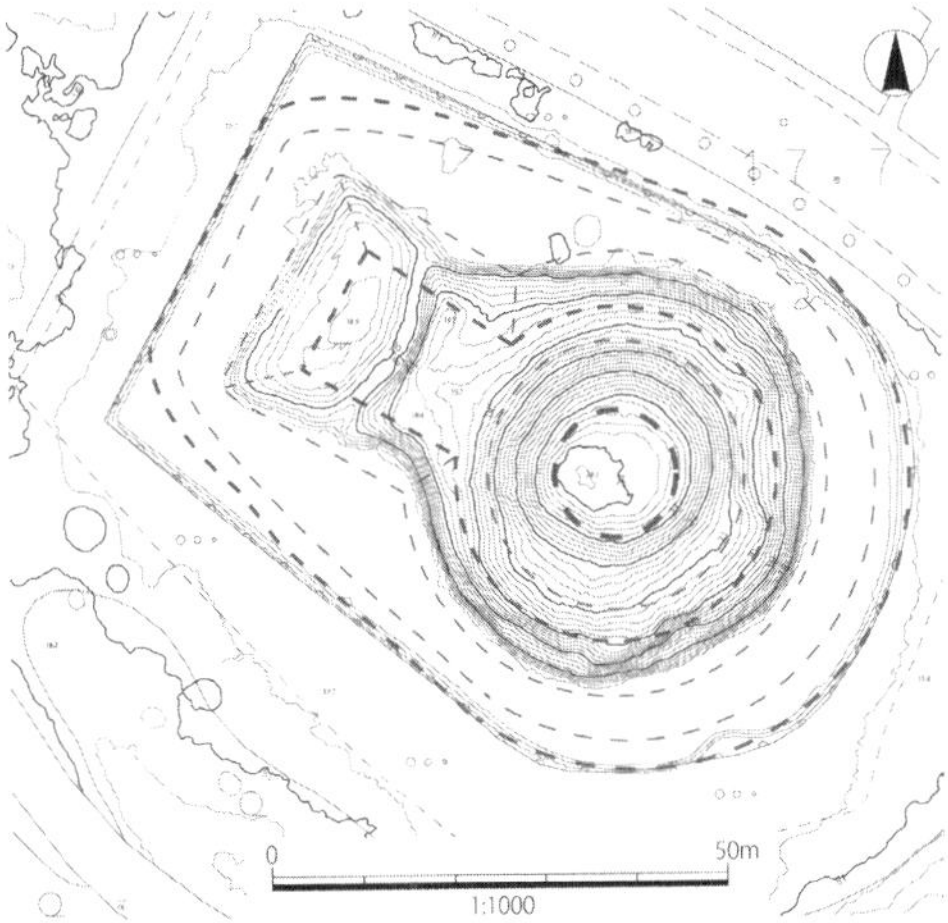

孫太夫山古墳推定復元図

この古墳は、明治初年、中筋《なかすじ》村庄屋、南孫太夫氏から国に寄贈されたものです。大仙公園内には他にもいくつかの古墳が存在し、公園とともに整備工事が行われていますが、竜佐山古墳と同様、発掘調査の成果を十分取り入れているとは言い難く、その工事のあり方には疑問を感じる次第です。

大山古墳

大山古墳の周遊路に沿って一周してきました。さて、いよいよ本丸というべき大山古墳に話を移しましょう。

大山古墳については、多くの研究者がその謎に挑戦してきましたが、隔靴掻痒の感は否めません。その大きな理由のひとつは、現在も宮内庁により仁徳天皇陵に指定され、研究者といえども立ち入り調査が拒まれているからです。ただし、天皇が神格化されていた戦前も含めて、現在ほど管理が徹底して行われてはいなかったようです。このへんの事情は後述することとして、大山古墳について現在までにわかっている事実のみを紹介することからはじめましょう。

大山古墳の概要

まず古墳の形と規模です。教科書などでご存じの通り、その形は鍵穴形をした前方後円墳です。前方部三段、後円部四段築成で、東西のくびれ部に造出しがあります。現状では堀は三重にめぐっており、周辺に十数基の陪塚があります。ただし、三重目の堀は一八九九年（明治三二）から一九〇二年（明治三五）にかけて政府が再掘削したものです。この三重目の堀はそれまで新田開発によって大部分が埋め立てられていました。古い絵図には前方部に三重目の堀の一部と見られる池が描かれているものがあります。三重目の堀が築造当初からあった可能性が

大山古墳と倍塚

高いのですが、それが完周していたかどうかはわかりません。

墳丘の規模は堀水の水位などによって計り方に多少の誤差がありますが、堺市発行のパンフレットによると墳丘長四八六メートル、後円部直径二四九メートル、同高さ三五・八メートル、前方部幅三〇七メートル、同高さ三三・九メートルとなっています。堀も含めた古墳全体の大きさ（兆域《ちょういき》）は、八四〇メートル×六五四メートルです。

前方部中段から一八七二年（明治五）に河原

石積みの竪穴式石槨で覆われた長持形石棺が露出し、金製《きんせい》**歩揺**《ほよう》がついた眉庇付冑《まびさしつきかぶと》と**金銅製**《こんどうせい》（または鉄地金銅張《てっちこんどうばり》）の**横矧板鋲留短甲**《よこはぎいたびょうどめたんこう》、ガラス器、大刀の金具および鉄刀が出土したと伝えられています。石棺および甲冑《かっちゅう》の詳細な図が残されており、石棺は津堂城山《つどうしろやま》古墳のものと外形や寸法がよく似ています。なお、石槨が見つかった位置は前方部中段と伝えられていますが、前方部最上段や後円部ではないかとの指摘もあります。

円筒埴輪は墳丘や外域に何重にもめぐっていたと見られ、総数で三万本近くあったと推定されています。形象埴輪は後円部の三重堀工事で出土したといわれる女子人物頭部、琴を弾く巫《み》女《こ》と二種類の馬（宮内庁保管）のほか、**靫**《ゆぎ》、犬（または雌鹿）、水鳥、衣蓋、猪形、短甲着装人物の胴や家形埴輪などが伝えられています。また東側の造出しから須恵器大甕《おおがめ》の破片が多数出土。埴輪や須恵器は五世紀の中頃から第三四半

歩揺　頭髪具などに薄い金板や玉を連ねて垂下した飾りで、歩くごとに揺らぐのでこう呼ばれている。

金銅製　銅や青銅の地に鍍金《めっき》したもの。

横矧板鋲留短甲　短甲の一種で、横長の鉄板を鋲で留めたもの。

靫　弓矢を盛り携帯する器具。矢筒ともいわれる。

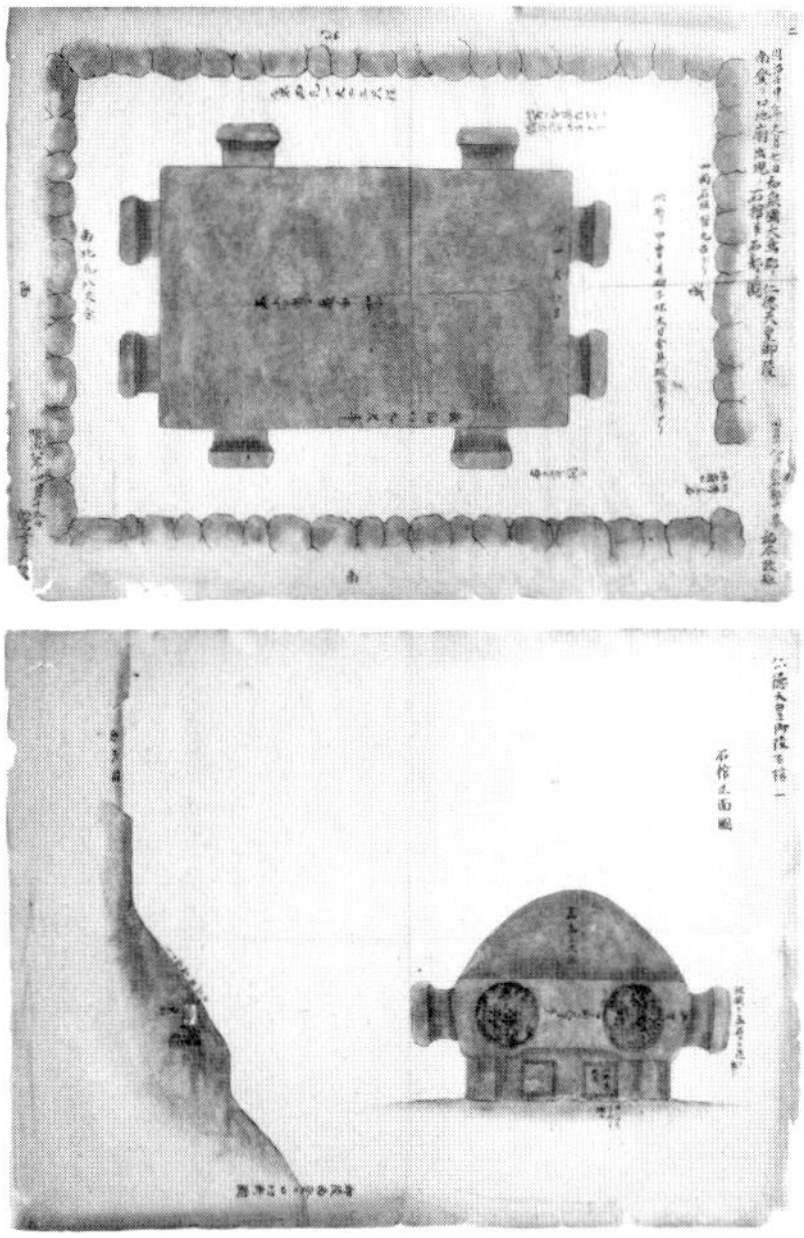

大山古墳前方部の石棺図

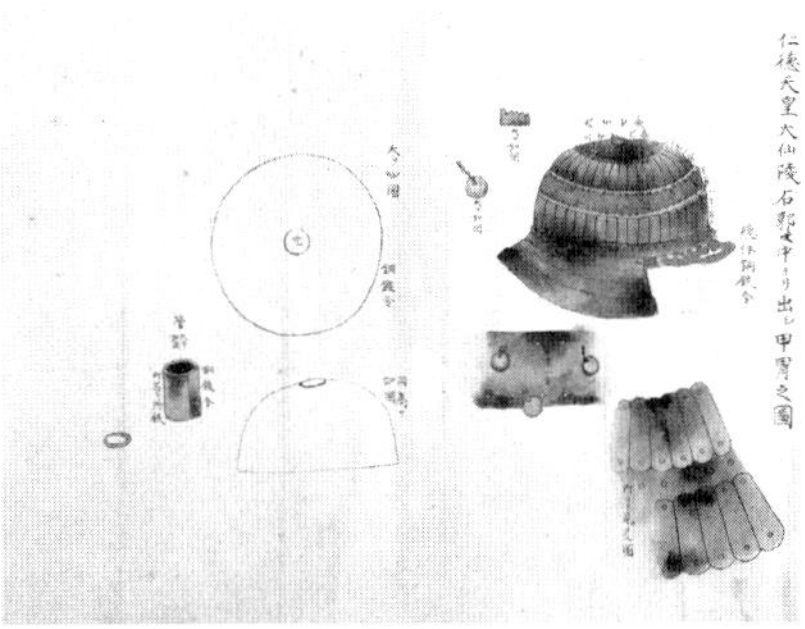

大山古墳前方部出土甲冑図

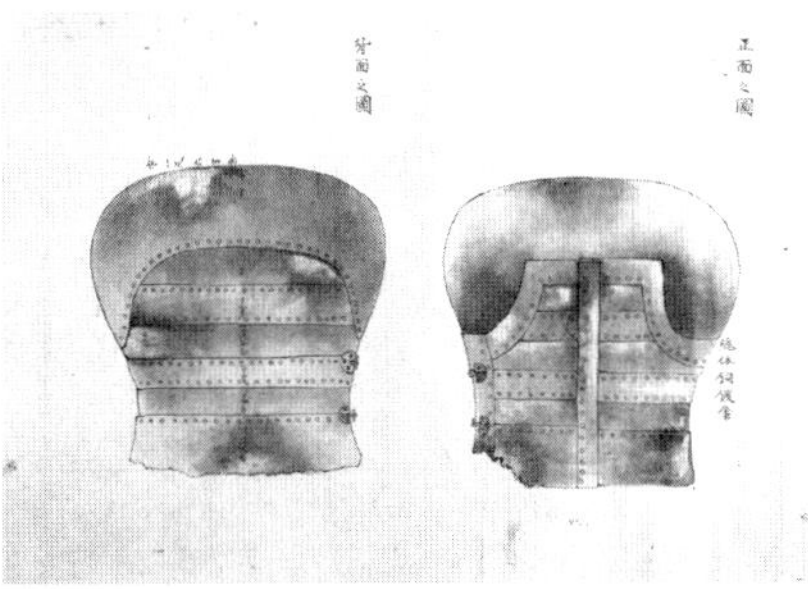

大山古墳前方部出土短甲図

期の年代が与えられています。

墳丘実測図を見ると、前方部正面の段築《だんちく》が直線できれいに整っているのに比べ、墳丘全体の等高線が乱れていることが見て取れます。これは中世に城郭として利用されたためとか、未完成の古墳であったなどの説がありますが、地震で崩落したのが真相のよう。前方部は幕末の修陵の際、整えられたものでしょう。

ボストン美術館所蔵の遺物

アメリカのボストン美術館には「伝仁徳皇帝墓出土」と記された**鳳凰文環頭大刀**《ほうおうもんかんとうたち》の金箔張柄頭《きんぱくばりつかがしら》、**細線式獣帯鏡**《さいせんしきじゅうたいきょう》一面と青銅製《せいどうせい》**馬鐸**《ばたく》二点、**三環鈴**《さんかんれい》が保管されています。これらは、石槨が見つかった時に流出したものとの疑いがありましたが、近年真相が明らかになりました。宮内庁は、これらの遺物について公式調査を行い、年代や購入記録から大山古墳出土の可能性は極めて低いと発表しました（二〇一一年「書陵部紀要」六二号）。書陵部の徳田誠志陵墓調査官が渡米して調査した結果、獣帯鏡は五世紀後半〜

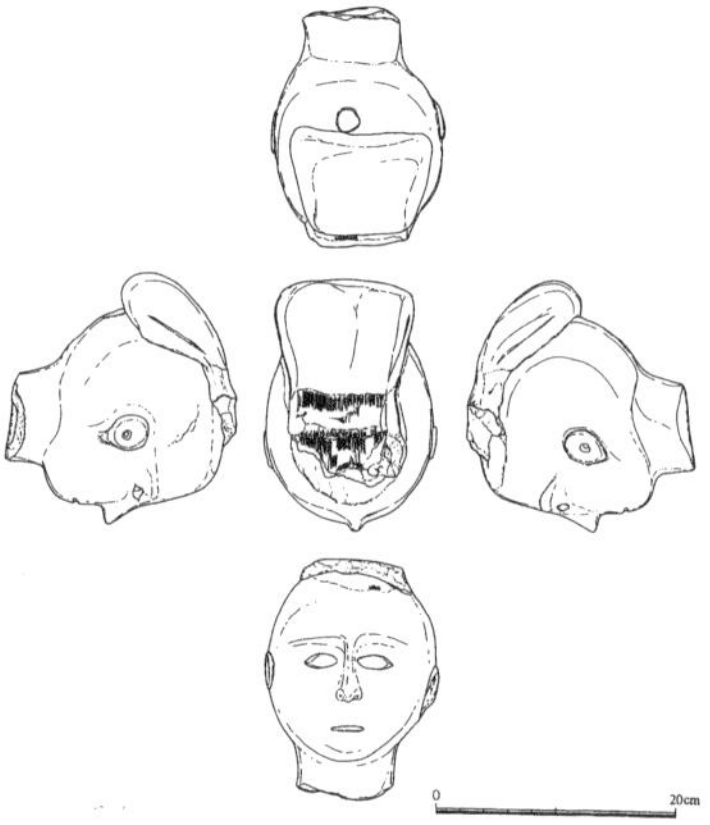

人物埴輪頭部

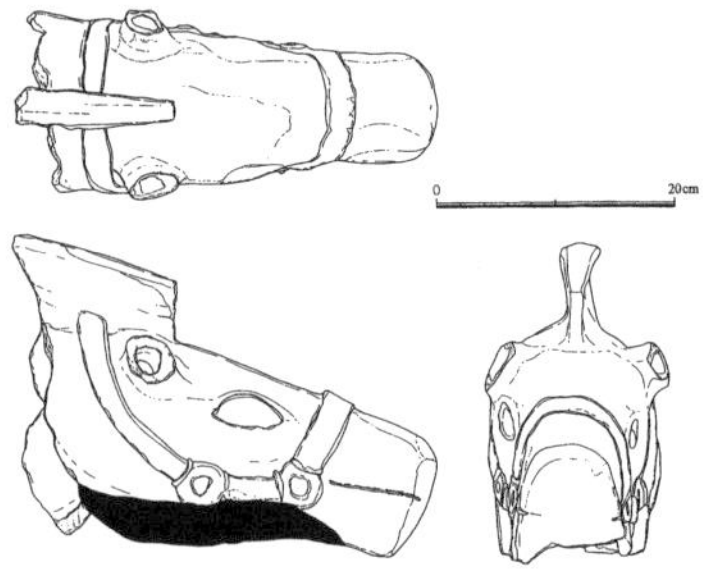

馬形埴輪

須恵器大甕

鳳凰文環頭大刀　柄の頭部が環状をなす刀で内部に鳳凰の飾りがついたもの。

細線式獣帯鏡　内側の帯状の円圏の部分に主として獣形が帯文としてめぐらされている鏡。細線式と半肉彫のものもある。

馬鐸　馬具の一種で、馬具を馬体に装着させる胸繫《むながい》に垂下した馬鈴の一種。

六世紀前半、他は六世紀前半と判断しました。「ボストン美術館に所蔵されている遺物が、明治五年に開口した前方部石室から**税所篤**《さいしょあつし》によって持ち出され、彼のもとに秘蔵されていたものが、堺市の神官の手を経て売却されたという想定は成り立ちがたい」という見解を示しました。大山古墳の築造は五世紀中頃との説が有力で、五点をセットで埋納したなら築造時期は六世紀前半となり、大山古墳とは年代が合わない可能性が高いのです。

　当時ボストン美術館に勤務し、東洋美術を収集していた岡倉天心が一九〇六年に一四五〇円（現在の価額では約五八〇万円）で購入しましたが、購入先の記録はなく売り手もわかっていません。またどのような経緯でアメリカに渡ったかも明らかではありません。岡倉がつくった購入品リストに、環頭太刀柄などは「古代の墓から出土した青銅器」とあるだけで、大山古墳を示す記載はいっさいなかったようです。また三環鈴については他の遺物と出土地が異なっている可能性があることもわかりました。

大山古墳の被葬者

　さて、大山古墳には誰が葬られているのか。これは誰しも興味のあるところです。ここでは、『古事記』『日本書紀』（以下『記・紀』と略す）などに記された没年代をもとに可能性を探るにことにとどめ、読者諸氏が独自な見解で推理してみてください。

　まず、仁徳天皇が葬られているかどうか。仁徳は『記・紀』には「オオサザキ」と記されており、『日本書紀』によると仁徳元年に即位し、同八七年に死亡したことになっています。その間、実に八七年間在位したことになります。仁徳八七年がいつかは定かではありませんが、その干支《かんし》から西暦三九九年と想定されています。生まれたのは神功《じんぐう》五七年（二五七年）。実に一四二歳まで生きたことになっています。仁徳天皇の実在そのものに疑いが持たれていますが、仮に三九九年に死亡したとしても、大山古墳の築造年代よりも半世紀以上前のこと。年代だけで

三環鈴　三個の鈴を銅の輪につけたもの。馬具として用いられ、鈴の数によって二環鈴、四環鈴などもある。

税所篤　当時の堺県令。

みると允恭《いんぎょう》（四五三年没）、安康《あんこう》（四五六年没）が可能性として上がります。

中国の史書『宋書』では五世紀に讃《さん》、珍《ちん》、済《せい》、興《こう》、武《ぶ》の五人の倭王が相次いで使者を派遣したことが記されています。いわゆる倭の五王です。五人の王のうち武は大泊瀬幼武《おおはつせわかたけ》（雄略《ゆうりゃく》天皇の諱《いみな》）の最終文字や、宋に朝貢した四七八年は雄略の在位年代と一致することなどから、雄略であることが確実視されています。他の四人を誰に当てるかは諸説ありますが、珍は死亡年は不明ながら四四三年にはすでに退位。済は四六〇年、興は四七七年に死亡したことになっています。退位年代または死亡年代と大山古墳の築造年代が比較的近いのは、『宋書』では珍と済、『日本書紀』では允恭と安康です。以上を候補者として挙げておきましょう。ちなみに珍は仁徳または反正、済は允恭、興は安康または木梨軽皇《きなしのかるのみ》子《こ》に比定する説もありますが、ここでは深入りはしません。

遊山場だった大山古墳

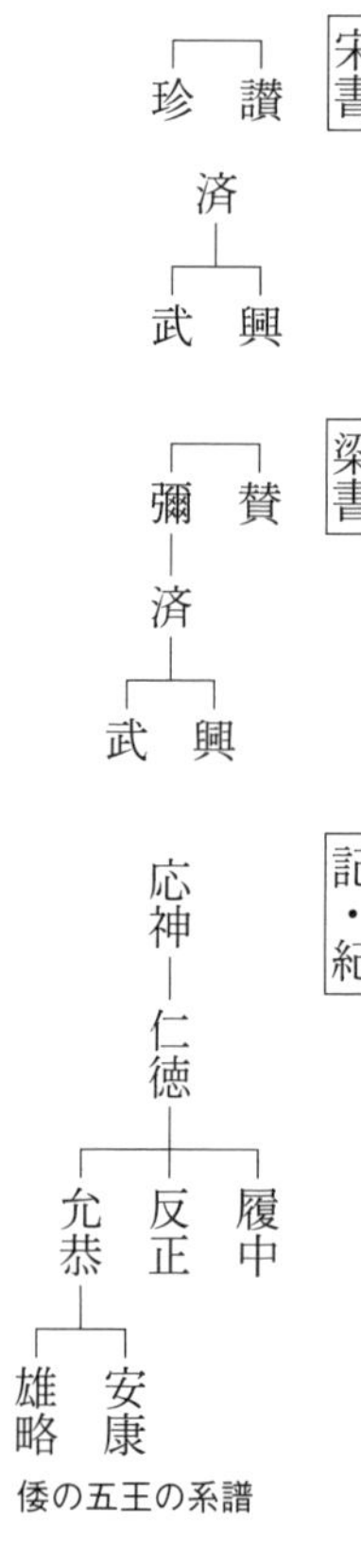

倭の五王の系譜

現在、大山古墳は厳重に管理されており、前方部の拝所からでは墳丘すら垣間見ることはできません。しかし幕末までは誰でも墳丘内に自由に出入りでき、蕨《わらび》採り、芝集め、花見など絶好の遊山場でした。春の初めにはおおいに賑わい、煮売り屋が繁盛したという記録もあります。堺奉行所から「大酒を呑んで喧嘩をするな」「天子の墓であるので、魚肉などの入った弁当は墳丘に持ち込まず中島（内堤のことか）で開け」といったおふれまで出されています。

尊皇思想が台頭し修陵工事がはじまる頃から、立ち入りが制限されてきます。嘉永六年（一八五三）には酒宴などが厳禁になり、元治元年（一八六四）には拝所が完成します。しかし、昭和初年頃までは、管理や警備も今日ほど厳重ではなかったようです。ある高名な歴史学者が、子供の頃、堀の水が涸れたときに墳丘の中に立ち入ったり、埴輪の破片を砕いて投げ合ったりした思い出を語っています。筆者の近所にも考古マニアのおじさんがいて、採集した各地の土器や瓦を見せてもらいました。その際、大山古墳の墳丘へ入ったことなど得意げに話していたことを覚えています。

一九七八年の新聞にはこんな記事も載っています。「仁徳陵が絶好の遊び場・釣り場――釣りファンや中学生が最近陵墓内に入り、宮内庁職員は見つけ次第退去を命じているが、罰則を定めた法令もなく、まるできき目がないと頭を悩ましている。……しかし市民の間からは、豊かな自然が残る陵内を開放することも考えるべきだとの声も出ている」

発掘現場を公開

二〇一八年一一月二二日、大山古墳の発掘現場が陵墓関係学会と報道機関に公開されました。現場は内側の堤で、普段は立ち入ることができない場所です。筆者も学会の一員として見学する機会を得ました。これまで宮内庁は陵墓古墳を天皇家の祖廟として「静謐と尊厳の保持」を理由に墳丘内への立ち入りを厳しく制限してきました。今回の公開でも、トレンチ周辺での撮影は許可されましたが、墳丘の姿がよく見える南東隅では係官により制止されました。上空では報道陣のヘリが真上から撮影を繰り返していましたが……。

今回の調査は保全整備工事計画策定のための基礎的な情報収集が目的とされています。調査の結果、堤の上面での敷石と外側の埴輪列が確認されましたが、通常存在する内側では埴輪列が見つからず、新たな課題も浮かび上がってきました。大山古墳については社会的な影響も大きく、堺市の協力や学会、報道機関への公開は一歩前進ですが、発掘は遺構を一部破壊する最終調査であり、総合的な観点から綿密な計画のもと学際的な調査が必要と思われます。

２　ＪＲ百舌鳥駅から乳岡古墳へ

もう一度ＪＲ百舌鳥駅に戻り、石津ケ丘古墳を経由して乳岡古墳まで歩いてみましょう。

長塚古墳

百舌鳥駅を降りてまず目につくのが長塚《ながつか》古墳です。前方部を西に向けた前方後円墳で、墳丘長一〇六・四メートル、後円部直径五九・四メートル、同高さ九・二メートル、前方部の幅七五・二メートル、同高さ一〇・六メートルあります。墳丘は二段（または三段）築成で、南側くびれ部に造出しを持ちます。発掘調査などによって築造当初の周堀は幅一一メートル前後であったことが確認されていますが、現在では住宅地の下になっており、目にすることはできません。地中レーザー探査によって後円部の中央

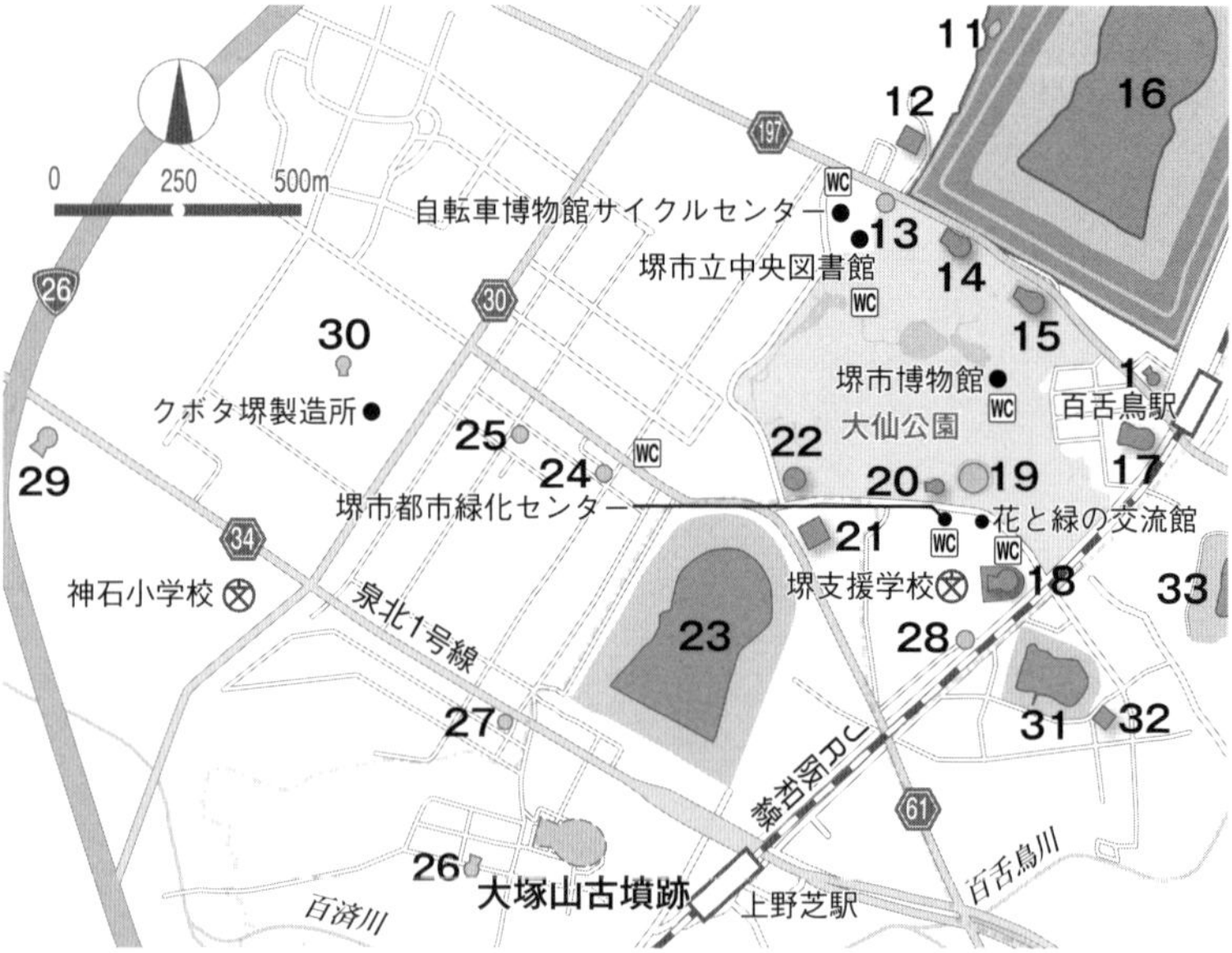

石津ケ丘古墳周辺古墳分布図
1.収塚古墳　11.樋の谷古墳　12.銅亀山古墳　13.狐山古墳　14.竜佐山古墳
15.孫太夫山古墳　16.大山古墳　17.長塚古墳　18.銭塚古墳　19.グワショウ坊古墳
20.旗塚古墳　21.寺山南山古墳　22.七観音古墳　23.石津ケ丘古墳　24.東酒呑古墳
25.西酒呑古墳　26.かぶと塚古墳　27.経堂古墳　28.東上野芝町１号墳　29.乳岡古墳
30.檜塚古墳　31.いたすけ古墳　32.善右ヱ門山古墳　33.御廟山古墳

に埋葬施設の存在が推定されています。円筒埴輪、朝顔形埴輪のほか、衣蓋、盾形の形象埴輪や葺石が見られ、埴輪の形式から五世紀中頃から後半の築造と考えられています。墳丘は国史跡に指定されていますが、フェンスで囲われており許可なしに入ることができません。住宅が建て込んでいるため、全景を見渡せるのは南側の大仙公園内しかありません。古墳の解説板は史跡長塚古墳となっていますが、石柱には史蹟長山古墳と刻まれています。これは一九二〇年（大正九）に「史蹟名勝天然紀念物保存法」により史蹟に仮指定された時の名称で、その後、一

長塚古墳

長塚古墳平面図

九五八年に「文化財保護法」による史跡指定の際、「長塚古墳」に改められました。

その規模や形から大山古墳の陪塚とは考えられず、長塚古墳自身にも南側の堀に隣接して陪塚と思われる小円墳、**狐塚古墳**《きつねづか》がありました。堀の南西角の付近には帆立貝形の茂右衛門山《もえもんやま》古墳、その西側に原山《はらやま》古墳、鳶塚《とびづか》古墳と四基の古墳がほぼ一列に並んでいました。

原山古墳・鳶塚古墳

原山《はらやま》古墳（直径二五メートル）、鳶塚《とびづか》古墳（直径二一メートル）はいずれも円墳で、一九五五年に土砂採取で破壊されました。その際、森浩一泉大津高校教諭（当時）と同校地歴部員が立ち会い、原山古墳から刀剣や鉄鏃《てつぞく》、鉄斧《てっぷ》などを採集しています（調査時の名称は「百舌鳥76号墳」。以下、「百舌鳥〇号墳」とあるものは同様）。人物、家、衣蓋形などの形象埴輪、土師器《はじき》、**高《たか》坏《つき》**などの破片が多く出土し、それらの一部は同

鳶塚古墳をイメージした築山

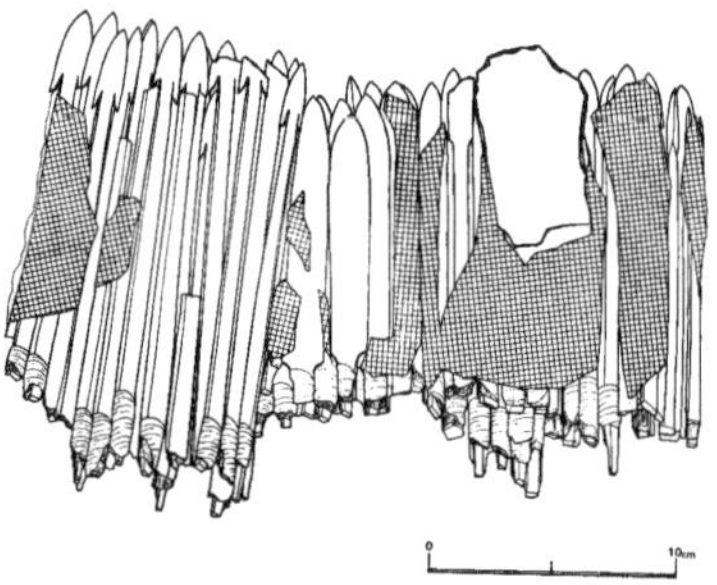

原山古墳出土鉄鏃

狐塚古墳　百舌鳥古墳群には経堂古墳の西側と石津ケ丘古墳前方部の東側にも狐塚古墳がある。

高坏　容器のひとつで、坏に足がついているもの。

校地歴部や堺市博物館に保管されています。その後、一九九八年度に大仙公園拡張に伴う調査が行われ、堀幅六メートルで、円筒埴輪のほか、冑形埴輪が見つかりました。また、鳶塚古墳の堀幅は三〜三・五メートルで、堀の中から家形埴輪などが見つかりました。両古墳とも築造時期は五世紀中頃から後半と推定されています。旧の位置には古墳をイメージした築山が造成され、堀の位置が明示されています。

銭塚古墳

長塚古墳から阪和線に沿って和歌山方面に三〇〇メートルほど行くと、大仙公園の中に入るT字路に出ます。その交差点の角、大阪府立堺支援学校の敷地内に銭塚《ぜにづか》古墳があります。前方部を西に向けた帆立貝形古墳で、墳丘長は七二メートル、後円部直径五四メートル、前方部の幅四四メートルあります。発掘調査により堀がめぐっていたことが確認されています。支援学

銭塚古墳

校の建設のため前方部は破壊され、現在残るのは後円部のみ。残された墳丘もかなり削平され、現在の高さは二・五メートルしかありません。円筒埴輪、衣蓋形埴輪が出土しており、築造時期は五世紀後半頃と推定されています。衣蓋形埴輪は藤井寺市の土師《はじ》の里《さと》付近で製作されたのではないかと考えられています。

前方部の形が白いラインで表示されていますが、道路からは見えません。花と緑の交流館二階の屋上庭園に上がると見ることができます。国指定史跡であり、世界遺産にも登録されましたので、何らかの形で一般公開されることを望みます。

東上野芝町1号墳

銭塚古墳の南、約一〇〇メートルのところ、阪和線に沿った道路の脇に樹木の生えた盛土があります。ここが東上野芝町《ひがしうえのしばちょう》1号墳ですが、葺石や埴輪も確認されていません。一見しただけで

東上野芝町１号墳

は古墳かどうかよくわかりませんが、古絵図や過去の航空写真、配水管工事の立ち会い調査などで、古墳の一部であった可能性が高いと考えられています。古墳であれば、その位置から、いたすけ古墳の陪塚の可能性があります。

グワショウ坊古墳

銭塚古墳を左に見て二〇〇メートルほど行くと、左手に堺市都市緑化センターがあります。道をはさんで向かい側が国史跡のグワショウ坊《ぼう》古墳です。直径五六～六一メートルの楕円形をしており、百舌鳥古墳群の現存する古墳の中では二番目に大きい円墳です。墳丘は二段築成で葺石があり、幅四メートルほどの堀がめぐっています。円筒埴輪のほか、衣蓋、靫、家形の形象埴輪、土師器、須恵器、ミニチュアの鉄鍬が出土しました。埋葬施設は不明ですが、築造時期は五世紀後半と推定されています。

グワショウ坊古墳

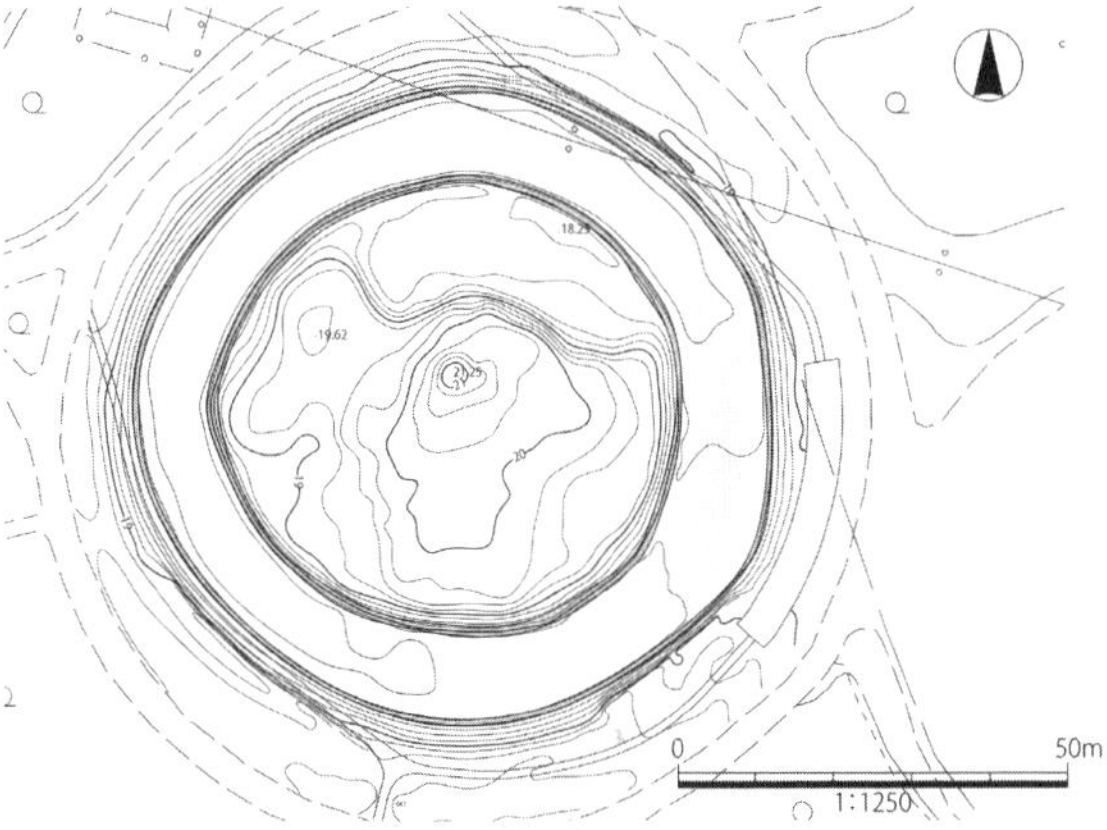

グワショウ坊古墳平面図

旗塚古墳

　グワショウ坊古墳のすぐ西側に隣接する国史跡の旗塚《はたづか》古墳は、前方部を西側に向けた帆立貝形の古墳で、盾形の堀がめぐっています。推定墳丘長は五七・九メートル、後円部直径四一・五メートル、同高さ三・八メートル、前方部幅二四・七メートルあり、後円部は二段築成でその南側に造出しを持ちます。円筒埴輪のほか、朝顔、衣蓋形、**石見型《いわみがた》埴輪**が採集されており、築造時期は五世紀中頃と推定されています。この石見型埴輪は古墳時代中期から後期にかけて西日本を中心に各地で見つかっていますが、主に中小規模の古墳に立てられています。旗塚古墳から出土したものは石見型埴輪の中でも古い形をしています。百舌鳥古墳群では旗塚古墳のほか、鎮守山塚《ちんじゅやまづか》古墳でも石見型埴輪が出土しています。

　グワショウ坊古墳、旗塚古墳は大仙公園内にあり、きれいに整備されていますが、史跡整備のあり方としては問題です。墳丘やまわりの堀の扱いは都市公園として整備されたもので、文化財関係者の意見を取り入れているとは思えません。そればかりか、大仙公園の整備にあたっては、貴重な遺構を破壊して堺市博物館の建設を強行したり、実態からかけ離れた古墳の復元など数多くの問題点が挙げられます。

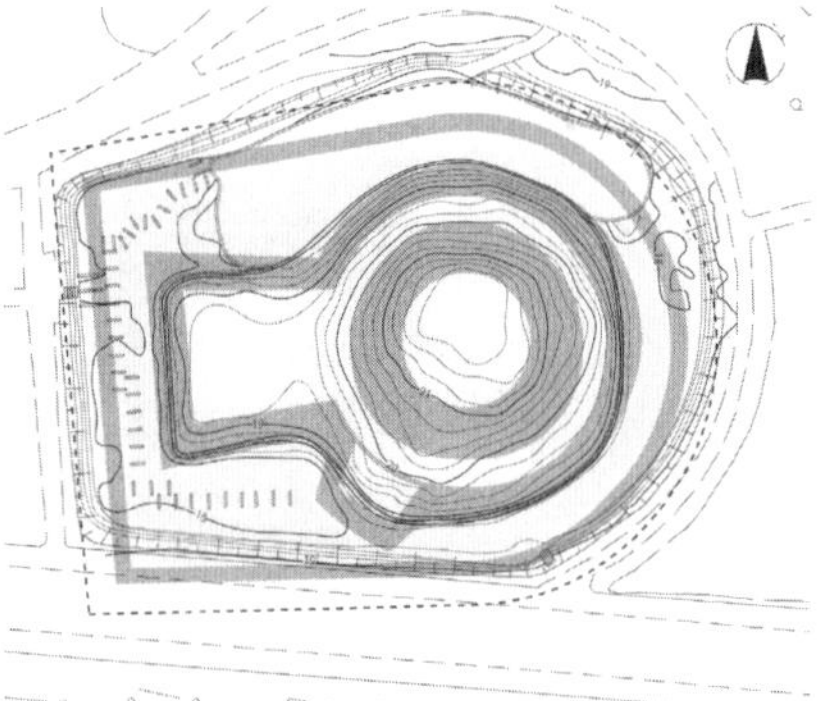

旗塚古墳推定復元図

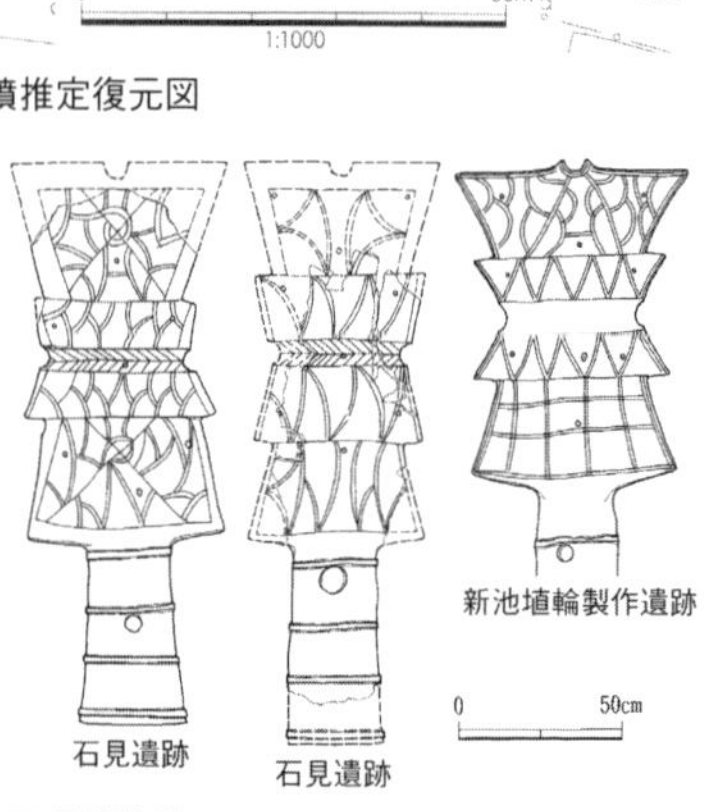

石見型埴輪

石見型埴輪　盾形をした埴輪の一種で、奈良県三宅町の石見遺跡で出土したことから「石見型埴輪」と呼ばれている。近年の研究では、盾ではなく権威を象徴する杖「玉杖《ぎょくじょう》」の形との関連性が考えられるようになった。同様な形をした木製品もある。

寺山南山古墳

旗塚古墳から、さらに西側に二〇〇メートルばかり行くと、交差点の手前北側の公園内に七《しち》観音《かんのん》古墳、南側に国史跡の寺山南山《てらやまみなみやま》古墳があります。寺山南山古墳は赤山《あかやま》古墳とも呼ばれていますが、百舌鳥古墳群の中には赤山古墳と呼ばれる別の古墳があります。また、いたすけ古墳の陪塚の善《ぜん》右《え》ヱ門山《もんやま》古墳も赤山古墳と呼ばれていました。後述する四《よ》ツ池《いけ》遺跡周辺の古墳の中にも赤山古墳があります。

寺山南山古墳は、長辺東側四四・七メートル、西側四四メートル、短辺は三九・二メートルのややいびつな長方形をしており、二段築成で周囲に幅一〇メートルの堀がめぐっていますが、現在は埋没しています。南側の堀は、石津ケ丘古墳の二重目の堀と共有しており、両墳は計画的に築造されたことがわかります。墳丘から円筒埴輪列と最も古い時代の須恵器が出土しており、築造された時期は石津ケ丘古墳と同時期の

寺山南山古墳
（手前の縁石は石津ケ丘古墳外堀の端）

造出し部分の発掘調査現場

五世紀初頭と推定されています。こうしたことから寺山南山古墳は石津ケ丘古墳の陪塚と考えられます。百舌鳥古墳群では数少ない方墳の陪塚です。

最近の調査で東側に造出しがあることがわかりました。また第一段テラスで囲形埴輪と家形埴輪が出土しました。家形埴輪は囲形埴輪の中に配置された状態で見つかり、囲形埴輪の入り口部分も確認されています。

かつて墳丘上に住宅が建てられ、高さ四メートル以上あった墳頂部が大きく削平されました。この住宅は大仙公園拡張計画で取り壊されましたが、その際に重機で墳丘がさらに平坦にならされ、現在では高さ二メートルほどしか残っていません。堺市は調査成果にもとづいて墳丘などの形がわかるように整備を進める方針とのことです。古墳の南側の公園内には、石津ケ丘古墳の外堀の端が縁石で表示されています。

七観音古墳

七観音《しちかんのん》古墳は寺山南山古墳から道路をはさんだ北側にある円墳です。公園整備により正円形に形が整えられ、裾は石垣をめぐらせ、墳丘全面にサツキが植えられています。さながら巨大な植木鉢です。隣にも同じような円形の築山があり、七観音古墳と刻まれた石柱と解説板がなければ公園の花壇としか見えません。

一九八三年に公園整備に伴う測量と発掘調査が行われ、直径三二・五メートルとされていますが、堀の痕跡は未確認でなかった可能性もあります。円筒埴輪や衣蓋形埴輪が出土し、築造時期は五世紀前半と推定され、石津ケ丘古墳の陪塚のひとつである可能性が高いと考えられます。かつて付近から碧玉製の**琴柱形石製品**《ことじがたせきせいひん》が採集されていますが、この古墳から出土したものかどうかはわかりません。

七観音古墳は、一九一五年（大正四）に書き写された「百舌鳥耳原三御陵」の絵図では、「寺

琴柱形石製品　「ことじ」とは琴の胴の上に立てて弦を支えるもので、この形に似ているので琴柱形石製品と呼ばれているが、身体の垂飾品として用いられるもの。

七観音古墳

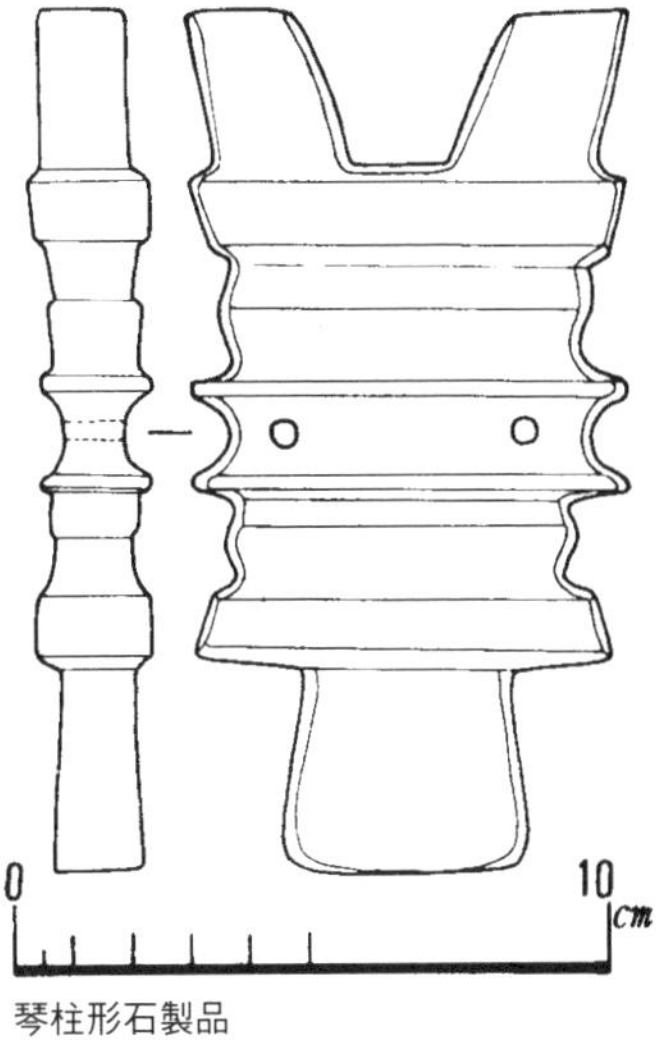

琴柱形石製品

山」と記されています。また寺山南山古墳は「七観音」となっており、次に紹介する七観古墳もまた「七観音」となっています。ややこしくなるのでこれ以上記述することはしませんが、このあたりの古墳の名称は時代や記録者によって錯綜しています。

七観古墳

七観《しちかん》古墳は、七観山《しちかんやま》古墳とも呼ばれています。

七観音古墳のある交差点から西側公園内にひと

きわ目立つ築山があります。七観古墳は一九五二年、土砂採取によって完全に破壊され、この築山はその場所に復元（？）されたものです。半分は七段の石積み、残り半分は盛土となっています。

七観古墳は末永雅雄氏が一九一三年に出土した遺物を、二〇年後の一九三三年に「考古学雑誌」に発表され、学会に知られるようになりました。第二次大戦後の一九四七年、宮川徏《すすむ》氏が高射砲陣地として開けられた竪穴から多数の鉄片を発見し、京都大学考古学研究室が調査することになりました。一九五二年には、採土工事の間隙をぬって宮川氏らが応急調査して遺物を採集しました。両調査は「和泉七観古墳調査報告」（「古代学研究」二七号）に詳しく紹介されています。また、二〇一四年には『七観古墳の研究』が正式な報告書として出版されました。

七観古墳は石津ケ丘古墳の陪塚の位置にあり、宮内庁の管理で自由に調査できない石津ケ丘古墳の実態を明らかにするための重要な情報源で

元の位置に造成された七観古墳

す。同報告書などから七観古墳の概要を紹介してみましょう。直径五〇メートル以上、高さ八メートル、二段築成の円墳または帆立貝形の古墳で、墳丘には葺石と埴輪があり、周堀の存在が推定されています。墳頂部に方形区画があり、

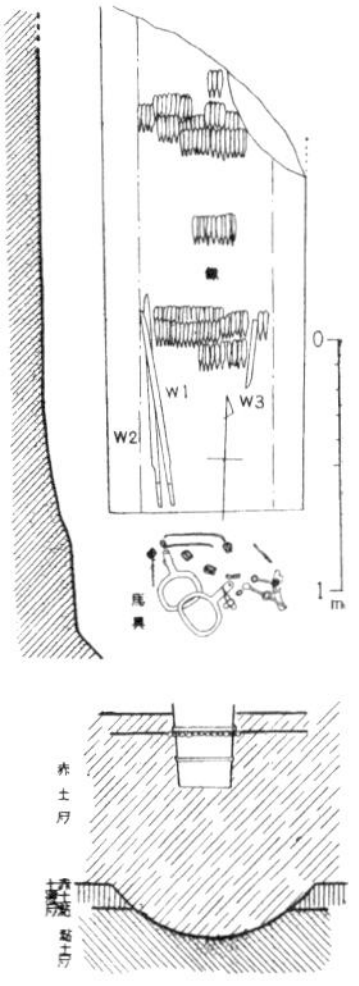
西槨

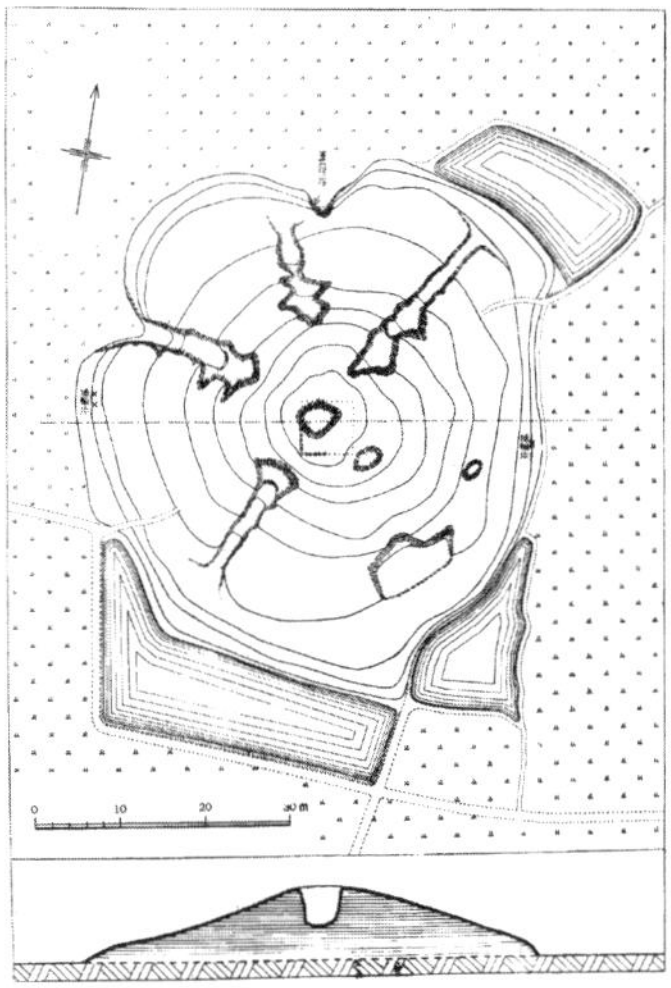
七観古墳墳丘図

形象埴輪と**鰭付円筒埴輪**《ひれつき》が立てられています。粘土槨など三つの埋納施設があり、**衝角付**冑《しょうかくつきかぶと》、短甲、刀、剣、矛《ほこ》、鏃《やじり》などの多量の鉄製武器・武具と斧、手斧《ちょうな》、**鉇**《やりがんな》などの鉄製工具、馬具、金《こん》銅製帯金具《どうせいおびかなぐ》および櫛《くし》、滑石製勾玉など二〇〇点以上出土していますが、人体埋葬の痕跡は認められません。遺物はすでに一部破壊された遺構からの出土であるため、本来はもっと多かった

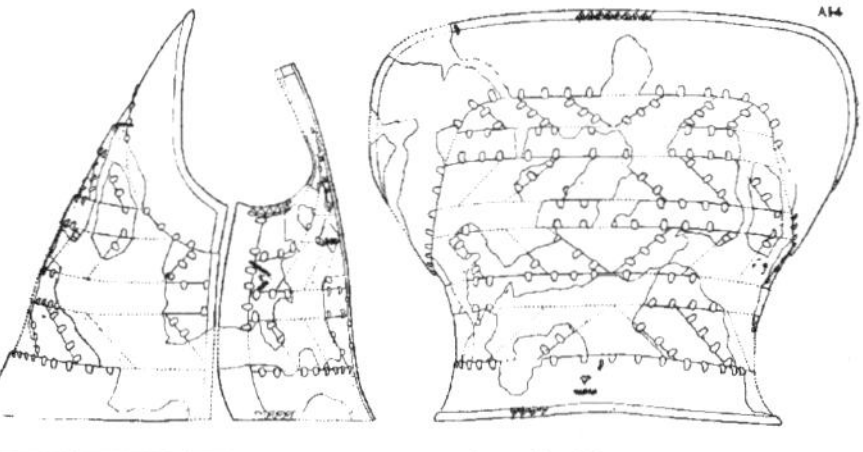
上：短甲

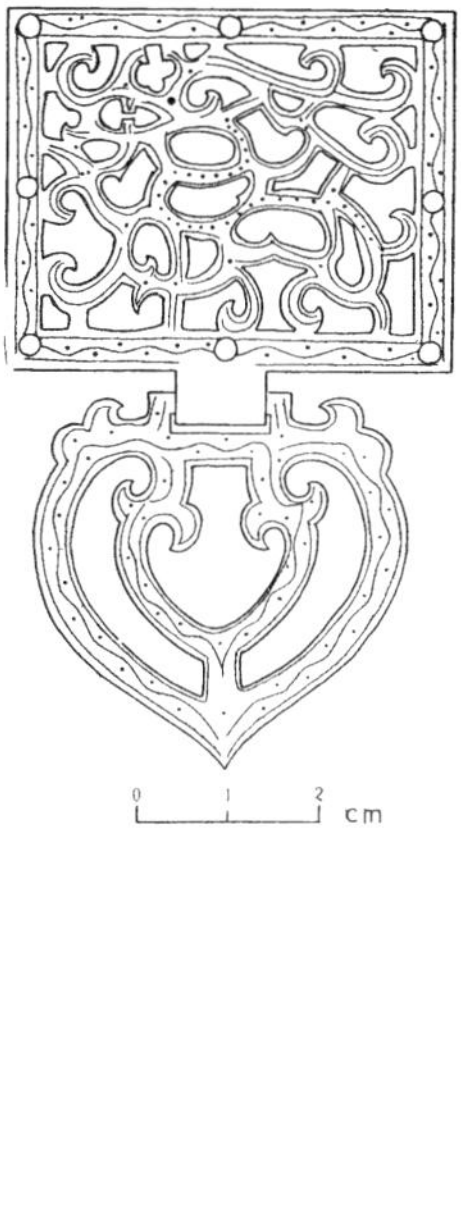
左：帯金具

鰭付円筒埴輪　左右に鰭状の突起がついた円筒埴輪。

衝角付冑　冑の前額部に当る正面を鋭く尖らせ、相手の正面からの攻撃をそらし、頂辺と中央の裾まわりに鉄板をめぐらしその間に小鉄板を入れて鉄鋲または革でとめるもので、金銅製の華麗なものもある。

鉇　木材の表面を削るかんなの一種。

ものと思われます。なお、帯金具は龍文透彫《りゅうもんすかしぼり》鍔板《かばん》に心葉形垂飾《しんようけいすいしょく》のついたすばらしいもの。主な遺物は京都大学総合博物館に保管されています。これらの遺物から築造されたのは五世紀前半と推定されます。

巨大古墳の陪塚には、人体埋葬がなく、武器や武具などの鉄製品のみが埋納された古墳が各地で見つかっています。古市古墳群の西墓山《にしはかやま》古墳（墓山古墳陪塚）、奈良県の佐紀古墳群の大和6号墳（ウワナベ古墳陪塚）なども その例です。百舌鳥古墳群では御廟山古墳の後円部付近にあったカトンボ山《やま》古墳もそのひとつです。

なお、余談ですが、宮川氏は七観古墳についてこう語っています。「終戦間際B29など大阪周辺を爆撃する米軍機は、巨大な幾何学模様をした大山古墳をターニングポイントのランドマークとしていた。そのことを認識していた軍部は、迎撃のため七観古墳に高射砲陣地構築を試みたが、墳丘に坑を掘っただけに終わってしまったようである。七観古墳の高射砲陣地構築はこのような時代背景があったことを、その時の生き証人として記録にとどめたい」

石津ケ丘古墳

全国第三位の巨大古墳

石津《いしづ》ケ丘《がおか》古墳は我が国で三番目に大きい前方後円墳です。墳丘長三六五メートル、後円部直径二〇五メートル、同高さ二七・六メートル、前方部幅二三五メートル、同高さ二五・三メートルあります。墳丘は三段築成で、両側くびれ部に造出しがあります。履中天皇陵百舌鳥耳原《はらのみなみのみささぎ》南　陵に指定され、内堤までが宮内庁の管理ですが、他の天皇陵と同様に、履中天皇の墓であるかどうかの確証はありません。

平面図をよく見ると前方部の上段に円丘が築かれています。前方後円墳の場合、通常後円部に埋葬施設がつくられますが、前方部にも埋葬施設があった可能性があります。一九八六年にこの前方部の円丘で盗掘が行われ、その際に出

鍔板　鍔帯《かたい》金具ともいう。帯の表面につける一種の飾り具。

石津ケ丘古墳（前方部南東角から）

土、採集した各種埴輪（円筒、朝顔、家、衣蓋、靫、甲冑形）が宮内庁により公表されています。後円部の頂にも盗掘坑と見られる落ち込みがありましたが、一八九八年（明治三一）に埋め戻されています。前方部の円丘から採集された埴輪は、中期初頭の岡山県岡山市の金蔵山《かなくらやま》古墳や

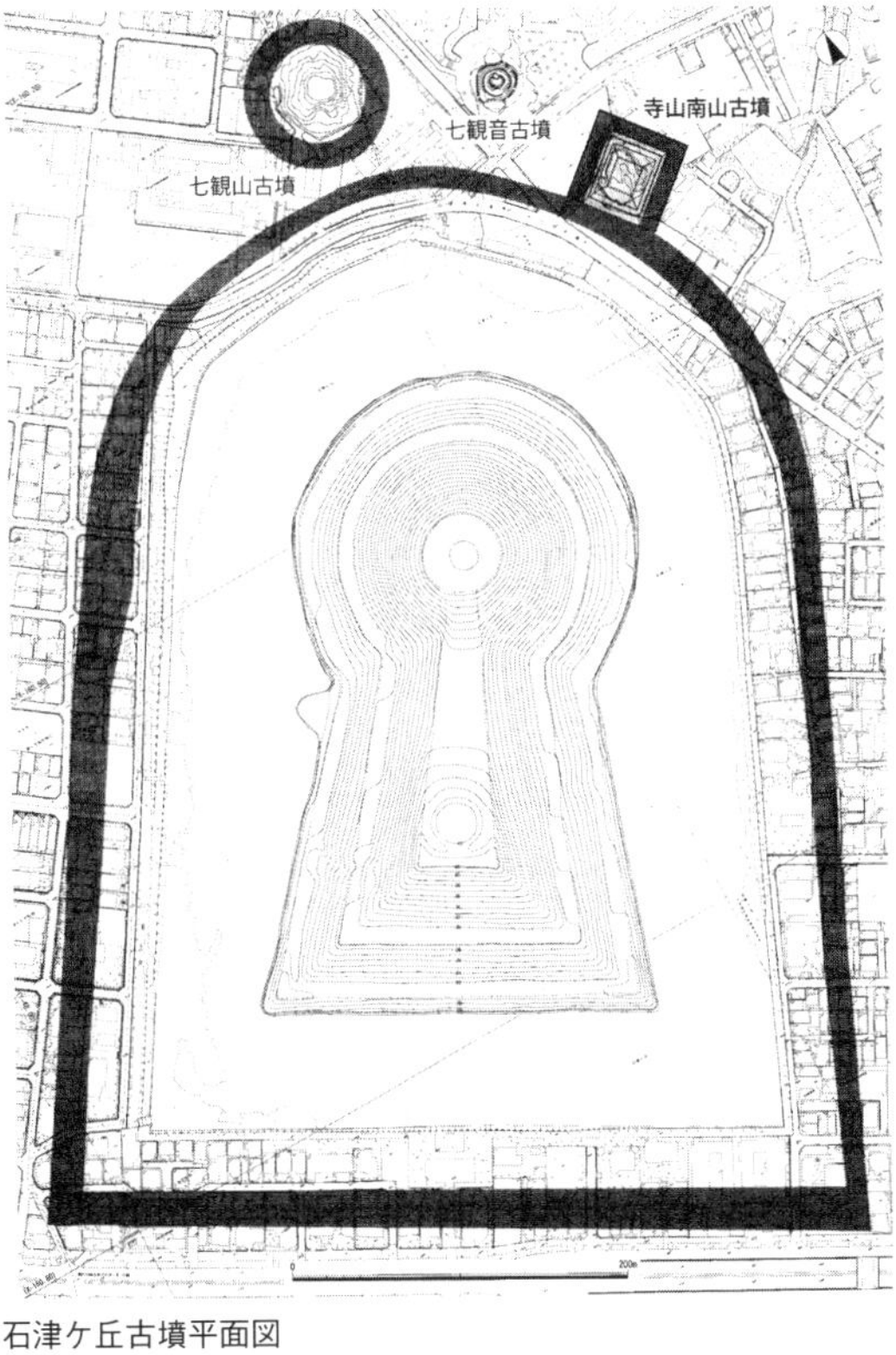

石津ケ丘古墳平面図

奈良県御所《ごせ》市の室宮山《むろみややま》古墳に類例があり、それらの埴輪などから、石津ケ丘古墳の築造された時期は五世紀初頭と推定されています。仁徳天皇陵とされている大山古墳より、その子、履中天皇の陵のほうが約半世紀早くつくられたことになり、現在の指定がいかに科学的な根拠に乏しいものであるかがうかがえます。

現在見かけ上の堀は一重ですが、周辺の発掘調査の結果、二重堀であったことが確認されています。堀の堤に沿って古墳を一周することができますが、堤や二重目の堀と思われる部分に住宅地が建て込み、直接墳丘を眺められるのは一部に限られています。最も見通しがいいのは前方部南東角付近です。最近、後円部の北側堤上に展望施設が設けられました。ただし、後円部の正面なので古墳の全貌や形を確認することができません。

「堺市文化財地図」などから、陪塚と思われる位置に一〇基の小古墳が存在していました。寺山南山古墳から左まわりに七観音古墳、七観古墳、無名塚7号墳、東酒呑《ひがしさけのみ》古墳、旅塚《たびづか》古墳、経堂《きょうどう》古墳、ド塚《づか》古墳、狐塚《きつねづか》古墳、石塚《いしづか》古墳（無名塚10号墳）で、現存するのは寺山南山古墳、七観音古墳、東酒呑古墳、経堂古墳の四基のみです。

陵名がなかった石津ケ丘古墳

大山古墳については、膨大な量の研究書や文献がありますが、全国第三位の規模を持つ石津ケ丘古墳はごくわずかです。宮内庁の管理で墳丘内への立ち入りができないことも大きな要因ですが、その意味では大山古墳とて同じです。研究者といえども興味と関心はやはり規模第一位の大山古墳のほうに向けられているのでしょうか。

石津ケ丘古墳は「百舌鳥《もず》陵山《みささぎやま》古墳」「上石津《かみいしづ》ミサンザイ古墳」など研究者によってさまざまな呼び名で呼ばれています。江戸時代の地誌類では、大山古墳は大山陵、田出井山古墳は楯井陵などと記されていますが、石津ケ丘古墳だけは陵名が記されていません。これについて『全堺詳志』では、「大仙、楯井の二陵は、堺府の管轄であるが、履中陵は村の支配で、農民が自由にしており、樹木も伐採され禿げ山になり、牛の牧場となっている」と嘆いています。陵名がないのはその理由によるものと思われます。なお絵図には摺鉢山と記されたものもあります。

東酒呑古墳・西酒呑古墳・無名塚7号墳・狐塚古墳・ド塚古墳

石津ケ丘古墳の後円部西側一〇〇メートルあまりのところに東酒呑《ひがしさけのみ》古墳（飛地は号）、さらにもう二〇〇メートルほど先に西酒呑《にしさけのみ》古墳（飛地ろ号）があります。両古墳とも履中天皇陵の陪塚として宮内庁が管理していますが、少なくとも後者は離れすぎており、陪塚の位置ではありません。西酒呑古墳（直径二五メートルの円墳）は全景がよく見えますが、東酒呑古墳（直径二一メートルの円墳）は住宅に囲まれ、わずかなすき間から覗く程度です。墳丘は両者とも四方から削平を受け、かなり変形しています。

無名塚7号墳（帆立貝形古墳）は大阪府立身体障害者福祉センター内にありましたが、現在は消滅しています。高林家に伝わる絵図から、これが檜塚《ひのきづか》古墳で、株式会社クボタ堺製造所内にある古墳は檜塚でなく古代寺院の塩穴寺《しおあなじ》の基《き》壇《だん》ではないかとの説もあります。

東酒呑古墳

西酒呑古墳

狐塚《きつねづか》古墳は近年の調査で直径八七メートル、周りに堀がめぐる円墳であることがわかりました。

また、上野芝駅の北側に隣接して北面の小型前方後円墳があり、阪和線敷設の際に縦断され、残った部分もその後に消滅したと、末永雅雄氏が「古墳の周庭帯《しゅうていたい》と陪塚」（「書陵部紀要」一三号）に書かれています。この古墳は「堺市文化財地図」にも載っていませんが、堺市文化財課では、「百舌鳥耳原三御陵」絵図（高林家所蔵）にある「ド塚」で、墳丘長が九〇メートル前後の前方部を西に向けた前方後円墳と推定しています。ただし、末永氏は北面と書かれているので、若干の疑問が残ります。堺市の近年の調査で、駅の自転車置き場から古墳の堀の跡らしきものが見つかりました（上野芝駅前遺跡）。これがド塚《づか》古墳の跡であるかどうかは不明で、別の古墳であったかもわかりません。

破壊されたド塚古墳

文殊塚古墳

文殊塚《もんじゅづか》古墳は、上野芝駅の南東約五〇〇メートルのところにある前方後円墳です。石津川の支流である百済川左岸、信太山から延びる台地上に単独で築かれており、北と東は急崖になっています。上野芝の橋上駅からは墳丘上に繁茂した樹木がよく見えます。前方部は西側を向い

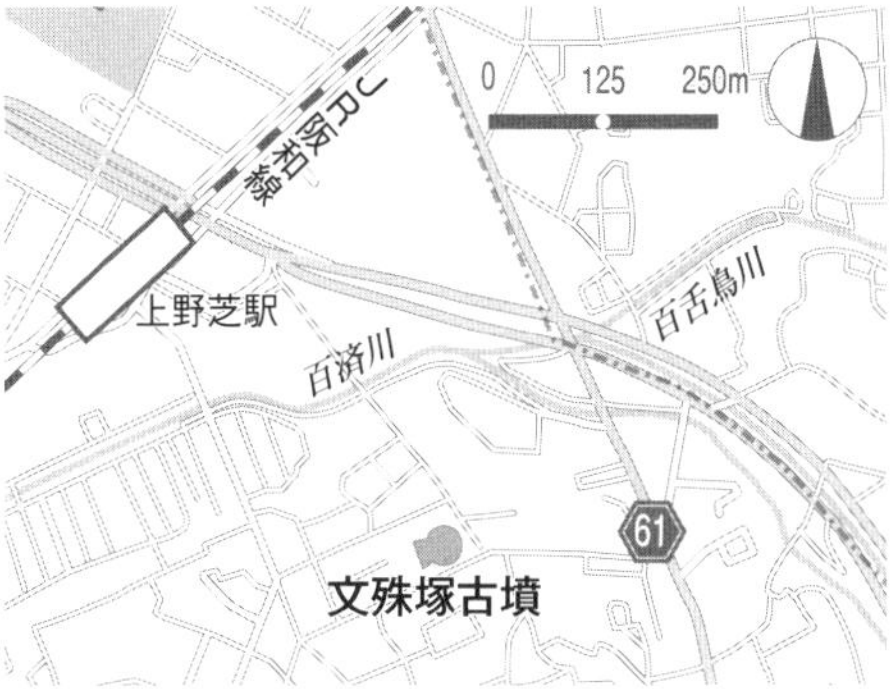

文殊塚古墳の位置

文殊塚古墳遠望

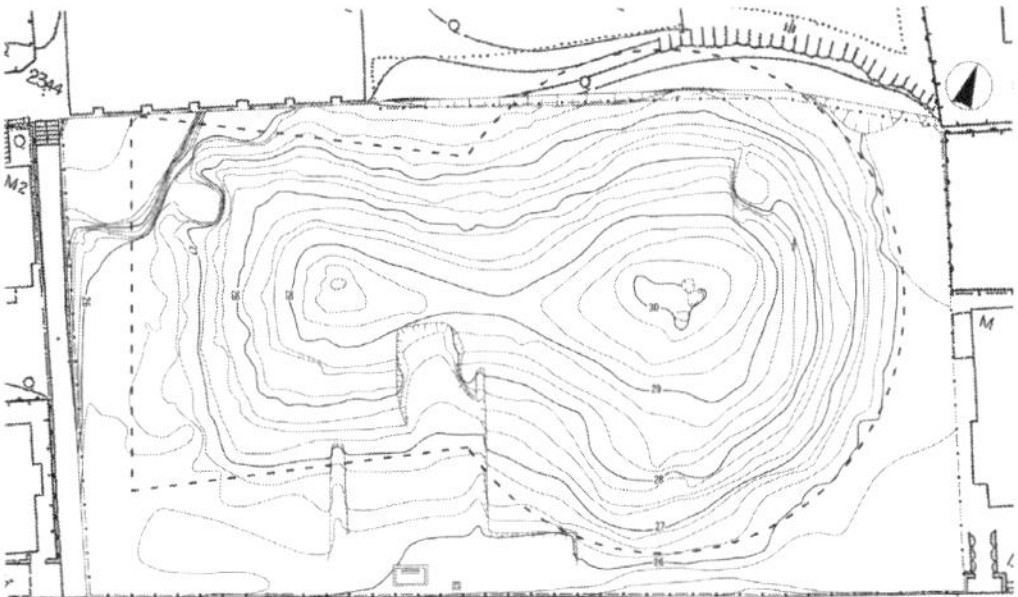

文殊塚古墳平面図

ており、一九七一年に墳丘を中心とした部分が国史跡に指定されましたが、後円部北側の裾は範囲外で住宅地となっています。指定地内はフェンスで囲まれており、自由に入ることはできません。

墳丘は防空壕などによって形が変わっていますが、堺市教育委員会による調査では墳丘長五九・一メートル、後円部直径三六・六メートル、同高さ五メートル、前方部幅二七・三メートル、同高さ四メートルと復元されています。後円部に掘らしき遺構が確認されていますが、古墳を取り巻く堀かどうかは定かではありません。築造時期は周辺から出土した須恵質の埴輪の型式から五世紀中頃と推定されています。なお、文殊塚古墳には葺石が葺かれておらず、百舌鳥古墳群の中では少し違った様相をしています。古墳の名称は日本三大文殊のひとつとして、また落書き寺として知られる家原寺《えばらじ》（堺市西区）の寺領であったことに由来しています。

なお、文殊塚古墳の南西約四〇〇メートルのところに黄金山塚《こがねやまづか》古墳がありましたが、すでに消滅しており、詳しいことはわかっていません。

大塚山古墳

大塚山《おおつかやま》古墳（百舌鳥大塚山古墳ともいう）は、上野芝駅から約三〇〇メートル西、石津ケ丘古墳の前方部付近にありました。一九四九年から五二年にかけて大半が削平され、わずかに残っていた前方部北側の角も一九八五年に宅地造成のために破壊されてしまいました。現在は閑静な住宅街になっており、後円部の痕跡であるカーブが街路として残っています。旧のくびれ部の中心付近に上野芝町公園があり、古墳の解説板が立てられています。

第二次大戦後の混乱期に土取工事によって墳丘が削平される際、末永雅雄、森浩一、宮川徏、田中英夫氏らによる調査が行われてきました。正式な調査報告は刊行されていませんが、森浩一氏の「失われた時を求めて――百舌鳥大塚山古墳の調査を回顧して」(「堺市博物館報」二二号)に詳しく紹介されています。

墳丘長一六八メートル、後円部直径一〇二メートル、同高さ一四・五メートル、前方部幅一一四メートル、同高さ一一・九メートル、百舌鳥古墳群で五番目に大きい前方後円墳でした。戦後破壊された前方後円墳では日本最大です。森氏は回顧録の中でこう述懐されています。「まだ文化財行政という言葉すらない時代でしたが、役所側には埋蔵文化財を守るという意識があまりなかった。……古墳の調査は、古墳を潰している土建屋さんの好意が頼りだったのです。土建屋さんが半日待ってあげるといえば、半日で調査しなければならない。今なら一〇日かかってもできないことでも仕上げる。そういう経験を積んでいる中で、古墳の保存運動の必要性を考えるようになった」

前方部は西側を向いており、盾形の一重の堀がめぐっています。その幅は三〇メートル前後です。墳丘は三段築成で、葺石を施し、北側く

破壊された大塚山古墳

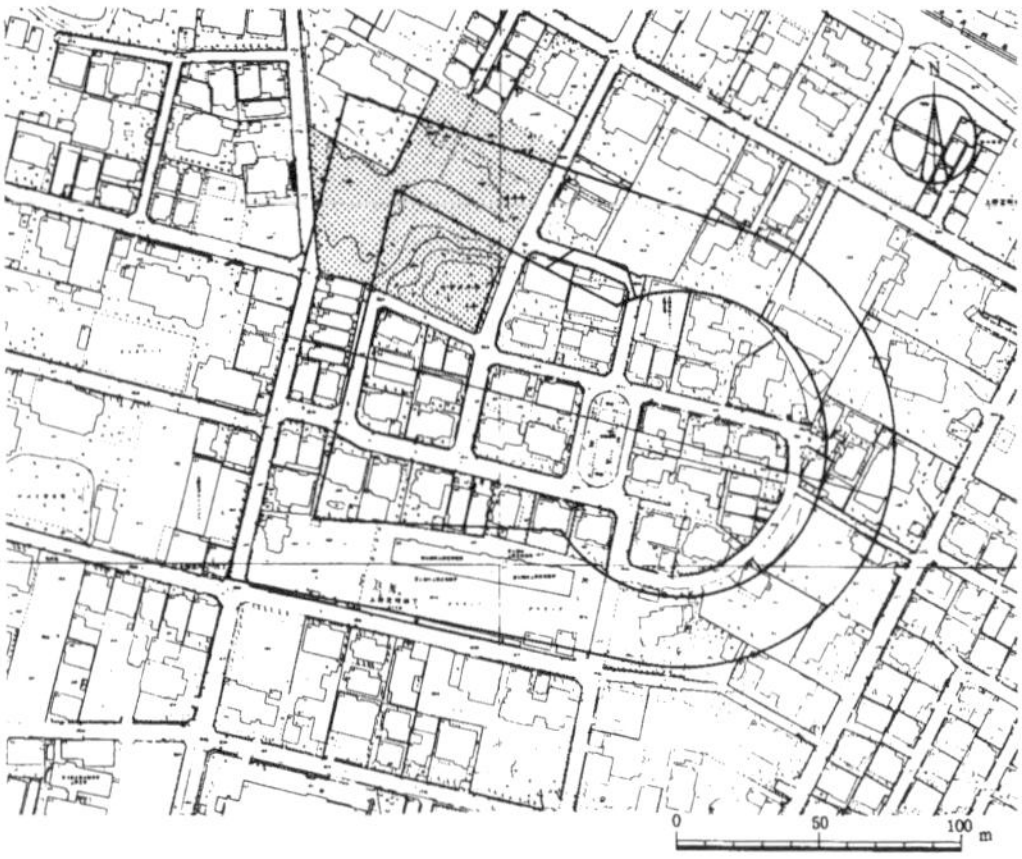
大塚山古墳のあった位置
（網掛けの部分は1985年まで残っていた）

びれ部に造出しがあります。後円部に四箇所、前方部に四箇所の埋葬・埋納施設が発見されましたが、前方部の三箇所は調査できなかったとのことです。人体埋葬は、後円部と前方部に各一箇所ずつで、それ以外は副葬品のみが埋納されていました。主なものは刀、剣など二〇〇本以上、鉄鏃一五〇〇本以上、襟付短甲《えりつきたんこう》や衝角付冑などの武具、鉄製の手斧、鋸《のこぎり》などの工具類の

わずかに残されていた前方部の一角と埴輪列跡（1985年の発掘調査現地説明会）

ほか、銅鏡、鉄鏡、櫛、勾玉、棗玉、管玉などの玉類が納められていました。大量の武器・武具の副葬は単に大塚山古墳の被葬者のみならず、近接する石津ケ丘古墳との関連で、おおいに興味のあるところです。他に家形埴輪とともに机、椅子、壺、器台などのミニチュア土製品が見つかっています。家形埴輪に調度品が伴う例は珍しく、他ではあまり見られません。

一九八五年の前方部北側角の調査では、直径一二メートル、高さ一・三メートルほどの円錐形の小山を重ねて墳丘が築造されていたことがわかりました。大古墳がどのように築造されたのか、その一端を垣間見る貴重な成果でしたが、墳丘のほとんどがなくなっているので、それ以上のことは解明できなかったようです。残された墳丘からは円筒埴輪列も見つかりました。古墳が築造された時期は石津ケ丘古墳とほぼ同じ五世紀初頭と考えられています。

かぶと塚古墳・経堂古墳

大塚山古墳の前方部南角のすぐ西側にかぶと塚《づか》古墳があります。墳丘長五〇メートル、後円部直径四二メートル、前方部幅二二メートル、まわりに堀を持ち、前方部を北側に向けた帆立貝形古墳と推定されています。後円部は街路と住宅地で削平されており、現存するのは前方部のみです。最近まで民家の庭園の築山となっていましたが、古い家が壊され共同住宅が建てられました。墳丘の樹木は伐採されましたが、古墳は残されています。

かぶと塚古墳の北約二五〇メートル、住宅地の一角に経堂《きょうどう》古墳があります。半壊状態ですが直径二〇メートルの円墳で、履中天皇陵の陪塚(飛地い号)として宮内庁が管理しています。

なお、経堂古墳の西、約四〇〇メートルのところに狐塚《きつねづか》古墳(無名塚13号墳)、無名塚12号墳の二基が「堺市文化財地図」に記載されていますが、すでに消滅しており、詳しいことはわかっていません。

上野芝町1号墳・2号墳

大塚山古墳の南西約二〇〇メートル、現在の関西電力上野芝社宅付近に上《うえ》野《の》芝《しば》町《ちょう》1号墳（百舌鳥45号墳）がありました。森浩一氏らの指導のもと泉大津高校地歴部が一九五四年に調査し、横穴式石室が確認されています。**玄室**《げんしつ》内から**凝**《ぎょう》**灰岩**《かいがん》製《せい》組合式《くみあわせしき》家形石棺《いえがたせっかん》の底石《そこいし》と七世紀前半の須恵器が出土。またその時の記録では西方にも横穴式石室の破壊されたものが確認されています。『堺の文化財　百舌鳥古墳群』では一辺二〇メートルの方墳とされていますが、「堺市文化財地図」では円墳になっています。森浩一氏らの報告では「方形の墳丘をもっていたが、築造当時のものかどうかは追求の方法がない」と述べています。なお、上野芝町1号墳の東、約二〇〇メートルのところに亀塚《かめづか》古墳が「堺市文化財地図」に記載されていますが、すでに消滅して

かぶと塚古墳

経堂古墳

おり、詳しいことはわかっていません。

　上野芝町2号墳は直径二〇メートルの円墳で横穴石室とされています。一九五一年に堺市教育委員会が調査をしているとのことですが、記録は見あたらないようです。これらの古墳は大山古墳をはじめとする大王陵がつくられた時代の百舌鳥古墳群とは約一世紀隔たっており、区別して考える必要があります。2号墳に近接して無名塚14号墳・15号墳の二基の古墳があったようですが、いずれの古墳も現在は消滅しており詳しいことはわかりません。

乳岡古墳

　石津ケ丘古墳と大塚山古墳の間を貫通する府道堺狭山線（泉北一号線）を海岸寄りに一キロメートルほど行くと乳岡《ちのおか》古墳があります。百舌鳥古墳群の大型古墳のほとんどは台地上に築かれていますが、乳岡古墳だけは一段低い位置にあります。乳岡古墳は南側に前方部を向けた前方後円墳で、墳丘長一五五メートル、後円部直径九四メートル、同高さ一四メートル、後円部は三段につくられています。現状では前方部の大半が削平され、住宅地となっていますが、馬《ば》蹄《てい》形《けい》の堀がめぐっていたことが調査でわかっています。後円部の墳頂部にはかつて浄土宗念仏《ねんぶつ》寺《じ》の本堂が建てられていました。その裏に一辺一三メートル、高さ二メートルの土壇があり、この部分に**和泉砂岩**《いずみさがん》製《せい》の長持形石棺があることが確認されています。また付近には埋葬施設の一部と見られる凝灰岩が散布していました。石棺を覆っていた粘土から碧玉製鍬形石《くわがたいし》と車輪石《しゃりんせき》が出土しています。どちらも貝輪《かいわ》を石で模した腕飾りであり、実用品というより祭祀用につくられた宝器的な性格を持つものとされています。

　墳丘は葺石で覆われ埴輪が立てられています。四世紀後半の築造と考えられ百舌鳥古墳群の中で最初に築かれた前方後円墳です。百舌鳥古墳群の中では墳丘に登ることが可能な数少ない大型前方後円墳ですが、現在はフェンスに囲まれ、

玄室　使者を埋葬する墓室。
凝灰岩　火山から噴出された火山灰が主として水中で堆積してできた岩石。
和泉砂岩　中生代白亜紀後期に、四国北部より淡路島、和泉山脈を連ねる地方に堆積した地層中にみられる岩石。和泉石として石材に使われる。なお最近、乳岡古墳の石棺は和泉砂岩ではないという見解も出されている。

入り口には鍵がかけられています。石棺のあった部分はコンクリートで覆われ保護されています。

前方部は大正時代頃までは完全な形で残っていたようですが、第二次大戦直後の土砂採取で削平され、その跡地は堺市の市営住宅になりました。当時、墳丘は念仏寺の所有であり、一九五九年頃、所有者は「利便性の改善と建物老朽化による移転、再建を検討し、その費用として古墳を削平、売却すること」を堺市に要望しました。これに対し堺市教育委員会が説得し、とりあえず現状保存の措置がとられました。しかし一九六二年の第二室戸台風で寺はさらに傾き、一九六五年、「寺地（古墳）の国による買収」を所有者は再度要望しました。「買い上げができない場合はやむなく宅地化する」というものでしたが、この要望に対する回答はありませんでした。国は「前方部が失われている乳岡古墳は史

乳岡古墳前方部より

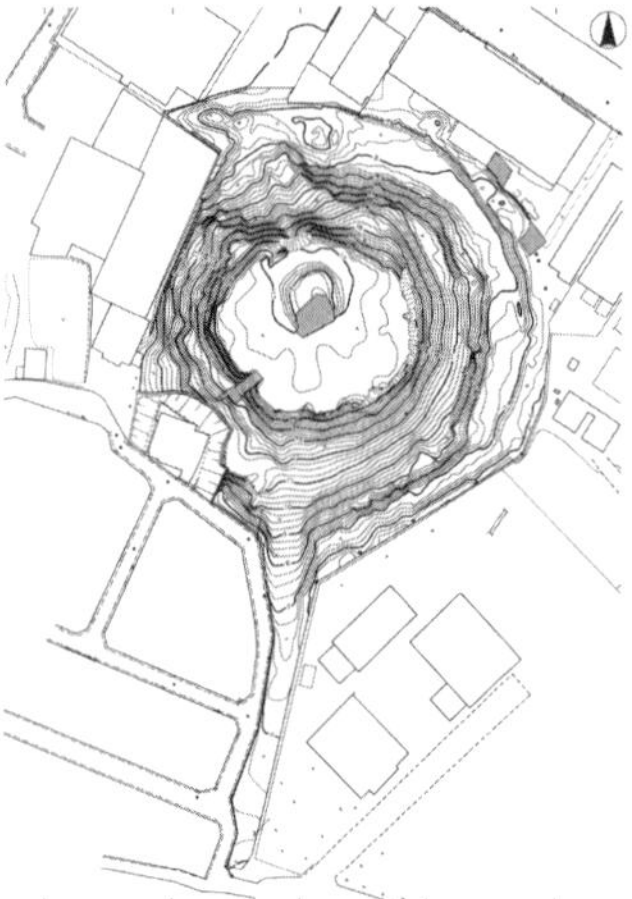
乳岡古墳平面図

長持形石棺

跡としての価値はなく、買い上げるに値しない」との結論が出ていたようです。大阪府、堺市をはじめ保存団体などの要望もあり、一九七二年にようやく後円部埋葬施設の確認調査をすることになり、一九七四年に国史跡に指定されました。

府道をはさんで家電量販店があり、屋上駐車場から全景を望むことができます。また、東側に目をやると石津ケ丘古墳の側面もよく見えます。

檜塚古墳

乳岡古墳の北北東約五〇〇メートルのところに檜塚《ひのきづか》古墳があります。「堺市文化財地図」などでは全長二四・九メートルの帆立貝形の古墳となっていますが、株式会社クボタ堺製造所内にあり、外部からは見学することができません。先述したとおり、塩穴寺の基檀ではないかとの説もありますが、履中天皇陵の陪塚（飛地に号）

檜塚古墳

として宮内庁の管理です。企業の敷地内で自由に見学することはできませんが、クボタの感謝デーの時に合わせて古墳の見学会が行われることもあるようです。

長山古墳

乳岡古墳の北方約八〇〇メートルのところには長山《ながやま》古墳と三基の円墳（無名塚4号墳、無名塚5号墳、無名塚6号墳）が「堺市文化財地図」に掲載されています。長山古墳は江戸時代の水田開発や昭和初期の区画整理事業により墳丘の大部分がなくなっていますが、江戸時代の絵図等では前方後円墳で周囲に堀がめぐっていたことがうかがえます。最も海岸に近い舌状に張り出した低い丘陵の先端付近に位置し、乳岡古墳と並んで百舌鳥古墳群形成の初期の段階につくられた古墳であった可能性が指摘されていました。

最近まで実態はよくわかっていませんでしたが、二〇一三年に市営住宅の建て替え工事に伴い、長山古墳の発掘調査が行われ、その一端が明らかになりました。北東側で後円部の墳丘裾をうかがわせる葺石の一部が、東側では墳丘の輪郭に沿って並べられたと見られる基底石《きていせき》と葺石が出土し、堀の痕跡も見つかりました。また、

長山古墳の葺石

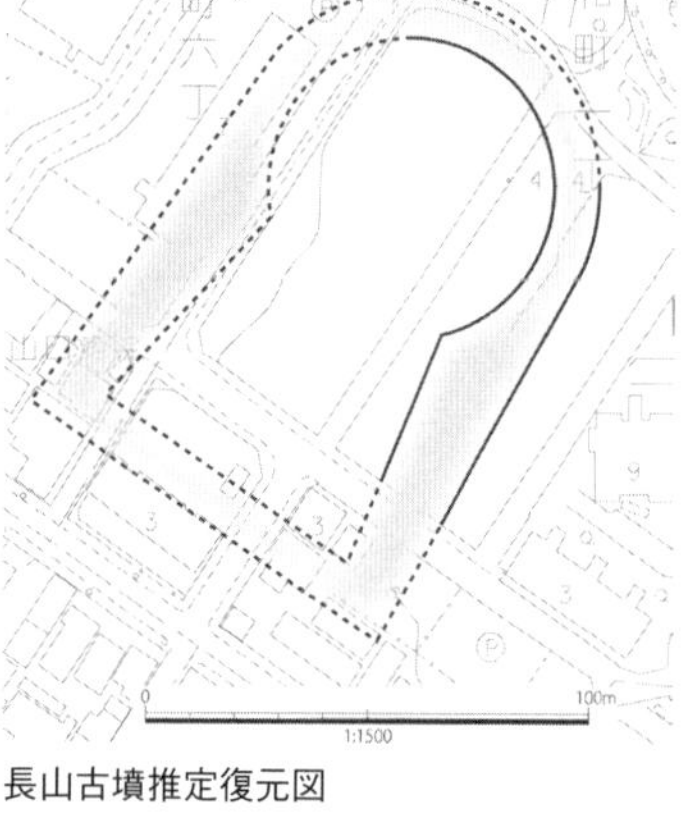

長山古墳推定復元図

鰭付きを含む円筒埴輪と衣蓋、盾、器財形などの形象埴輪、車輪石なども出土。葺石と埴輪は墳丘のみで、堤の上にはありません。車輪石は通常、埋葬施設の周辺に置かれていますが、見つかったのは前方部墳丘裾の堀の中。これは埋葬施設が削平された際に転落したものと考えられ、前方部にも埋葬施設があった可能性があります。その後の調査で、新たに後円部の基底石と前方部と後円部のくびれ部分が確認されました。特に海側にあたる部分が丁寧につくられていることもわかり、大阪湾を意識してつくられていることがうかがえます。古墳の規模は、墳丘長一一〇メートル、後円部直径六四メートル、前方部幅六六メートル、盾形の周堀がめぐっており、堀をを含めた全長は一三一メートルに復元することができます。出土遺物などから、乳岡古墳とほぼ同時期の四世紀後半に築造されたことがわかりました。

3　いたすけ古墳からニサンザイ古墳へ

さて、今度は阪和線から東側の古墳群を歩いてみましょう。上野芝駅または百舌鳥駅から歩くか、逆に南海高野線・地下鉄御堂筋線の中《なか》百舌《も》鳥《ず》駅を起点にするのが便利です。ここでは百舌鳥駅を起点にしてみます。今まで紹介してきた大山古墳や石津ケ丘古墳など主な前方後円墳の多くは前方部を南側に向けて築造されていますが、こちらの大型前方後円墳はすべて前方部を西側に向けています。

いたすけ古墳

百舌鳥駅と上野芝駅のほぼ中間、ＪＲの線路沿いに史跡いたすけ古墳があります。保存運動が起こって半世紀、最近、再びこの古墳がマスコミの脚光を浴びています。といってもその主役は狸の一家です。二〇〇四年一一月二八日付け、朝日新聞の一面を勢揃いした一一匹の狸が飾りました。狸がいたすけ古墳に棲み着いたのは、その五年ほど前のこと。最初は一組の夫婦だったのが、次々と子供が産まれたようです。古墳には幅三〇メートルの堀がめぐっており、天敵がいないので狸算(?)式に増えたようです。動物の専門家に聞くと、この中で狸の一家が暮らしていけるのはせいぜい五匹くらい。一一匹の大家族になるには、古墳の中で食料が豊富にあるか、誰かが餌を与えているからとのこと。この一家はテレビにも出演し、ちょっとした人気者となっており、休日ともなればカメラを持って訪れる人も多くいます。普段は墳丘内に潜んでいますが、人の気配がすると宅地造成用に架けられた橋の残骸に現れます。橋はさながら狸のお立ち台です。ただし、最近一一匹が顔を揃えることはなくなりました。どこか他の場所に移動したか、数が減ったのかも知れません。

狸の姿は、これまで身近に見ることはありま

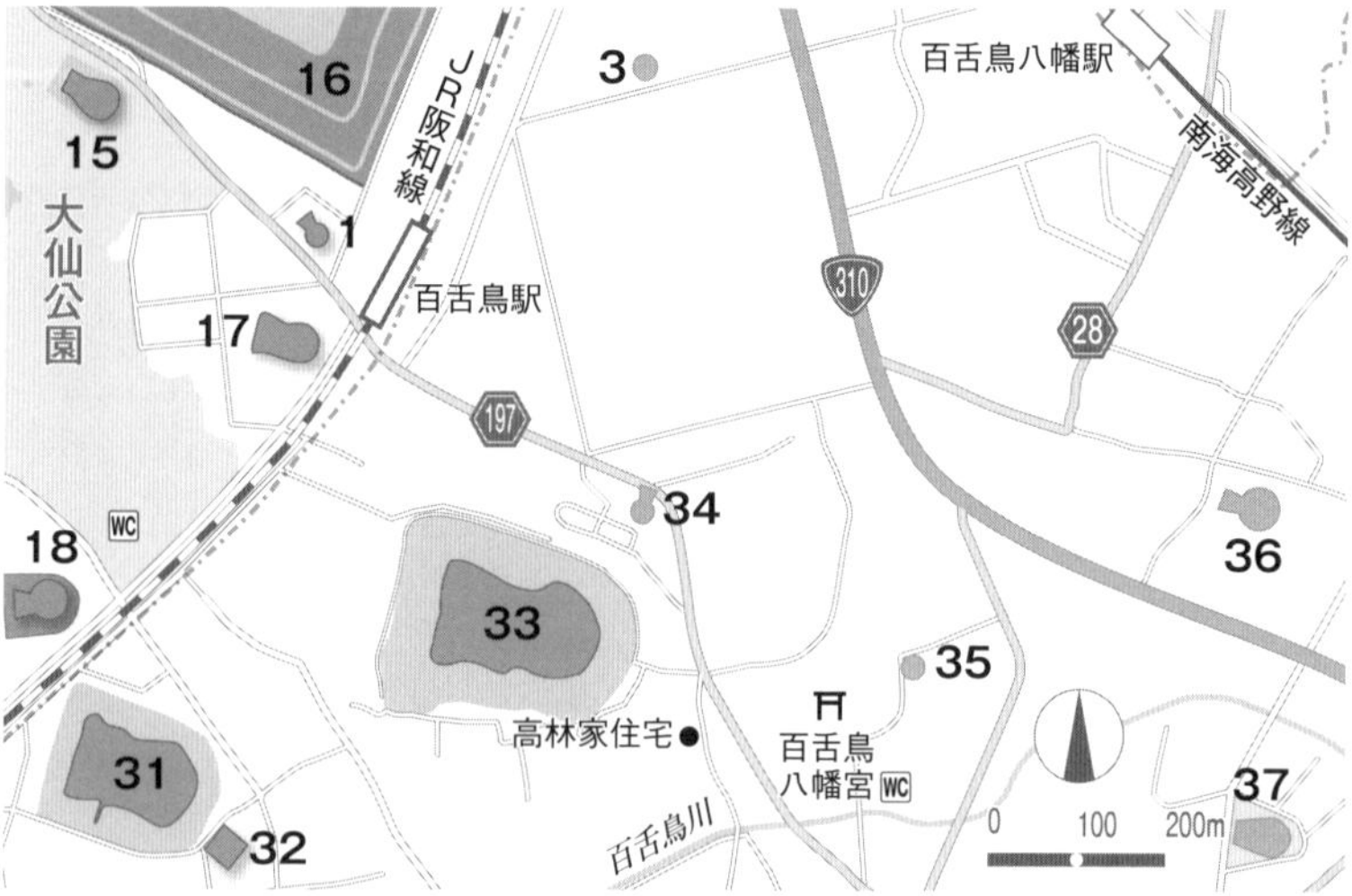

いたすけ古墳、御廟山古墳と周辺の古墳
1.収塚古墳　3.坊主山古墳　15.孫太夫山古墳　16.大山古墳　17.長塚古墳　18.銭塚古墳
31.いたすけ古墳　32.善右ヱ門山古墳　33.御廟山古墳　34.万代山古墳　35.鎮守山塚古墳
36.御廟表塚古墳　37.定の山古墳

せんでしたが、近年目にする機会が多くなりました。里山を通過する幹線道路では、犬や猫とともに狸の死体もよく見かけます。いたすけ古墳にしても市街地のど真ん中といっていい場所です。人気アニメ『平成狸合戦ぽんぽこ』は、宅地開発で自然がどんどん失われていく東京の多摩丘陵を舞台に、そこに棲む狸たちが人間に反旗をひるがえす物語ですが、泉州でも自然が失われて狸の居場所がなくなってきたようです。

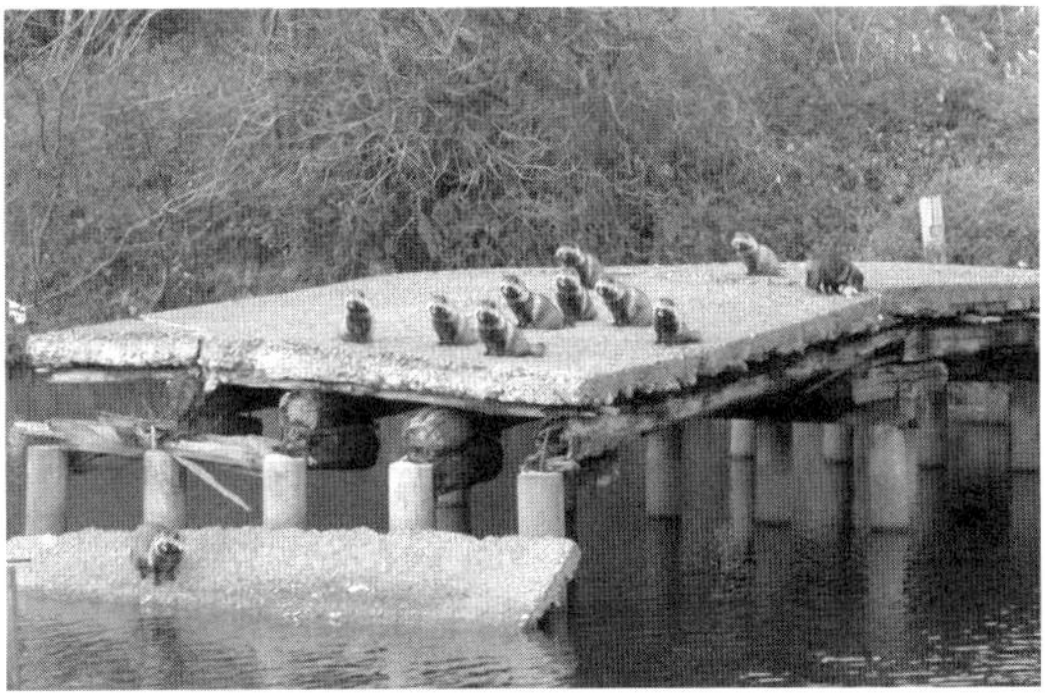
勢揃いした狸の一家

　狸の話はさておき、古墳の話に戻りましょう。いたすけ古墳は東から西にゆるやかに傾斜する台地上に築かれています。墳丘長一四六メートル、後円部の直径九〇メートル、同高さ一二・二メートル、前方部の幅九九メートル、同高さ一一・四メートル、盾形をした堀がめぐっており、堀を入れた総長は二〇一メートルあります。百舌鳥古墳群では八番目に大きい前方後円墳です。墳丘は三段に築かれており、南側くびれ部のところに造出しがあります。表面に葺石が葺かれ埴輪が立てられています。測量図を見ると後円部東側の一部に**周庭帯**を表すような畦があり、陪塚の吾呂茂塚《ごろもづか》古墳の**墳丘基底線**に一致しています。これが周庭帯であるかどうかの確証はありません。

　埋葬施設は不明ですが、後円部から三角板革《さんかくいたかわ》綴衝角付冑《とじしょうかくつきかぶと》を模した埴輪が発見されています。

周庭帯　堀のさらに外側にめぐらされた低い平坦地を指し、末永雅雄氏が航空写真を検討して発見し、命名した古墳の付属地のこと。

墳丘基底線　墳丘のベースになるライン。

いたすけ古墳（前方部南西角から）

しかし、この埴輪は盗掘により掘り出されたもので、正確な出土状況や位置を知っている人はほとんどいません。いたすけ古墳が新聞紙上をにぎわすようになった一九五五年一一月中旬頃から盗掘者が増え、地元の住民や、中学生、小

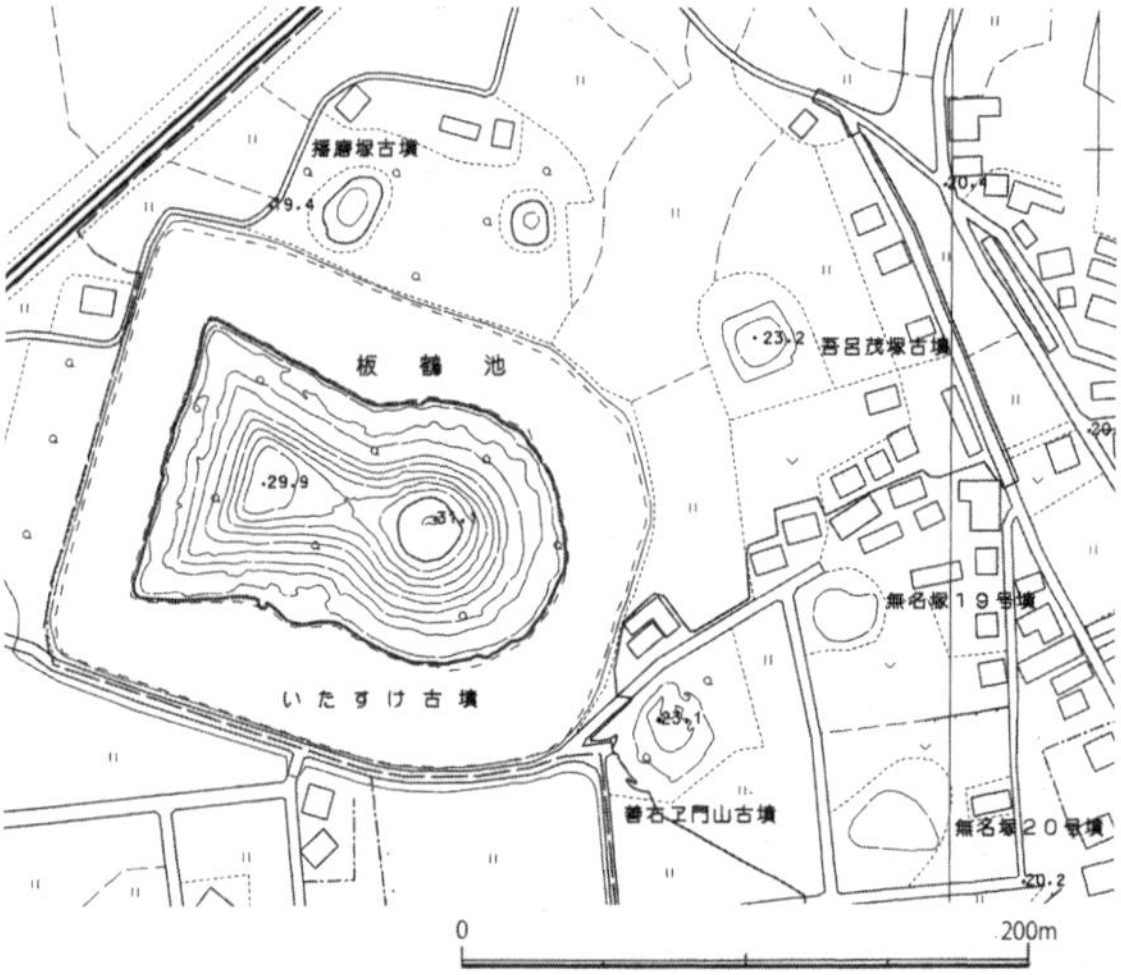

いたすけ古墳を取り巻く古墳

学生が墳丘内に入って埴輪などを持ち帰ることが問題になっていました。堺市内の某高校の考古班グループが後円部付近からこの冑の埴輪を盗掘し、付近の住職にとがめられて堺市に報告。埴輪は同市で保管することになりました。その後十数年、非公開とされてきましたが、現在は堺市博物館に展示されています。堺市の文化財保護のシンボルマークはこの埴輪をモチーフにしたものです。戦後破壊された大塚山古墳から、この埴輪に似た衝角付冑が出土しています。また七観古墳でも三角板革綴衝角付冑が出土しているので、いたすけ古墳の年代を決める参考になります。

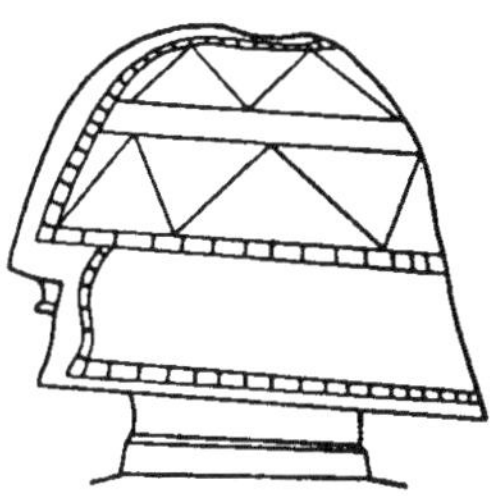
堺市のシンボルマーク

　南側堤上から円筒埴輪の破片が見つかっています。いたすけ古墳の築造時期は、発掘調査されていないので詳しくはわかりませんが、墳丘や堀の形、出土した埴輪の型式などから五世紀前半頃と考えられています。保存運動の経過については第3章を参照してください。

善右ヱ門山古墳

　いたすけ古墳の周囲には、陪塚が三基確認されています。円墳の播磨塚《はりまづか》古墳、方墳の吾呂茂塚古墳、国史跡の善《ぜん》右《え》ヱ門山《もんやま》古墳で、中井正弘氏は「堺市地積図」（一九五九年）により、吾呂茂塚古墳と播磨塚古墳の中間にもう一基あったと推定されています。このうち、現存するのは善右ヱ門山古墳ただ一基です。

　現在は、特別養護老人ホーム「グリーンハウス」の敷地内となっています。市道などにより墳丘はかなり破壊されており、当初の姿はとどめていませんが、最近の調査で方墳であることがわかり、一辺二八メートルと推定されています。今残っている高さは二メートルですが、墳頂部は大きく窪んでおり、過去に盗掘された時の坑と考えられます。墳丘は二段築成で、葺石と円筒埴輪があり、埴輪の中に須恵器の**坏蓋**《つきふた》が納められていました。墳丘をめぐる堀や区画溝などはなかった可能性が高いようです。円筒埴輪や須恵器の年代から、いたすけ古墳と同じ五世紀前半頃に築造されたと推定されています。

善右ヱ門山古墳

なお、善右ヱ門山古墳の東側に三基の古墳（無名塚19号墳・無名塚20号墳、無名塚21号墳）がありますが、これらの古墳もいたすけ古墳の陪塚であった可能性があります。いずれの古墳もすでに消滅しており、詳しいことはわかっていません。

吾呂茂塚古墳

吾呂茂塚《ごろもづか》古墳はいたすけ古墳の北東部にあった一辺二五メートル、高さ三メートル、周囲に堀がめぐる方墳です。一九五五年一二月九日、「堺市いたすけ古墳を護る会」はいたすけ古墳とともに、陪塚の吾呂茂塚古墳も史跡仮指定に含めるよう要望しましたが、一九六八年五月、調査もされずにブルドーザーで削り取られ、今はマンションや駐車場となっています。古墳が削

坏蓋　浅い埦形容器の蓋の部分。埦の部分は考古学用語で「身」と呼ばれる。

平された跡から円筒埴輪と古式の須恵器が見つかっています。

播磨塚古墳

播磨塚《はりまづか》古墳については、墳形は不明ですが前方後円墳の可能性もあり、陪塚でないという見解もあります。堺市在住の歯科医で、当初からいたすけ古墳の保存運動を進めてきた宮川徏氏は、「播磨塚は敗戦当時の景観の記憶からも、墳丘があるような状態ではなく、周囲の田圃から一段高い平坦面で、もし、いたすけ古墳に伴う遺構とすれば、『別区』的な古墳祭祀に関係するようなものではなかったか」と考えられています。これも道路で破壊されてしまいました。

御廟山古墳

後円部が正面か

いたすけ古墳後円部付近から御廟山《ごびょうやま》古墳までは百舌鳥三陵周遊路として整備されています。周遊路はカラー舗装されていますが、かなり薄くなっています。それに沿って歩くと御廟山古墳前方部南角に出ます。墳丘長二〇三メートル、後円部直径一一三メートル、同高さ一八・三メートル、前方部幅一三六メートルで、百舌鳥古墳群では四番目の大きさです。墳丘は三段築成で、南側のくびれ部には造出しが見られます。周囲に幅三〇〜五〇メートルの堀がめぐっています。近年の調査で、二重堀だったことが明らかになりました。

　墳丘部分は、仁徳天皇の后妃の墓、あるいは応神天皇の初葬地の可能性があるとして、墳丘は宮内庁により百舌鳥陵墓参考地に指定されています。内堀は国史跡です。「応神天皇陵」に指定されている誉田山古墳の後円部の南側には応神天皇を祭神とする誉田《こんだ》八幡宮があり、御廟山古墳後円部の約一五〇メートル東にも応神天皇を祭神とする百舌鳥《もず》八幡宮《はちまんぐう》があります。江戸時代には御廟山古墳の墳丘が百舌鳥八幡宮の奥の院とされており、現在も後円部に「延享四年（一七四七）」の年号を持つ石灯籠の一部が残されています。

応神天皇の伝承はさておき、興味深いのは両墳とも後円部に神社があり、後円部のほうから参拝するようになっていることです。誉田山古墳は、文久（一八六一～一八六三年）の修築以前は、誉田八幡宮のある後円部のほうに参道があり、頂上の宝殿まで石段がつけられ、一般の人たちも参拝していました。御廟山古墳も後円部に奥の院があります。また大山古墳も後円部から出入りしていた記録もあります。「前方後円墳」の名称は蒲生君平《がもうくんぺい》によって「宮車」に見立ててつけられ、今日でも一般に広く使われていますが、どちらが前か後ろかという前後関係はいまだに決着を見ていません。築造当時からこうなっていたかは明らかではありませんが、少なくとも幕末までは後円部のほうが正面と思われていた古墳もあったようです。

前方部から北側側面および後円部にかけては堤上をめぐることができますが、南側は堀内と思われる部分まで民家が建て込んでおり、堤を一周することはできません。

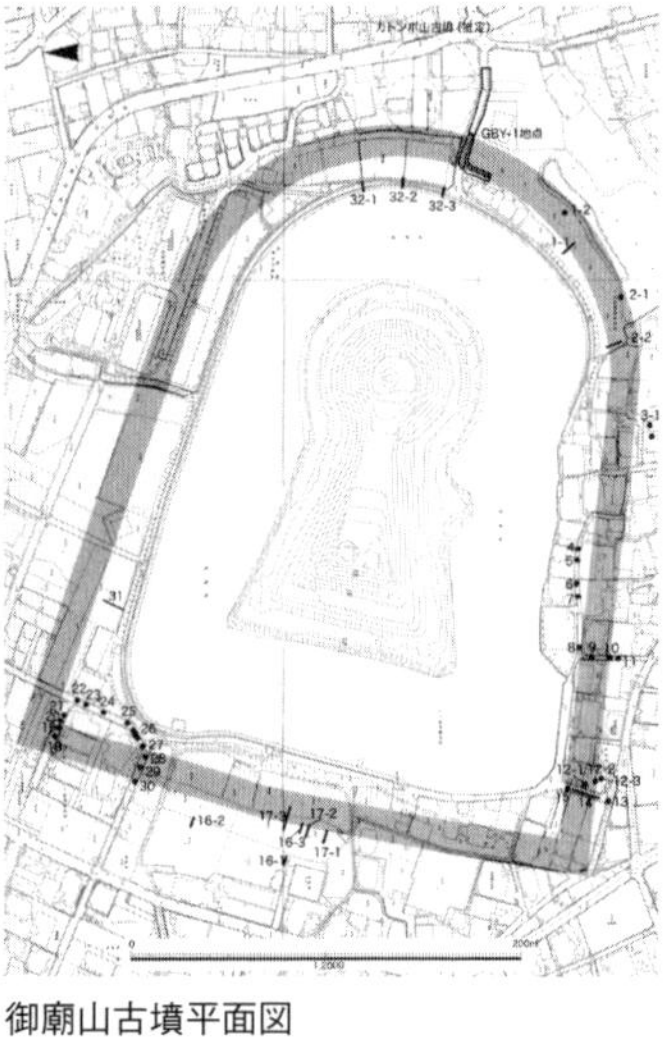
御廟山古墳平面図

画期的な一般公開

二〇〇八年、宮内庁と堺市は同時調査を行い、一一月二八日、陵墓関係学会の代表四二名に調査現場を公開しました。学会への公開に併せて、前日の二七日には地元自治会に、また二九、三〇日には一般市民を対象に公開されました。見学コースはいずれも同じルートです。筆者も文化財保存全国協議会（略称「文全協」）の代表として参加しました。

公開のために架けられた前方部の北側の仮設橋を渡って、前方部から南まわりに後円部の東側の橋まで墳丘を半周するように見学用の通路が設けられていました。私たちは係官の説明を受けながらコースに沿って約二時間かけて見学しました。埴輪列や葺石の状態はおおまかには理解できるものの、仮設通路の上からの見学ですので、隔靴掻痒の感があります。なお、北側のトレンチ（試掘坑）については調査途中との理由で見学することはできませんでした。

この調査の結果、墳丘裾が切り立った崖上になっているのは、水の浸食作用によるものではなく、墳丘裾の一部を削って、その土を第一段**テラス**に積み上げたためであることが明らかになりました。これは江戸時代の前半頃、周辺の新田開発に対応するため、堀幅を拡大し、貯水量の増加を図ったものです。したがって、本来の墳丘規模は従来の想定よりも大きく、冒頭に記した規模に復元されました。次に、第一段テラスを全周して埴輪列が確認されました。埴輪の種類には円筒埴輪、朝顔形埴輪のほか、衣蓋、家、盾、冑、囲形の形象埴輪があり、円筒埴輪が大部分を占めています。御廟山古墳の埴輪は、いずれも窯で焼かれており、直径四〇センチ程度の大型品が主体です。埴輪には野焼きされたものと埴輪窯で焼かれたものがありますが、野焼きされた埴輪には黒斑があり、窯で焼いたものより古いとされています。製作技法から大山古墳の円筒埴輪よりやや古い五世紀前半のものと考えられています。

御廟山古墳の囲形埴輪の内側には切妻づくりで屋根に千木《ちぎ》と鰹木《かつおぎ》が表現された家形埴輪が配置されていました。囲形埴輪と家形埴輪のセットは水の祭祀との関係があるのではないかと言われていますが、確かなことはわかっていません。二〇一〇年、奈良県御所《ごせ》市の秋津《あきつ》遺跡で囲形埴輪

テラス　段築のある古墳で、墳頂部を除く墳丘上の平坦な部分。

埴輪列検出状況

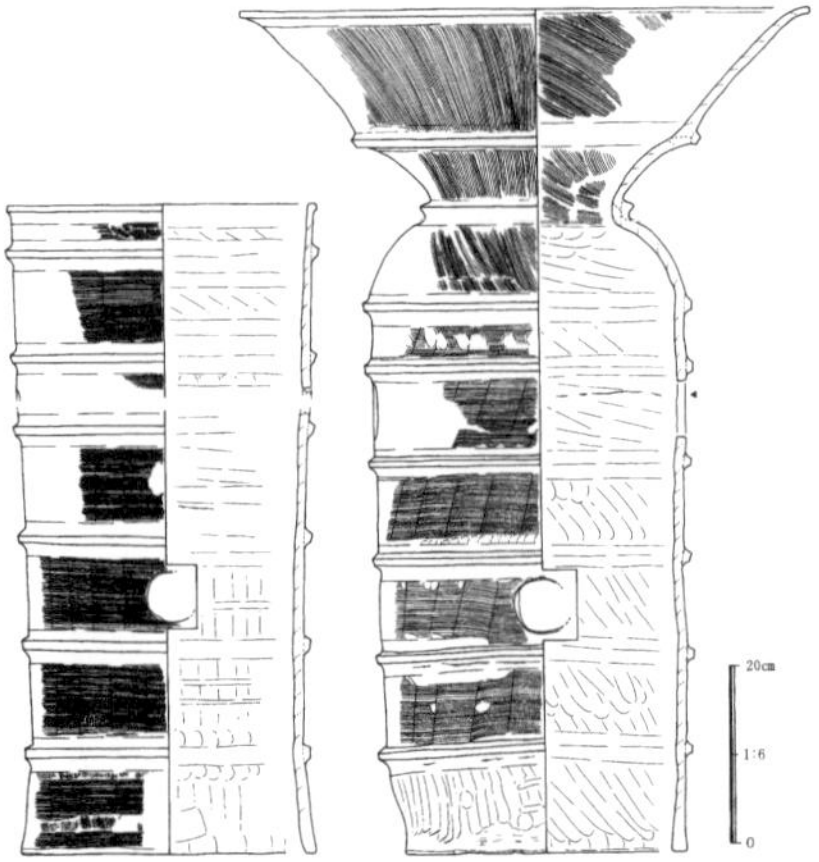

円筒埴輪（左）と朝顔形埴輪（右）

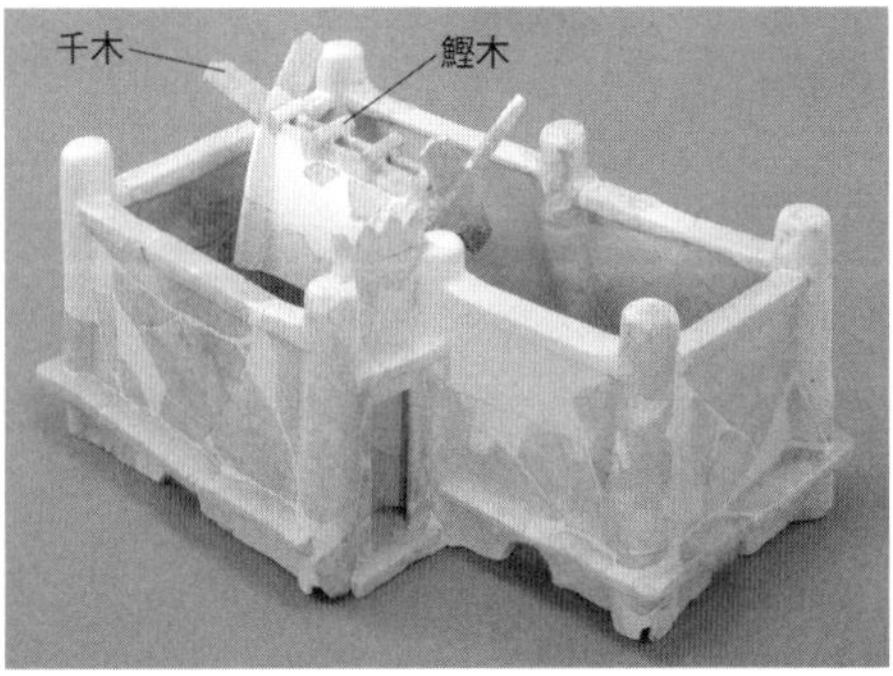

囲形埴輪

によく似た形を持つ建物と塀の跡が確認され注目されています（一六九頁上図版参照）。

見学後の検討会では、「古墳の歴史的評価」「今回の調査で何がわかったか」などから、「公開のあり方および今後の運動の進め方」まで議論が交わされました。学会の一部からは「一般市民にまで公開したのは画期的であるが、学会代表にも同じ場所だけしか見せないのでは、今までより後退している」「今回の内容では、護岸工事に伴う最低限の調査であることのチェック機能が果たせない」「北花内大《きたはなうちおお》塚《つか》古墳（奈良県葛城《かつらぎ》市、飯豊《いいとよ》天皇陵）の時は墳丘上まで上がり、五社神《ごさし》古墳（奈良市、神功《じんぐう》皇后陵）では埴輪を見つけるなど、学会側は調査という側面も持っている。一般住民と同じコースではチェック機能が果たせない」との意見もありました。

三〇年近く運動を進めてきて、一般にも墳丘の間際まで公開したことは画期的なことです。堺市の努力も忘れてはなりません。「一般の見学コースと同じでは限定公開ではない」との意見もありました。**限定公開**とは、学会の要望に応

限定公開　各学会の代表者二名についての限定とされたことから「限定公開」という用語が生まれた。現在は三名。

えて、宮内庁が陵墓の改修や護岸工事などに伴う発掘調査を学会代表者に公開することをいいます。しかし、私たちは「限定」公開を要求してきたのではありません。現地に足を踏み入れられず、間近に観察できない不満が残ったのは確かですが、見学方法は今後工夫をして改善すればよいのではないでしょうか。

見学用通路を行く学会代表

一九八〇年、田出井山古墳（反正天皇陵）の限定公開の時に宮内庁の係官から「そちら（墳丘側）を向いてはいかん」と注意を受けました。公開された場所は公道から見える位置にあり普段は通行人も多く、見ようと思わなくても樹木の間から墳丘が見えているところです。筆者は学会代表として見学していたわけではありません。公開の現場を一般人として見に来ただけなのに氏名まで質問されました。限定公開がはじまって二回目のことです。二八回目を迎えた今回は、一般にも開放され、延べ七五〇〇人が見学したといいます。今から思えば隔世の感があります。

万代山古墳

　御廟山古墳の周囲には数基の小型古墳が取り巻いています。陪塚の可能性のある古墳は、一《いっ》本松塚《ぽんまつづか》古墳、万代山《もずやま》古墳、カトンボ山古墳、無名塚22号墳、百舌鳥《もず》赤畑町《あかはたちょう》1号墳です。前方部北側にある八幡塚《はちまんづか》古墳は少し離れており、陪塚の可能性は低いと思われます。万代山古墳以外は、すでに消滅しています。

　御廟山古墳の堀は後円部北側の一部が後世に拡張され三角形に飛び出していましたが、近年埋め立てられ、百舌鳥本町住宅となりました。その北側に隣接して日光教本部があります。万代山古墳は大正初期に日光教が堺市大浜の網元から買い上げ、現在は神社の御本体となっています。現状では直径二五メートル、高さ四・三メートル、二段築成の円墳のようですが、江戸時代の記録などから前方部を北に向けた帆立貝形古墳であった可能性があります。ただし、発掘調査により確認されたわけではありません。石碑建立の際、墳頂部から長さ五〇センチの刀が出土しています。第二次大戦中、日光教神

万代山古墳

位至三公鏡　主文が竜鳳双頭文系統で鈕の上下に「位至」「三公」または「君宜」「高官」の銘文をいれたもの。後漢末より六朝前半に、中国北部で使用された。

社が陸軍の宿舎になり、墳丘に防空壕を掘ろうとしたら、大きな石にあたったので中止になったという話があります。この石は横穴式石室の石材かもしれません。もしそうだとすれば六世紀以降の後期古墳の可能性が高く、御廟山古墳より一世紀以上後の時代につくられたことになります。陪塚ではないかもしれませんが、この話の信憑性は定かでなく今後の調査を待ちたいと思います。

カトンボ山古墳

御廟山古墳の後円部の東側に近接してカトンボ山《やま》古墳がありました。一九四九年、土砂採取によって消滅の危機にあった際に調査され、多数の遺物が出土しています。調査時にはすでに三分の一が破壊されていました。調査の結果、直径五〇メートル、高さ六メートル、二段築成の円墳と推定され、葺石と円筒埴輪、家形、衣蓋形の形象埴輪が確認されています。墳頂部の埋納施設は粘土槨の上に木棺を安置する簡単なものでした。そこには人体埋葬の痕跡は確認されていませんが、**位至三公鏡**《いしさんこうきょう》と**無文鏡**《むもんきょう》、鉄製の刀、剣、矛、鏃などの武器類、刀子、斧などの工具類、および**子持勾玉**《こもちまがたま》をはじめ、おびただしい数の滑石製の玉類と石製模造品が出土しています。

その後完全に破壊され、現在ではその痕跡す

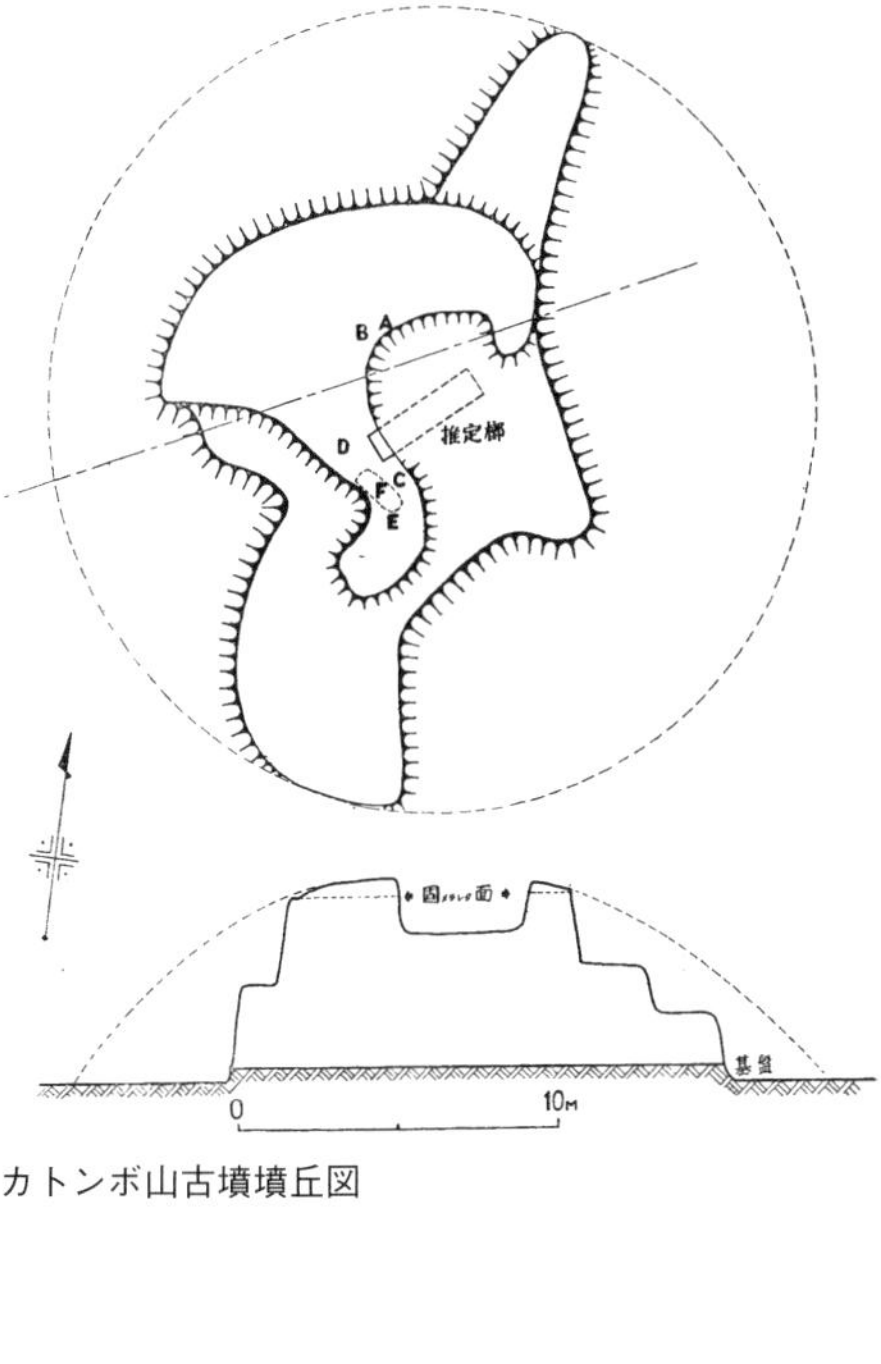

カトンボ山古墳墳丘図

無文鏡　文様のない鏡。
子持勾玉　大形の勾玉の腹、背、側面などに小形の勾玉形の突起物を持つ滑石製の玉。

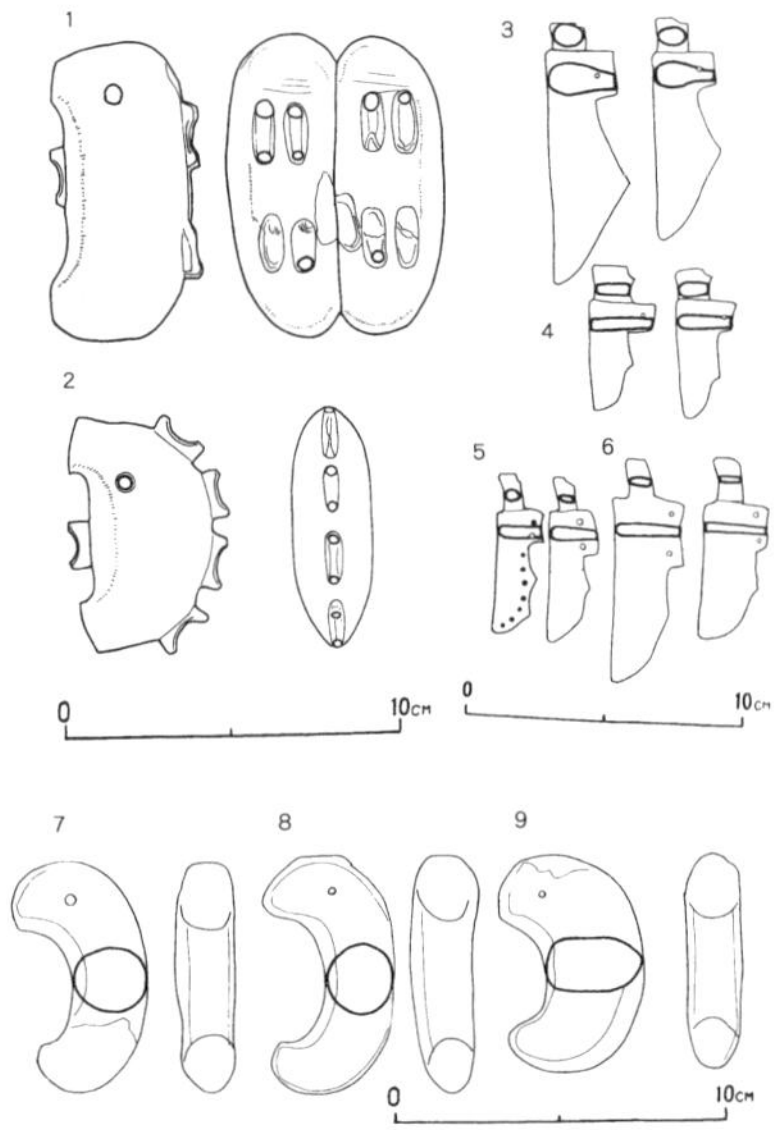
カトンボ山古墳出土石製品
(1～2. 子持勾玉、3～6. 刀子、7～9. 勾玉)

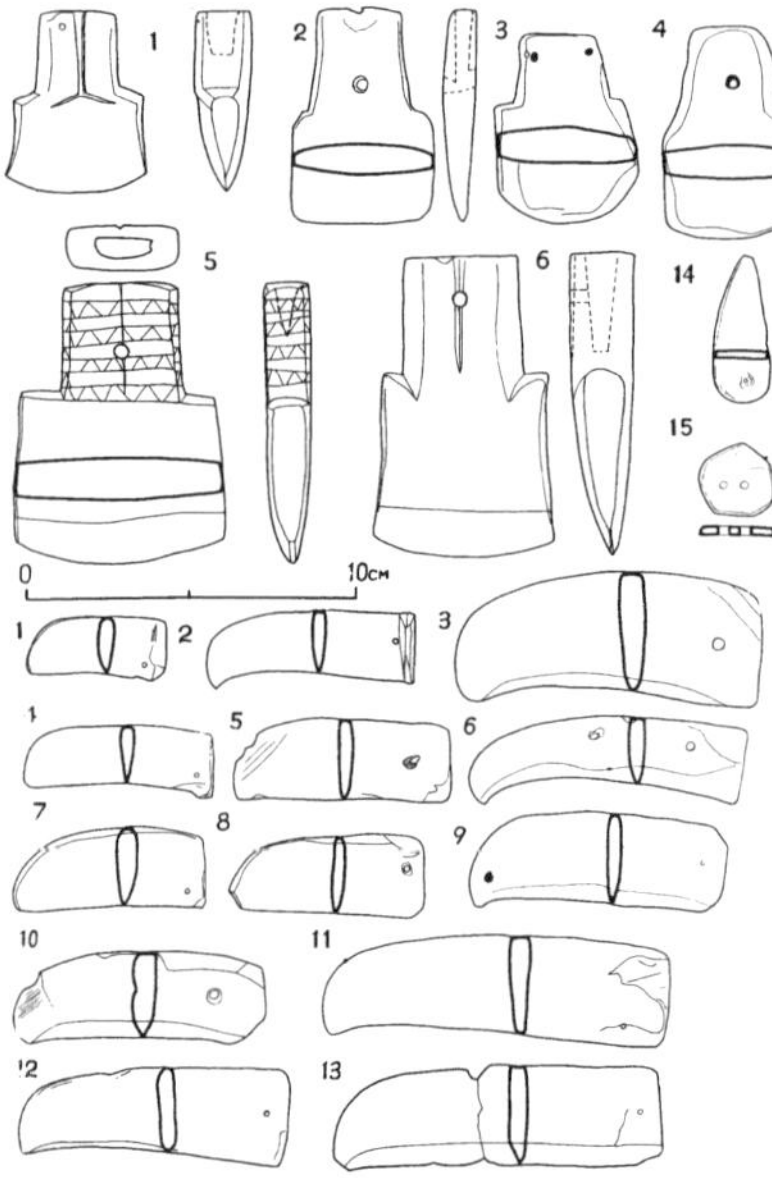
カトンボ山古墳出土石製品（上段：斧、下段：鎌）

ら確認することができません。出土した遺物の年代から五世紀中頃から後半にかけての築造と考えられています。御廟山古墳より少し築造時期が遅れるので、陪塚ではなく独立した古墳との説もあります。玉類など出土遺物の多くは東京国立博物館が保管しています。現状では住宅が建て込んでおり、付近にあった百舌鳥赤畑町1号墳、無名塚22号墳は旧の位置がよくわかりません。

御廟山古墳の後円部に隣接して高林家住宅があります。高林家は大阪府内では最も古い民家のひとつで国の重要文化財に指定されています。江戸時代は大庄屋の家柄としてこの地域では大変重要な役割を果たしてきました。高林家には、百舌鳥古墳群の大部分が描かれた「百舌鳥耳原三御陵」絵図が残されており、時々博物館の特

高林家住宅

別展などで観覧する機会もあります。筆者も一九七九年に当家で直接拝見させていただいたことがありますが、現在家屋内は非公開となっています。

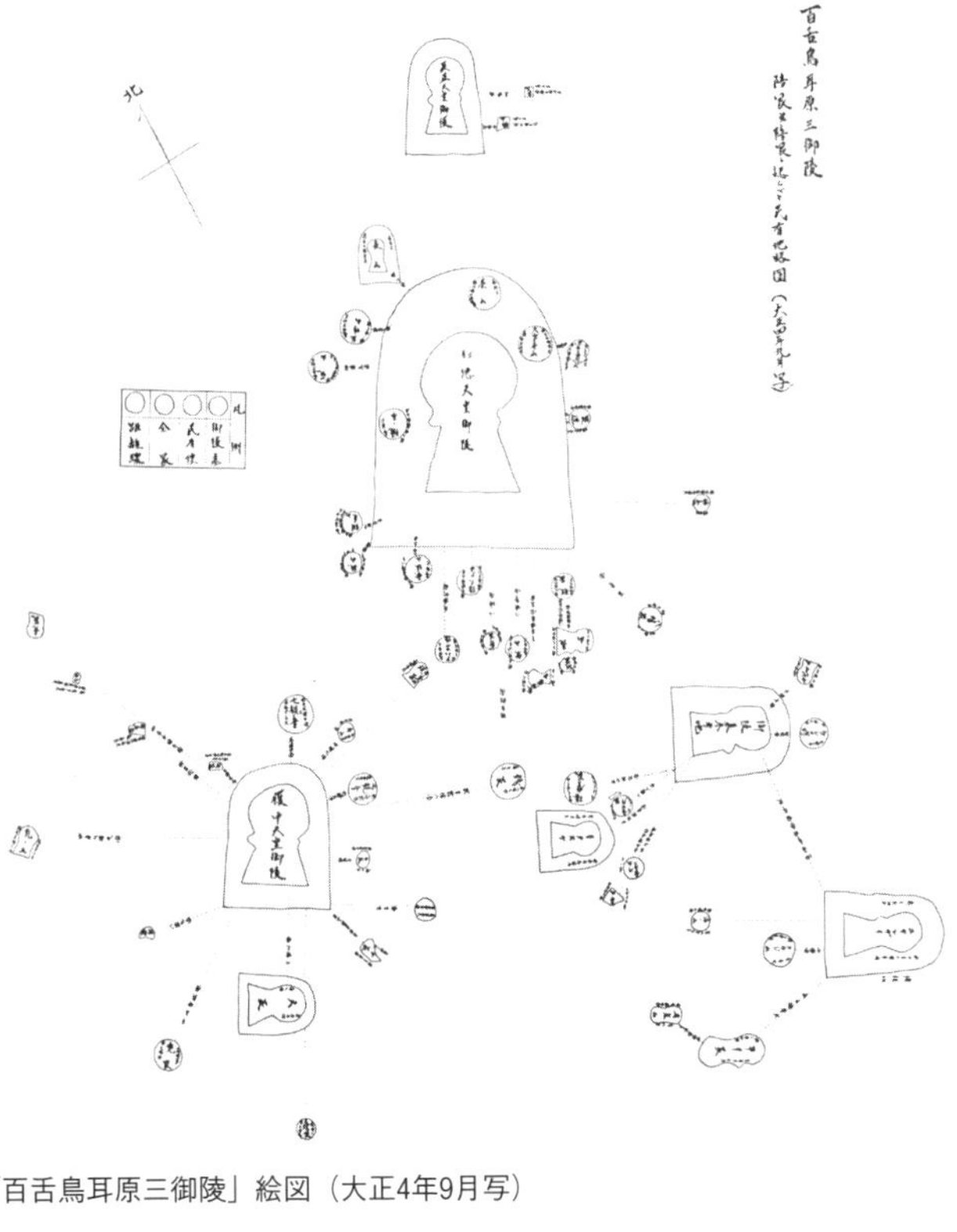

「百舌鳥耳原三御陵」絵図（大正4年9月写）

鎮守山塚古墳・万代寺山古墳

　御廟山古墳のすぐ東が百舌鳥八幡宮です。百舌鳥八幡宮は中秋の名月の日に行われる「月見祭り」の「ふとん太鼓」で有名です。泉州では岸和田の「だんじり祭り」とともに二大秋祭りに数えられます。

　百舌鳥八幡宮境内の東に隣接して光明院《こうみょういん》があり、境内の一角に鎮守山塚古墳《ちんじゅやまづか》があります。墳丘の西半分は道路により削平され、堀も埋まっており原形が損なわれています。一九九七年に発掘調査が行われ、その結果墳丘の規模は直径三四メートル、高さ四メートル、二段築成の円墳で、周囲を幅六メートルの堀がめぐっていたことがわかりました。埋葬施設は粘土槨と推定されています。円筒埴輪、石見型埴輪のほか、盾、衣蓋、動物、家形などの形象埴輪、須恵器甕、人形《ひとがた》土製品などが出土しており、これらの遺物から築造時期は五世紀中頃と考えられています。

百舌鳥八幡宮

鎮守山塚古墳

鎮守山塚古墳のすぐ北側に隣接して堺市立認定こども園百舌鳥幼稚園と一部民家の敷地内に万代寺山《まんだいじやま》古墳がありましたが、古くに破壊されました。幼稚園建設に伴う発掘調査で五世紀後半頃の須恵器と円筒埴輪、朝顔形埴輪のほか、盾、**草摺**《くさずり》、靫形の形象埴輪が多量に出土していますが、堀の可能性のある落ち込みと葺石らしい円《えん》礫《れき》のほかに古墳の痕跡は見つかりませんでした。

古くから光明院の境内には**竜山石**製《たつやまいしせい》長持形石棺の一部がありましたが、現在は堺市博物館に寄託されています。この石棺は鎮守山塚古墳のものである可能性は少なく、御廟山古墳か消滅した万代寺山古墳、あるいはそれ以外の前方後円墳に納められていた可能性もありますが定かではありません。

光明院の石棺

草摺　鎧の一部。胴から下にわかれて垂れている裾。
竜山石　兵庫県高砂市伊保町竜山に産する流紋岩質凝灰岩の石材名。加工容易なことから古墳時代の石棺の材料としてよく使われている。

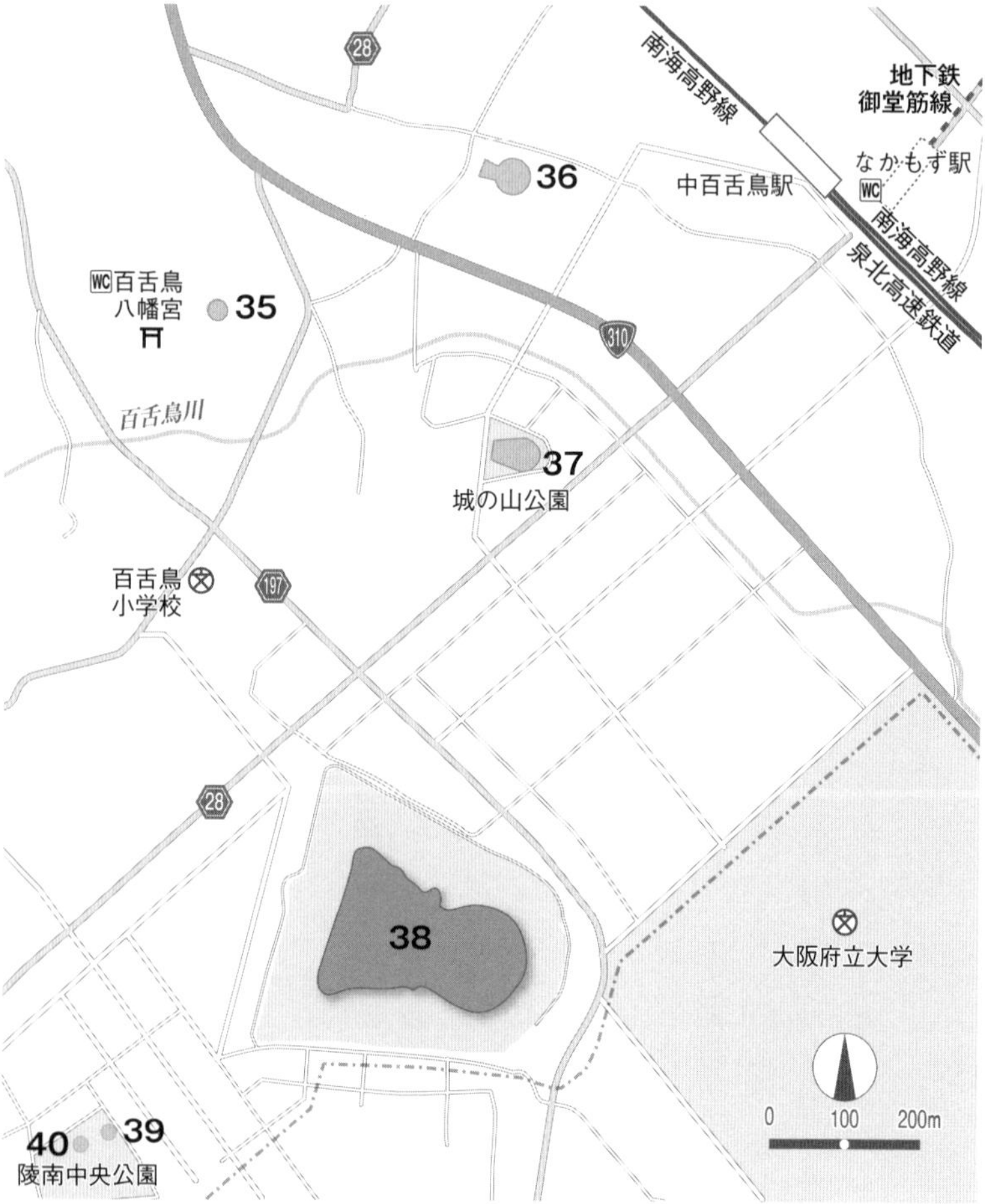

ニサンザイ古墳と周辺の古墳
35.鎮守山塚古墳　36.御廟表塚古墳　37.定の山古墳　38.ニサンザイ古墳
39.ドンチャ山古墳　40.正楽寺山古墳

御廟表塚古墳

御廟表塚古墳

百舌鳥八幡宮からさらに東へ国道三一〇号線を渡ったところに国史跡の御廟表塚《ごびょうおもてづか》古墳があります。「堺市文化財地図」には、同古墳ほか五基の小古墳（賀仁山《かにやま》古墳、渡矢《わたしや》古墳、木下山《きのしたやま》古墳、無名塚17号墳、無名塚18号墳）が集中して記載されています。また、北西約四〇〇メートルのところに無名塚16号墳がありましたが、現存するのは御廟表塚古墳のみです。西側に前方部を向け、馬蹄形の堀がめぐる帆立貝形の古墳ですが、前方部はすでに削平されています。墳丘長八四・八メートル、後円部直径六七・六メートル、同高さ八メートル、前方部幅三二メートル、後円部は二段築成で、墳丘上に円筒埴輪列が検出されています。また、堀内から円筒埴輪、朝顔形埴輪、家、衣蓋形の形象埴輪などが出土。円筒埴輪から古墳築造時期は五世紀後半～五世紀末と推定されます。東側に堀の一部が残っているのがよくわかります。

余談ですが、古墳は筒井邸の敷地内にあり、この筒井さんは戦国時代の武将、筒井順慶の子孫にあたるそうです。墳丘は緑の広場として堺市が無償で借り上げ市民に開放しています。ここまで来ると中百舌鳥駅は目の前ですが、南側にあるもうひとつの巨大古墳ニサンザイ古墳を目指して歩いてみましょう。

尼塚古墳

ニサンザイ古墳へは中百舌鳥駅から歩くと便

利です。中百舌鳥駅から**府道常磐浜寺《ときわはまでら》線**に沿って南西方向へ三〇〇メートルあまり歩くと国道三一〇号線と交差します（中百舌鳥五丁南）。交差点を左折し南東方向へ約二〇〇メートルのところに尼塚《あまづか》古墳（直径四六メートル）がありました。一九五三年、土砂採取によって破壊されましたが帆立貝形古墳と推定されています。現在北側半分はマンションや「老人憩いの家寿楽会館」と尼塚運動場などになっていますが、それらを取り囲む道路のカーブは後円部をめぐる堀の跡かと思われます。

尼塚古墳跡

定の山古墳

再び中百舌鳥五丁南交差点に戻り、府道を一五〇メートルほど行くと、右手が城《じょう》の山《やま》公園。公園入り口へは、三井住友銀行中もず支店の裏側から前方部にまわり込む道があります。名称の由来は「城」が「定」に変わったもので、中世の砦があったともいわれていますが、詳しいことはよくわかっていません。この古墳とは別に御廟山古墳とニサンザイ古墳の間に消滅した古墳「城《じょう》ノ山《やま》古墳」（現・堺市営百舌鳥団地）が

府道常磐浜寺線　駅の手前から府道は地下を通っており、地上部分は自転車の駐輪場。

あり、なんともややこしい。

墳丘長七〇メートル以上、後円部直径五五メートル、高さ七メートル、前方部幅三〇・七メートルで、馬蹄形の堀がめぐる帆立貝形古墳です。後円部は二段築成の可能性があります。墳丘や堀内から葺石、円筒埴輪、形象埴輪、須恵器、土師器、ボートを漕ぐオールの形をした木製品が出土しました。前方部が削平されるときに埋葬施設の可能性がある粘土の塊があったと言われています。出土した埴輪から築造時期は五世紀後半と推定されています。百舌鳥古墳群の中では墳丘に登れる数少ない古墳のひとつで、墳頂部からは店舗などの建物越しにニサンザイ古墳の墳丘を望むことができます。

定《じょう》の山《やま》古墳は一九六八年からはじまった区画整理事業により後円部の半分以上と前方部、さらに水田であったためよく残っていた堀の跡も破壊されてしまいました。区画整理前は前方部が平らでしたが、造成工事中に盛土され、やや高くなっています。ただし、砦として利用されていたのであればその際に改変されている可能性もあり、当初から平坦な前方部であったかど

定の山古墳

うかはわかりません。

現在の公園区画は、本来の墳形や周堀の輪郭とは異なっています。古墳の形は後円部より前方部のほうが幅、長さともに小さいにもかかわらず、前方部を大きく広げた形をしており、主軸の方向もずれています。堺市では今後修正して、整備をやり直すとのことです。できれば舗装した遊歩道や階段、遊具などは撤去し、旧の古墳の形に戻していただきたいと思います。

ここまでくればニサンザイ古墳はあとわずか。前方部の正面は百舌鳥三陵周遊路で、歩道上に勾玉、鏡、冑形埴輪のモニュメントを配した表示柱が並んでいます。

ニサンザイ古墳

最も美しい前方後円墳

もう一度府道に戻って三〇〇メートルあまり行き、百舌鳥八幡南交差点の次の路地を左折するとニサンザイ古墳の前方部の北角に出ます。

堤を登れば堂々とした墳丘が一望のもとに見渡せます。墳丘長三〇〇・三メートル、後円部直径一六八・六メートル、高さ二四・六メートル、前方部幅二四六・四メートル、高さ二五・九メートル、三段築成で両側のくびれ部には造出しがあります。墳丘長全国第七位、我が国で最も均整のとれた姿で、大王権力が最高位に達した頃につくられた前方後円墳です。満々と水を貯えた堀がめぐっており、堤上から見る墳丘は壮観です。堀がめぐる巨大古墳で、堤上から全景が見通せる古墳は奈良県天理市の渋谷《しぶたに》向山《むこうやま》古墳や大阪府松原《まつばら》市と羽曳野市にまたがる河内大《かわちおお》塚山《つかやま》古墳など数えるほどです。なかでもニサンザイ古墳の量感とプロポーションは最高に美しい。

　墳丘は反正天皇陵の可能性があるとして、東百舌鳥陵墓参考地に指定され宮内庁が管理しています。土師《はぜ》ニサンザイ古墳とも言います。堀は現在では一重にしか見えませんが、二重にめぐっていたことがわかっています。現在の堤は

ニサンザイ古墳（前方部北西角から）

用水確保のため近世に二メートルほど盛土がされ、墳丘の裾が水没しているものと思われます。堀や堤の部分での調査から、二重堀の形や葺石が確認されています。また円筒埴輪、朝顔形埴輪のほか、衣蓋、鶏、馬、水鳥形などの形象埴輪、笠、鳥形、衣蓋立ち飾り、鋤などの木製品、須恵器の坏、器台、鏡形の土製品、鉄斧、中世の**瓦器**《がき》、瓦などが出土しています。古墳の形や出土した埴輪などから、築造されたのは五世紀後半と考えられています。

宮内庁と堺市が同時調査

二〇一二年一一月三〇日、宮内庁は発掘現場を陵墓関係学会代表三九名に公開しました。この調査は、墳丘裾の護岸整備工事に先立って行われたものです。堺市は同時に宮内庁管理地外である堀の中を調査しました。発掘位置は宮内庁の調査区の延長線上です。翌一二月一日と二日に一般向けの現地見学会が行われました。ただし、一般の人たちは墳丘には上がらず、堀の中に設置された通路から後円部を半周するだけでしたが、一一月二八日に行われた地元住民への公開と合わせて三日間で延べ六〇〇〇人を超える人が見学に訪れました。

筆者は学会の代表の一人として、墳丘内のすべてのトレンチを詳細に見学することができま

上：宮内庁の担当者から説明を聞く学会代表
下：前方部の埴輪列

した。トレンチは第一段テラスと造出しに沿って一九箇所設けられており、崩落が激しい二箇所を除いてすべての地点で直径三〇～三五センチほどの円筒埴輪列が検出されていました。また第二段目の斜面の下端と葺石も確認されています。堺市の調査区は後円部の中軸線上と北側くびれ部です。くびれ部では墳丘から崩落したと思われる埴輪の破片が多数見られましたが、担当者の話では全体に埴輪、葺石とも少ないようです。第一段テラス面の埴輪列は、墳丘の土を盛った後で穴を掘って埋めたのではなく、あらかじめ埴輪をほとんどすき間なく並べた後で、下部に土を詰め固定しています。つまり埴輪を立てながら墳丘の盛土工事をしていたのです。造出し部の埴輪列は墳丘テラス面より少し低いことも確認されました。造出し部からは須恵器の大甕が据えられた状態で出土しました。大山古墳でも造出し部から大甕が採集されていますが、大王墓の造出し部で須恵器の大甕を使った祭祀が執り行われていたことがうかがえます。

墳丘内に入ってまず驚いたことは、テラス面の広さで、さすが大王墓です。数多くの古墳の墳丘に登ってきましたが、小さい古墳では傾斜《けいしゃ》変換線《へんかんせん》がなだらかになっていたり崩れていたりで、まったりした感じがしますが、これくらいの大古墳になると、少々変形していてもテラス面と斜面の角度など非常にシャープに見えます。

瓦器　瓦質の土器で平安時代以降の容器の一種。

上：第二段斜面の葺石
下：北側くびれ部の堺市調査区

今回の一般見学に合わせて、堺市が作成した現地見学会資料では航空レーザー測量図が使われています。この図は、百舌鳥・古市古墳群世界文化遺産登録推進本部会議が、正確な古墳測量図を登録推薦書に使うために作成したものです。従来の地形図に比べて、墳丘が樹木に覆われていても、航空機から照射されたレーザーが葉のすき間をすり抜けるため、非常に精度が高く断面図や立体地図を作成することもできるとのことです。ただし、精度が高い分ノイズも含まれており、実際に現地に入って修正する必要がありそうです。

残された課題

見学終了後、学会による検討会が堺市博物館で行われ、「今回の調査の成果と課題」「得られたデータをどう生かしていくか」「活用と公開の問題」などについて議論が交わされました。今回の調査の問題点として、三〇〇メートル級の巨大古墳の墳丘をわずか二か月で調査をするというのは無理があります。このことは同年七月に行われた宮内庁との懇談会でも学会側が指摘してきました。築造時の墳形の復元データが得られたという成果はありますが、精密さに欠けた調査に終わっています。宮内庁は「護岸工事のための調査であるが、古墳の正確なデータを得ることも目的のひとつ」としています。そうであればなおさら十分な期間をかけて綿密な調

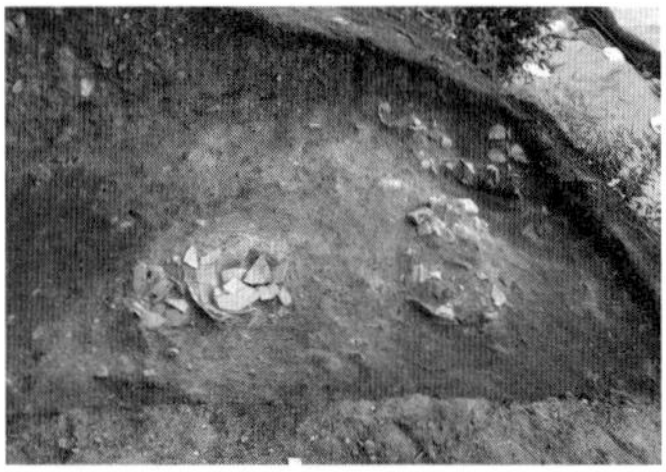

上から：
北側造出しの須恵器甕と円筒埴輪
須恵器の甕口縁部
土師器壺
鏡状土製品

前方部の第一段テラス面

査をするべきでしょう。また、護岸工事をする目的の調査であれば、本来の墳丘の基底部があると予想される堀の部分（宮内庁管理地外）を宮内庁が掘るべきですが、管理地以外は今後とも調査しない方針のようであり、宮内庁の調査では永久に墳丘の裾がつかめないことになります。

現在見られる墳丘裾は水の浸食による崩落が激しく、宮内庁が明治年間に買い上げた時の明示の杭が現在の墳丘裾よりも数メートル外側に打たれていました。買い上げた当時はこの明示杭の部分まで墳丘があったものと思われます。宮内庁は波浪による墳丘の浸食と埴輪列の保護のため「補強土壁工」という工法で護岸工事を行いました。護岸工事は宮内庁の敷地内に限られるため、第一段斜面の傾斜角とは著しく異なっており、ほぼ垂直に近い状態です。今回の調査で明らかなように、従来の墳丘裾はさらに堀内に広がりますが、このような工事をしてしまうと、見かけ上ひとまわり小さい墳丘が固定化することにな

墳丘裾の明示杭

ります。同時調査は宮内庁と堺市が協定書を結び、その成果も共有して検討を進めるとのことですが、調査成果に基づき正しい位置に護岸を設置するため、工事も共同で行い、それぞれの敷地に応じて費用も案分するなどの方法がとれなかったものでしょうか。

堀内に架けられた木橋

後円部の斜面から堤にかけて、最大七列に等間隔で並ぶ柱穴が見つかりました。柱はほとんど残っておらず、抜き取られたようです。この柱穴は古墳築造時か、完成直後に架けられ、短期間で撤去された木橋の跡と見られ、長さ五五メートル、幅一二メートルと復元されました。古墳完成時の儀式用施設（初葬または追葬）か工事用の橋ではないかといった意見も出されています。現在までに古墳の堀から柱穴が見つかった例はありません。もっとも水をたたえた堀内を発掘した例はほとんどなく、調査すれば他の古墳でも見つかる可能性があります。柱穴が見つかった位置は、古墳の中軸線に沿っており、仮に儀式用の橋とすれば、祭祀が行われたのは後円部であり、こちらが正面であった可能性もあります。後円部に参道がある御廟山古墳や誉田山古墳などの例もあり、今後の調査に期待したいと思います。

現存する陪塚は皆無

ニサンザイ古墳には、陪塚と思われる位置にいくつか古墳が取り巻いていると考えられていました。後円部の墓地の東側、大阪府立大学農学部の敷地内にある聖塚《ひじりづか》は、現状では直径一五メートル、高さ一・五メートルの円墳状ですが、調査の結果古墳の可能性はほとんどなくなりました。ただしこの時の調査で、ニサンザイ古墳の埴輪を転用したと思われる**円筒棺**《えんとうかん》が出土しており、話は少しややこしくなりました。転用された時期は五世紀後半から八世紀前半の範囲と推定されていますが、特定することができません。ニサンザイ古墳の南

補強土壁工による護岸工事

側一帯に広がる土師《はぜ》遺跡でも、九基の埴輪円筒棺が出土しています（一四六頁上図版参照）。これらの円筒棺は古墳の造営工事に関わった人々の墓と考えられ、聖塚の円筒棺に葬られた人も工事関係者の可能性があります。

聖塚のすぐ西に隣接して聖《ひじり》の塚《つか》があったとされていますが、これも古墳でない可能性が高いのです。その南、約一五〇メートルのところに**刳抜式石棺**《くりぬきしきせっかん》を持つ帆立貝形の**経塚古墳**《きょうづか》（京塚山《きょうづかやま》古墳）がありましたが現在は消滅しています。

ニサンザイ古墳の南、住宅街の一角に陵南東公園があり、その中に舞台塚《ぶたいづか》があります。一九七六年度に区画整理事業に伴う範囲確認調査が実施されましたが、墳形や規模などはわかりませんでした。現状では直径二〇メートル、高さ四メートルの円墳状をしていますが、その後の調査で古墳の可能性はきわめて低くなりました。このようにニサンザイ古墳の陪塚と考えられていた古墳は、消滅したこうじ山古墳や経塚（京塚山）古墳の他は古墳の可能性が低く、現在も残されている陪塚は皆無です。

なお、舞台塚の南東約二〇〇メートルのところにツクチ山古墳が、さらにその南には七郎姫《しちろうひめ》古墳、ハナシ山古墳、土山《つちやま》古墳、ギンベ山古墳があったとされていますが、いずれもすでに消滅しており、詳しいことはわかっていません。

陵南中央公園内の古墳

ニサンザイ古墳の前方部南西角から、さらに南西に約二〇〇メートル行くと陵南中央公園です。この中にはドンチャ山《やま》古墳（以前は「ドンチャン山」と称していた）と正楽寺山《しょうらくじやま》古墳があります。また公園の敷地の南東側に隣接して文《ふみ》山《やま》古墳がありましたが、現在は消滅して住宅地となっています。

ドンチャン山1号墳は堺市の古墳一覧表では直径二〇メートル、高さ一・五メートルの円墳で消滅となっていましたが、現状の高まりとは関係なさそうです。1号墳は古墳でないことが

円筒棺　円筒埴輪を棺に利用したもの。

刳抜式石棺　中を刳《く》り抜いた石棺。ほかに石材を組み合わせた組合式石棺がある。

経塚古墳　堺市には四《よ》ツ池《いけ》遺跡の近くに同名の経塚古墳があったが、これは別のもの。

最近の調査でわかりました。2号墳は、現況では直径二〇メートル、高さ二・二メートルの円墳とされていますが、半壊状態で形が崩れており、現状では方形に近い形をしています。埴輪と須恵器が出土していますが、この古墳のものかどうかわかりません。築造時期は六世紀前半以降ではないかと推定されています。なお、1号墳が古墳でないことが明らかになった関係で、「ドンチャ山塚」、2号墳は「ドンチャ山古墳」と名称が変わりました。

正楽寺山古墳は、直径（または一辺）が一六メートル前後、二段築成の円または方墳で幅四メートルの堀を持ちます。現状の規模は東西一〇・五メートル、南北一一・六メートルです。発掘調査が行われていないので詳しいことはわかりませんが、墳丘の盛土内から須恵器坏蓋および身が見つかっていることから、築造時期は六世紀前半以降と考えられています。埴輪や葺石は見つかっていません。ドンチャ山古墳と正楽寺山古墳は二〇一四年、国史跡に指定されました。

ドンチャ山古墳

陵南中央公園からさらに西に二〇〇メートルほど行くと、府道常磐浜寺線に隣接して陵南北公園があり、「堺市百舌鳥陵南土地区画整理事業完成記念」の石碑が建っています。現在はゲートボール場として利用されており、その公園内にあるのが飛鳥山《あすかやま》です。「堺市文化財地図」では前方後円墳（飛鳥山古墳または坊主山古墳）になっていますが、最近の調査で古墳でないことが明らかになりました。

こうじ山古墳

ここからはニサンザイ古墳周辺で、すでに消滅した古墳を紹介しましょう。

こうじ山《やま》古墳はニサンザイ古墳前方部西側にあった帆立貝形古墳です。墳丘長五〇・五メートル、後円部直径三七メートル、前方部幅一八・五メートル、馬蹄形の堀がめぐっています。一九五五年、古墳の土砂採取工事を察知した泉大津高校地歴部が緊急調査しました。この時、破壊された部分には円筒埴輪が散乱し、傾斜面には葺石も残されていたことが確認されています。

また墳丘中央部に排水設備を持つ粘土槨が見つかっていますが、人体埋葬や副葬品などは確認

区画整理事業で破壊されるこうじ山古墳（1972年）

されていません。

一九七二年、堺市教育委員会により発掘調査され、円筒埴輪（五世紀後半頃）のほか、人物、家形などの形象埴輪や、器台（五世紀中頃）、坏蓋（五世紀後半頃）、甕などの須恵器が出土しています。墳丘は区画整理事業により完全に破壊されました。

平井塚古墳

平井塚《ひらいづか》古墳は、ニサンザイ古墳前方部の南西約三〇〇メートル、ちょうどドンチャ山古墳のある陵南中央公園と飛鳥山の間にあり、前方部を西に向けた前方後円墳です。一九七一年に調査され、墳丘長五八メートル、後円部直径三〇・五メートル、前方部幅四五・五メートルで、盾形の堀がめぐり、くびれ部から前方部にかけて埴輪列が確認されています。

この時の調査で円筒埴輪および家、衣蓋、人物形などの形象埴輪をはじめ、須恵器坏、土師器、高坏などが出土していますが、葺石は確認されていません。円筒埴輪は百舌鳥古墳群中で

調査中の平井塚古墳（1971年）

最も粗雑なものであることから、百舌鳥古墳群で最後に築造された前方後円墳であり、築造時期は六世紀前半と推定されています。埋葬施設は木棺直葬とみられ、短甲が採集されています。調査が行われた当時、墳丘は土砂採取によりすでに原形をとどめていなかったようです。森浩一氏は、「私の中学生時代（引用者注：一九四〇年頃）にはなお完全な墳丘を具《そな》えていたが、太平洋戦争が終ってしばらくすると、堺市の戦災家屋復旧用の壁土の採取場となり徐々に破壊が始まった」と「古代学研究」六五号に記しています。

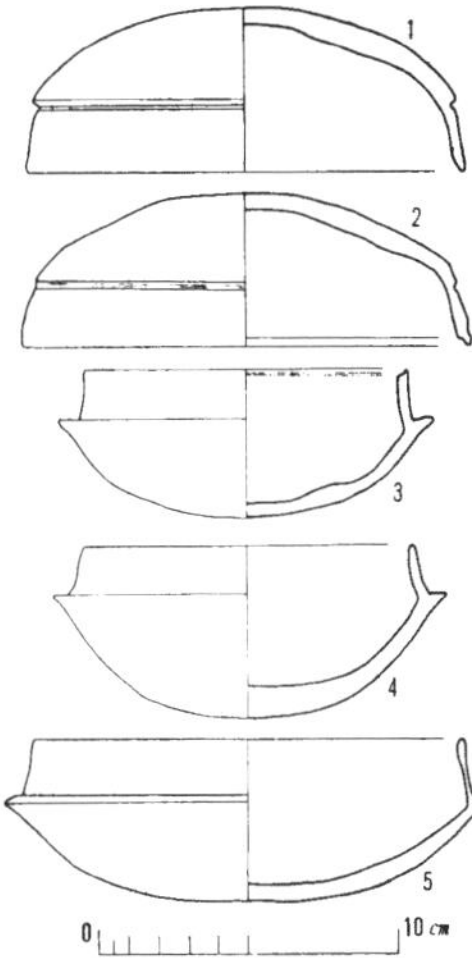

平井塚古墳出土須恵器

湯の山古墳

湯《ゆ》の山《やま》古墳は、ニサンザイ古墳の西方約四〇〇メートルのところにあった円墳です。一九七六年に発掘調査が行われていますが、その時はすでに墳丘の半分近くが破壊されていました。墳丘の規模は直径二〇メートル、高さ三メートルで、東側にのみ堀があったようです。埋葬施設は粘土槨で覆われた中に**組合式木棺**《くみあわせしきもっかん》が納められ、その下には赤色顔料（ベンガラ）を塗った礫《れき》が敷き詰められていたことが確認されています。副葬品は**平縁変形獣形鏡**《ひらぶちへんけいじゅうけいきょう》のほか、鉄製品（剣、鎌、斧、鍬《くわ》、**蕨手刀子**《わらびてとうす》、鑿《のみ》、鉇《やりがんな》、鋤《すき》の形をした製品）などがあり、農具や工具が多く見られます。遺体は南東に頭を向けて埋葬されていました。墳丘から出土した須恵器と円筒埴輪から、古墳の築造時期は五世紀中頃～後半と推定されています。

以上の三古墳とも現在は住宅地となっており、その跡を確認することは困難です。

組合式木棺　木材を板材にして組み合わせた構造の木棺。蓋、底各一枚、側板四枚が原則。

平縁変形獣形鏡　縁の部分が平らかな高まりをなしている鏡で変形した獣が描かれている。

蕨手刀子　柄頭が蕨の若芽のように屈曲しているのでこう呼ばれている。古代東北、北海道に出土例の多い蕨手刀とは別のもの。

赤山古墳

赤山《あかやま》古墳は堺市立百舌鳥支援学校の正門前にあった円墳です。周辺に赤山古墳の存在が伝えられていましたが、その場所が長らく不明でした。たまたま、一九七三年に行われた支援学校への進入路の工事で見つかり、発掘調査が行われました。墳丘はすでに四分の一しか残っていませんでしたが、直径二〇メートルの規模と考えられ、東側に一辺二・二メートルの方形の造出しを持つことが確認されました。造出しは埴輪列で区画され、その中に馬、家、囲形などの形象埴輪と須恵器甕が据えられていました。また墳丘の裾にはすき間なく円筒埴輪と朝顔形埴輪が立て並べられていたことも確認されています。その総数は二五〇本にも及ぶものと推定されています。埴輪には六種類のヘラ記号があり、表面には赤い顔料が塗られていました。埴輪にヘラ記号があるのは珍しく、製作した工房か工人を記したものかもしれません。さらに、墳丘上からも盾や靫形をした形象埴輪が出土しています。葺石は確認されましたが埋葬施設は残っていませんでした。円筒埴輪の時期は五世紀中頃から後半のものですが、出土した須恵器は六世紀前半頃のものです。

赤山古墳の南東約三〇〇メートルのところに前方後円墳のナゲ塚古墳（無名塚23号墳）がありましたが、すでに消滅しており、詳しいことはわかっていません。

赤山古墳の馬形埴輪

城ノ山古墳

城《じょう》ノ山《やま》古墳はニサンザイ古墳と御廟山古墳の中間にありました。土砂採取によって破壊されましたが、一九五〇年、森浩一氏らによって墳丘測量と埋葬施設の発掘が行われています。当時土取工事で破壊されていた上、もともと墳丘

二上山　金剛山地北部に位置し、奈良県葛城市と大

全体が中世の城郭に利用されており、原形をとどめていなかったようです。

墳丘長七七メートル、後円部直径五三メートル、前方部幅六〇メートル（推定）の前方後円墳で後円部に長さ六・七メートル、幅一・五メートルの細長い竪穴式石槨を持ちます。この石槨は**二上山**《にじょうざん》周辺の**安山岩**《あんざんがん》系の石材が用いられており、百舌鳥古墳群では他に使用された例がありません。石室内からは甲冑（短甲、眉庇付冑《まびさしつきかぶと》、**挂甲**《けいこう》の小札《こざね》）、武器（短刀、直刀、剣、鉄鉾《てつほこ》、鉄鏃）、玉類（勾玉、管玉、平玉、丸玉、ガラス製小玉）、ガラス棒のほか、三面の銅鏡片、鞍金具《くらかなぐ》、金銅製帯金具、盾金具など多数の遺物が出土。玉類は石室の中央部でかたまって出土しています。またその周辺から**朱**が検出されており、このあたりに遺体が埋葬されていたことがうかがえます。また、墳丘からは家、盾、草摺形の形象埴輪や須恵器も出土し、これらの遺物から古墳の築造年代は五世紀後半と推定されています。古墳のあった場所は現在、堺市営百舌鳥住宅となっています。

4　田出井山古墳とその陪塚

もう一度中百舌鳥駅に戻って、南海高野線で難波方面に二駅目の堺東駅で下車します。田出井山古墳のまわりを歩いてみましょう。

田出井山古墳

堺東駅の東側すぐが田出井山《たでいやま》古墳で、後円部北側は方違《ほうちがい》神社の境内です。方違神社は方角の神さんとして、新築、転居などの厄除け祈願で名高い神社です。田出井山古墳は反正天皇百舌鳥《もず》耳原北陵《みみはらのきたのみささぎ》として宮内庁が指定していますが、大王陵としては規模が小さすぎるので反正天皇の墓はニサンザイ古墳との説もあります。宮内庁でもニサンザイ古墳を反正天皇陵の可能性があるとして陵墓参考地に指定しています。また、

阪府太子町にまたがる。雄岳と雌岳の二つの頂があり、かつては「ふたかみやま」と呼ばれた。石器に使われたサヌカイトの産地でもある。

安山岩　火山岩の一種で、二酸化珪素含有量が玄武岩より多く流紋岩より少ないために灰色っぽく見えるもの。南米アンデス山中の石の意味で安山岩と訳された。

挂甲　小札《こざね》を革紐などで綴じ合わせた甲。小札は鉄や革などを材料とする札状のもの。

朱　生命力や不老長寿などを表す神聖なものと考えられており、古墳の石室、石槨、棺や遺骸には朱が施されている例がある。朱には辰砂《しんしゃ》とベンガラがあり、辰砂は硫化水銀からなる鉱物で、ベンガラの主成分は酸化鉄。

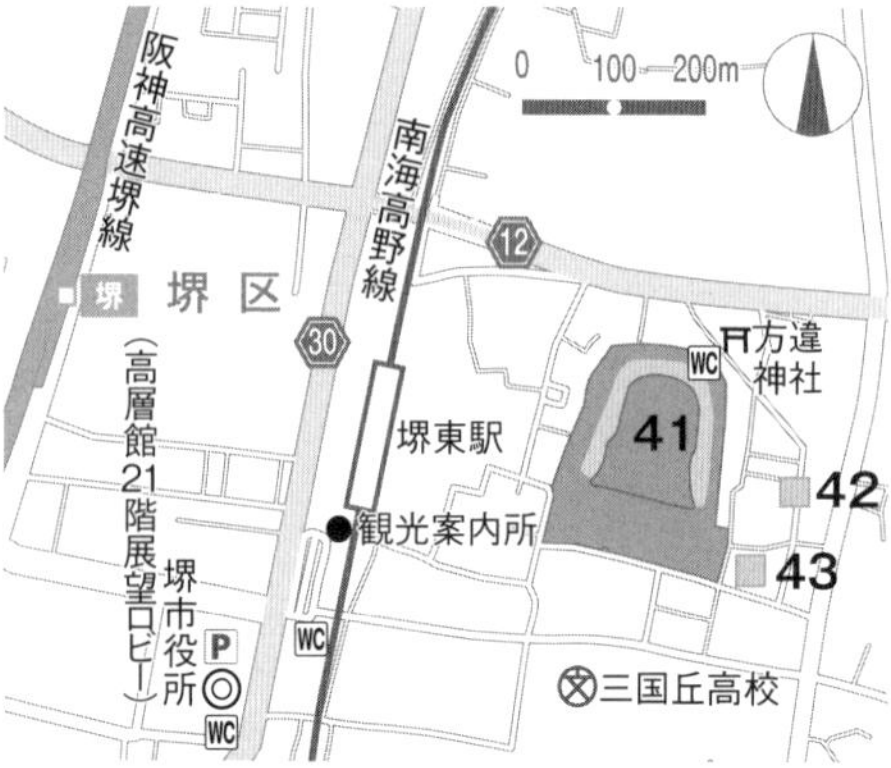

田出井山古墳周辺図
41.田出井山古墳　42.天王古墳　43.鈴山古墳

百舌鳥耳原北陵は大山古墳、中陵は石津ケ丘古墳、南陵は大塚山古墳に当てる説もあります。周辺は住宅地に囲まれており、特に西側は堤にも近づくことはできません。堀と墳丘を見通せるのは方違神社のある後円部東側のみ。田出井山古墳見学のベストスポットは堺市役所の最上階です。ここからは大山古墳や石津ケ丘古墳、ニサンザイ古墳も遠望できます。

　田出井山古墳は墳丘長一四八メートル、後円部直径七六メートル、同高さ一三メートル、前方部幅一一〇メートル、高さ一四・八メートル、三段築成の前方後円墳です。前方部は南側を向いており、西側くびれ部に造出しがあります。現状は盾形一重の堀ですが、発掘調査で二重目の堀が見つかっています。これらの調査では円筒埴輪や朝顔形埴輪、衣蓋、人物形の形象埴輪の他に各種須恵器（坏蓋、器台、甕）、瑪瑙製《めのうせい》の勾玉なども出土。築造時期は五世紀中頃と推定されています。

　田出井山古墳の東側に二基の陪塚があります。いずれも方墳で北側から天王《てんのう》古墳（飛地ろ号、一辺一一メートル、高さ三メートル）、鈴山《すずやま》古墳（飛地い号、一辺二二メートル、高さ三メートル）です。鈴山古墳の西側（向井《むかい》神社遺跡）で堺市教育委員会が発掘調査を行っています。ここでは田出井山古墳の二重目の堀が検出され、大量の円筒埴輪が出土しました。鈴山古墳の周

方違神社

辺でも円筒埴輪が出土しており、これらの埴輪は田出井山古墳のものか陪塚のものかは区別がつかないようです。

田出井山古墳（堺市役所21階展望ロビーから）

なお末永雅雄著「古墳の周庭帯と陪冢」（「書陵部紀要」一三号）には後円部の北東にもう一箇所陪塚があったことが記載されています。方違神社の境内で出土した田出井山古墳と同質の埴輪はこの陪塚のものかもしれません。田出井山古墳の西側に隣接した部分は、つい最近宅地開発が行われました。ここは二重目の堀が想定される部分です。堺市によると、試掘調査は行ったが、顕著な遺構は確認されなかったとのことでした。また、開発にあたって施工者は地下遺構を破壊しないように設計変更したとのことですが、古墳の西側は住宅が建て込んでおり、堤に近づくことはできません。今回の開発地域は民有地で樹木が生い茂っていましたが、更地になると墳丘の姿がよく見通せました。田出井山古墳は南海電鉄の主要駅である堺東駅に近く、特に住宅密集地の中にあり、バッファゾーンを確保するのが困難ですが、この区域はわずかに残された空閑地だったので残念です。

田出井山古墳前方部南東角近くに煉瓦づくりの旧・天王貯水池《てんおうちょすいち》があり、デザインと施工技術の優秀さで建築的にきわめて価値が高く、国の登録有形文化財に登録されています。南側の正

天王古墳

鈴山古墳

面入り口はヨーロッパで用いられていた建築の古典様式にならい「凱旋門」風のデザインが施されています。一見の価値があり、古墳めぐりのついでに立ち寄るのもいいかもしれません。

5　四ツ池遺跡周辺の古墳

堺市の四《よ》ツ池《いけ》遺跡は和泉市と泉大津市にまたがる池上曽根遺跡と並んで、西日本を代表する弥生集落遺跡です。一九八九年、中心部分約一〇万平方メートルが国史跡に指定されました。大型建物や井戸が復元され、史跡整備が進められている池上曽根遺跡に比べ、現地を訪れても目につくものは何ひとつありません。府道常磐浜寺線沿いに二箇所解説板があるのみです。

東西九〇〇メートル、南北一二〇〇メートルといわれる遺跡範囲は大半が市街地化し、マンションや住宅、工場などが建て込んでいます。史跡指定地は浜寺中学校と今池、浜寺船尾の墓地、そして、その北側の公園と空き地部分です。四ツ池遺跡の概要や保存運動の経過については拙著『泉州の遺跡物語　第二集』に詳しく書いていますので、興味のある方は参照してください。

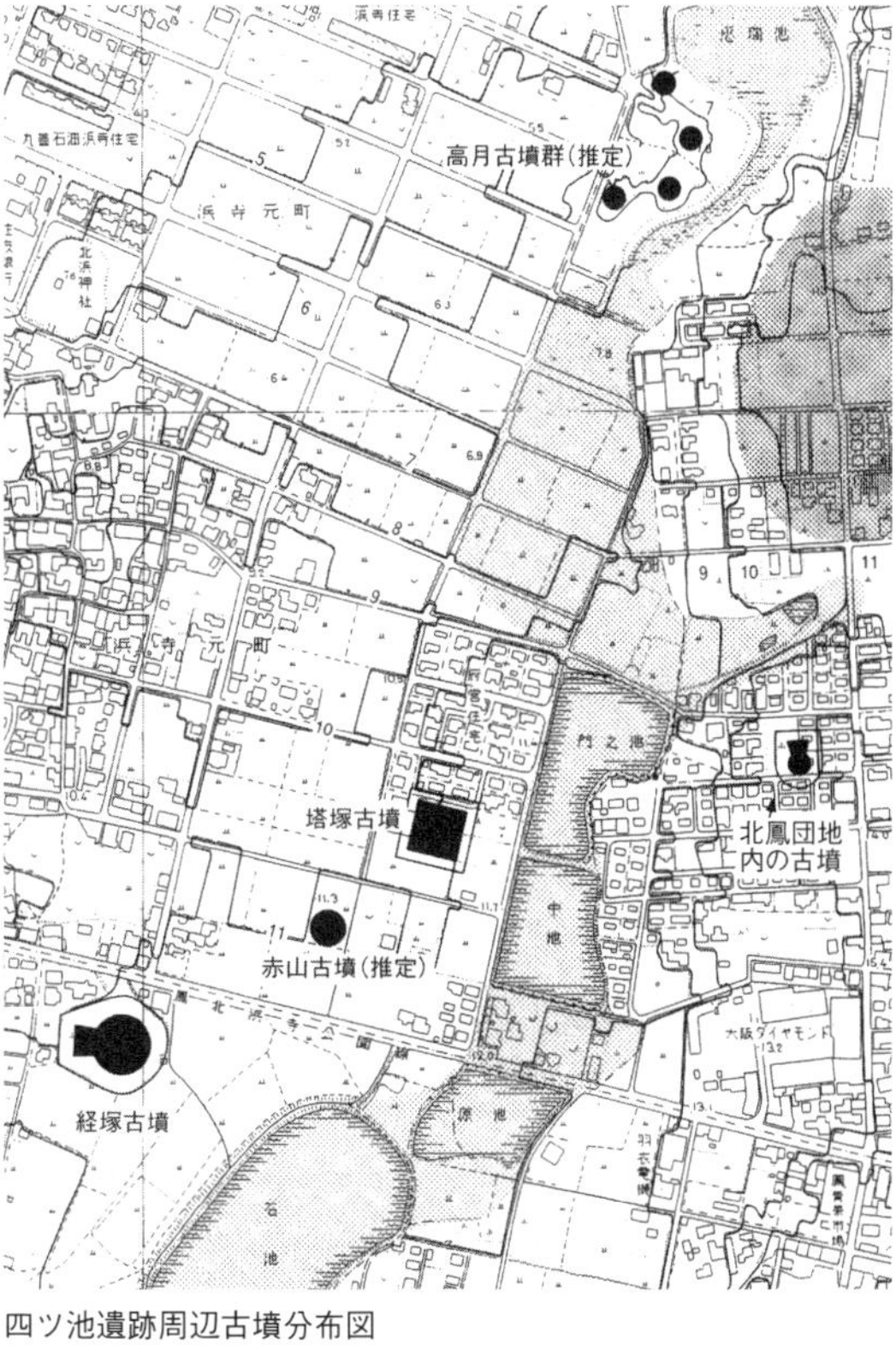

四ツ池遺跡周辺古墳分布図

四ツ池遺跡周辺には高月《たかつき》古墳群、塔塚《とうづか》古墳、赤山古墳、経塚古墳が築かれていました。これらの古墳を総称して四《よ》ツ塚《づか》古墳群と呼ばれています。築造された時期は五世紀から六世紀にかけてとされています。塔塚古墳を除いてはすべて破壊されており、現在は見ることができません。これらの古墳群は石津川の南岸にあり、狭い意味での百舌鳥古墳群の範疇には入らないかもしれませんが、百舌鳥古墳群を考える上で漏らすことができません。

高月古墳群

高月《たかつき》古墳群は、旧恵瑞《えず》池（現在は浜寺中学校の校庭）の南西にありました。当時とはすっかり景観が変わってしまったので、その位置は推定するほかありませんが、国道二六号線浜寺中学校前交差点の南東角付近と思われます。一九四七年に森浩一氏らが進駐軍の住宅建設に伴う土砂採取により緊急調査を行っています。四基あった古墳のうち、すでに3・4号墳は破壊され、**礫槨**《れきかく》の残部や痕跡しか残されていませんでした。1号墳は直径一四メートルの円墳で、埋葬施設は**箱形石棺**《はこがたせっかん》です。石棺の周囲を厚さ二五センチの側石で取り囲む特殊な構造をしています。出土遺物は水晶製**切子玉**《きりこだま》、**銅環**《どうかん》、須恵器各種です。2号墳の墳丘を覆っていた封土は失われており、木棺などを安置するため、墓穴の底に小石を敷き詰めた床の上から直刀《ちょくとう》と位至三公鏡、棗玉、須恵器が出土しました。この鏡は次に記す塔塚古墳でも出土しています。

塔塚古墳

塔塚《とうづか》古墳は四ツ塚古墳群の中で唯一現存する古墳です。北鳳《きたおおとり》団地C棟の西に門之池があり、共通の堤をはさんで南側が中池で、両池の西側、国道二六号線との間に塔塚古墳があります。一九九三年に大阪府史跡に指定されました。一辺四二・五メートル、高さ四・四メートル、三段築成と推定される方墳で、まわりの堀は水田や

礫槨　古墳の内部施設のひとつで、木棺を安定させるために礫を使用した構造。

箱形石棺　板状の石材数枚を長方形の箱形に組み立て、石蓋で覆う棺の一種。箱式石棺とも呼ばれるが、決まった型式があるわけではないので、箱形とするほうが妥当。

切子玉　主として古墳時代に用いられた装身具の玉のひとつで算盤《そろばん》玉のような形をしている。

銅環　主として古墳時代後期に用いられた銅の耳飾り。金銅や銅に鉄地に金張りした細棒を円く曲げ開きを持つものは金環という。

塔塚古墳

宅地になっています。明治の末頃、濫掘に遭い、横穴式石室が徹底的に破壊されました。その時の遺物は東京国立博物館にあります。また、馬具、玉類は、地主が所有しているとのことです。

一九五八年に後期古墳研究会が調査し、横穴式石室と直接木棺だけを埋めた埋葬施設を二箇所検出しました。横穴式石室は、底の部分しか残存していませんでしたが、長さが二・四メートル、幅〇・九メートルの玄室に〇・五メートルの**羨道**《せんどう》がつきます。副葬品として、硬玉製勾玉、ガラス製勾玉、丸玉、小玉、**粟玉**《あわたま》と刀剣、鉄鏃、短甲のほか、**輪鐙**《わあぶみ》、**轡**《くつわ》、鞍金具といった馬具が納められていました。木棺からは**方格八**《ほうかくはち》**乳鏡**《にゅうきょう》と位至三公鏡が出土し、その後の調査で堀から円筒埴輪や盾形の埴輪が出土しました。横穴式石室は近畿地方では最古級で、五世紀中頃に築造されたものです。

一九七〇年九月、塔塚古墳の西側の国道二六号線予定地部分で、ブルドーザーの入った跡に多量の弥生土器、土師器、須恵器、瓦器、溝などが発見され、新発見の遺跡として仮称「塔塚西遺跡」と名づけられました（現・下村《しもむら》遺跡）。「泉州の自然と文化財を守る連絡会議（略称「泉

羨道　玄室と外部とを結ぶ通路。

粟玉　小玉より小さく糸一本しか入らないような玉で、玉簾《たますだれ》や玉鬘《たまかずら》、玉灯籠などに使われ、単体で使用、装飾されることは少なく、大量に発見されることが多い。

輪鐙　馬具のひとつで、馬に乗るときに足を踏みかけるようにしたもので、足をかける部分が輪の形をしたもの。

轡　馬具のひとつで、馬の口にふくませて、手綱を結びつけて馬の操縦をするもの。馬具の中で一番重要なもの。

方格八乳鏡　背面の中心を方格文で囲い、そのまわりに八個の「乳」がある鏡。

文連」）、「池上・四ツ池遺跡を守る協議会（略称「池四協」）」「堺市教職員組合」が緊急調査をし、溝の断面と円筒埴輪、土器を多量に確認。各団体はただちに大阪府教育委員会文化財保護課長と交渉し、国道部分の緊急調査が行われることになりました。この調査で確認された溝は古墳を取り巻く堀の可能性があり、円筒埴輪の出土から、ここに埋没した古墳があったものと思われます。

経塚古墳

塔塚古墳の南西、国道二六号線の浜寺南町三丁交差点の南西角に経塚《きょうづか》古墳がありました。現在はマンションなどが建て込んで旧の位置も確認できません。全長五五メートル、後円部直径四一メートル、同高さ七メートル、前方部幅二二メートル、同高さ三・五メートルの墳丘に、幅一二メートルの堀がめぐる前方後円墳でした。墳丘は葺石で覆われ、くびれ部から前方部にかけて円筒埴輪がよく残っており、衣蓋や人物形の埴輪もありました。埋葬施設は後円部に二基の木棺が並列に置かれ、南側の木棺には遺体埋葬がなく、銅鏡、ガラス玉、鉄刀、鉄鏃、弓、馬具が納められていました。北側の木棺には遺体が葬られ、棺内には銅鏡、ガラス玉、鉄刀が、棺外には鉄製の斧、鎌、鋤が副葬されていました。鏡は**珠文鏡**《じゅもんきょう》、変形四獣鏡など五面です。前方部からは古式の須恵器が出土しました。これらのことから築造された時期は五世紀後半と推

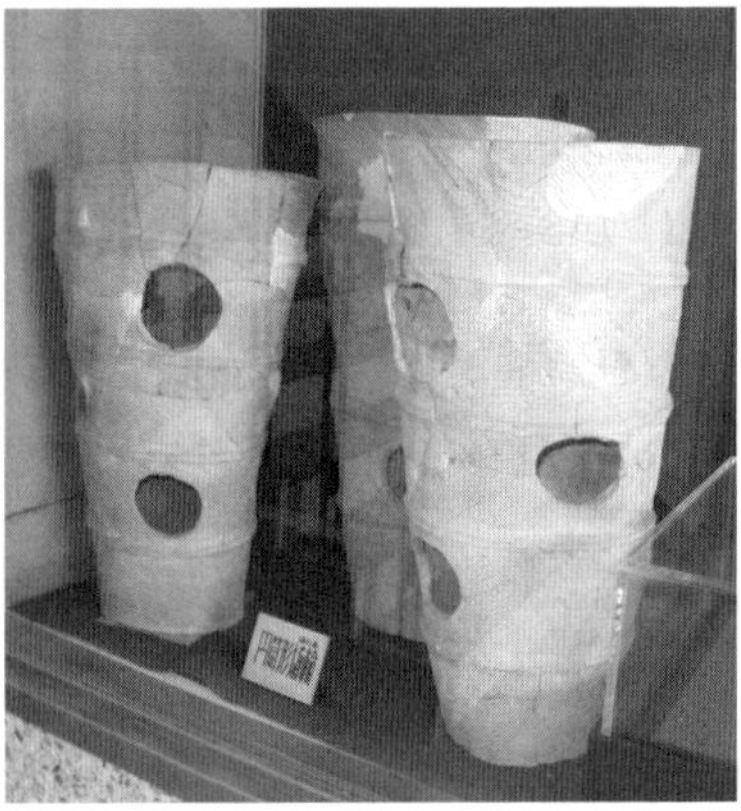
経塚古墳の円筒埴輪

珠文鏡　一般に小型の鏡の背面に小さい珠文状の突起群があるもの。

定されます。遺物は、発掘調査した京都大学文学部が保管しているそうですが、その一部、鏡、円筒埴輪、須恵器、鉄製品（直刀、鏃、鎌、鍬、斧）は地元の浜寺元町公民館で展示されています。

　古墳の所有は地元の共有財産でしたが、一九六〇年八月、地元が公民館建設を理由に堺市に発掘申請を提出しました。公民館建設は表向きの理由で、実際は敷地内の九〇%、約九〇〇坪を宅地として売却するものでした。これに対し国の文化財保護委員会（文化庁の前身）は発掘を不許可にし、「保存に努力すべし」という回答を堺市に返しました。しかし、地元側は屁理屈をつけてあくまで破壊を主張したため、結果的に国が押し切られ許可を出すことになりました。

「古代学研究会」や「同志社大学考古学研究会」など、研究団体が保存要望書を提出し、保存運動がはじまりました。大阪歴史学会や、大阪府高等学校教職員組合などがこれに呼応し、泉大津、泉陽《せんよう》、鳳、三国ケ丘の各高校の地歴部が破壊反対の運動を展開しました。

そんな中、発掘調査がはじまり、調査者からは、重要性を矮小化した発表が繰り返され、各新聞もたいした価値のない古墳であるかのような報道となりました。一九六一年五月、ブルドーザーにより墳丘を削平し、堀を埋め尽くして古墳の原型をなくした後で、あらかじめ用意されていたかのように、後円部中央から木棺が二基検出されました。まず破壊ありきの調査であったようです。

　今、現地を訪れても、公民館はどこにも見あたりません。子供の遊び場、災害時の避難所などの大義名分は、古墳の破壊とともに消えてしまったようです。経塚古墳の破壊が直接の引き金になり、高石市の富木車塚《とのきくるまづか》古墳までが破壊さ

経塚古墳の跡地の現状

れてしまいました。富木車塚古墳は泉北地域を代表する後期前方後円墳でした。

赤山古墳・北鳳団地内の古墳

赤山《あかやま》古墳は塔塚古墳と経塚古墳のほぼ中間にあったと推定されています。一九四九年に土砂採取のため完全に消滅しました。外形実測図などが残されていないため、詳細は不明です。今は住宅が建て込んでおり、その位置すら確認できません。

二〇一〇年、北鳳《きたおおとり》団地C棟の建設の際、長さ一八メートル以上、幅七メートル以上、深さ三〇センチの溝が検出されました。埋められた土の中には、五世紀後半を中心とした円筒埴輪や形象埴輪が混じっており、また葺石と見られるこぶし大の円礫が、溝の片側から集中して出土しました。このことから、この溝は古墳の堀と考えられています。同時に江戸時代に埋没した二箇所の池の跡も確認され、これらの池も古墳の堀であったとすれば、前方部を北に向けた全長二一・五メートル、後円部直径一三・六メートル、堀の部分を含めた全長は三六・七メートルの前方後円墳、または帆立貝形古墳と推定することも可能です。

第2章　百舌鳥古墳群をつくった人々

1 前方後円墳出現前夜

前方後円墳がつくられた前の時代、弥生時代には各地に**拠点集落**と呼ばれる大集落が存在しました。大阪府の池上曽根遺跡はその代表的な遺跡です。このような大集落も、弥生時代が終わり頃になると申し合わせたようにその規模が縮小します。そして雨後の筍のように各地に小集落が生まれます。『**魏志倭人伝**』に記された**倭**《わ》**国大乱**《こくたいらん》が終息し、新しい政治体制により再編されたというのがおおかたの見方でした。

奈良県桜井市の纒向《まきむく》遺跡では一直線に並んだ**掘立柱建物**《ほったてばしらたてもの》、祭祀遺構、集落を囲む柵、矢板で護岸した水路、排水を目的とした導水施設などが見つかっていますが、**竪穴建物**はこれまでごくわずかしか見つかっていません。主な出土遺物として鍛冶《かじ》遺物、朱に着色された鳥形木製品、**弧文円板**《こもんえんばん》、絹製の巾着袋《きんちゃくぶくろ》、ミニチュアの舟、約二〇〇〇個の桃の種、マダイ、アジ、サバ、コ

池上曽根遺跡

拠点集落　弥生時代に発展した環濠集落。複数の住居群を取り巻いて周濠またはこれに近い形態の濠をめぐらし、井戸や倉庫その他の施設を伴う地域の中心的な集落。

魏志倭人伝　晋の陳寿が著した『三国志』の一部で、『魏志』の東夷伝倭人の条。邪馬台国や卑弥呼および倭人の風俗などが書かれている。

倭国大乱　二世紀後半に倭国で起こったとされる争乱。中国の複数の史書に記述が見られる。

掘立柱建物　地面に穴を掘りくぼめて礎石を用いず、そのまま柱（掘立柱）を立て地面を底床とした建物。

竪穴建物　地面を掘り窪め、その底面を平らにして床をつくり、その上に屋根をかけた構造を持つ建物。

イなどの魚骨や鱗、弥生時代末から古墳時代前期にかけての土器などがあります。土器には関東から九州までのものがあり、各地から多くの人々が集まってきたことがうかがえます。

纏向遺跡は二世紀後半に突然現れ、四世紀中頃に姿を消します。一般の農耕集落ではなく政治的につくられた都市と考えられています。各地の有力者が集まった共同祭祀の場、箸中山古墳を造営した工事現場等々の説があり、邪馬台国の最有力候補地に挙げられています。纏向遺跡が邪馬台国であるという決定的な証拠はまだ見つかっていませんが、その勢力が奈良盆地南東部に興った王権に直接結びつく蓋然性はきわめて高いと考えられます。

この頃になると各地で墳丘墓《ふんきゅうぼ》と呼ばれる大きな墓がつくられるようになります。岡山県の楯《たて》築《つき》墳丘墓は両側に突出部を持ち、長さが八〇メートルにも達します。この吉備《きび》地方では特殊器台、特殊壺と呼ばれる土器が葬儀の祭祀に使われ、これらの土器が発達して埴輪になったと考えられています。山陰地方から北陸地方では糸巻きのように四隅が突出した墳丘墓が盛んにつ

纏向遺跡

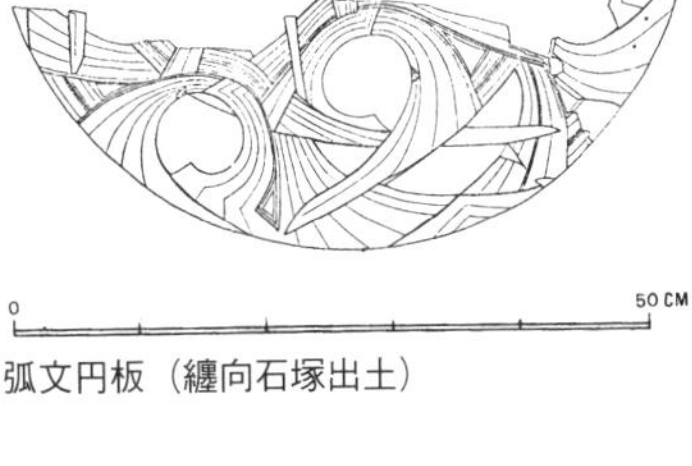

弧文円板（纏向石塚出土）

以前は竪穴住居と呼ばれていたが、すべてが住居とは限らない。

弧文円板　木製装飾円板とか木製装飾板ともいわれる。纏向石塚出土のものは復元径五六センチで、直線と曲線からなる直弧文を持ち、祭祀用のものと考えられている。

四隅突出形墳丘墓（島根県西谷２号墓）

くられ、近畿北部の丹後地方では豪華な副葬品を持つ大型の墳丘墓が現れます。奈良県桜井市ではホケノ山や石塚《いしづか》など、前方後円形の墳丘墓が築かれます。これらは、それぞれのクニの王の墓と見られます。各地の王が連合してヤマト王権が誕生したのです。

最初の大王と考えられる卑弥呼が亡くなったのは三世紀の中頃とされ、その頃につくられたのが奈良県の箸中山古墳です。箸中山古墳は墳丘長が二八〇メートルもあり、それまでの墓とは比べものにならないくらい大きくて立派な内容を持っています。その形も前方部が撥《ばち》形に開く最古の前方後円墳です。

2　王権の移動と百舌鳥・古市古墳群

百舌鳥古墳群を造営した集団の本拠地はどこか。このことについては、古くから多くの研究者による論争が続けられています。

三世紀の中頃から末頃、奈良盆地南東部に発生した巨大古墳群（オオヤマト古墳群）は四世紀の中頃には奈良市北部（佐紀古墳群）を経て、四世紀末から五世紀にかけて大阪府の河内（古市古墳群）・和泉（百舌鳥古墳群）に移動します。国立歴史民俗博物館名誉教授の広瀬和雄氏は、これに奈良盆地南西部の馬見古墳群を加え畿内五大古墳群と呼んでいます。ただし、大王権を掌握したのは馬見古墳群を除くオオヤマト、佐紀、古市、百舌鳥の四大古墳群であるとの説が有力です。その理由は各時期の最大の古墳が大王墓と見なされていますが、馬見にはそれがありません。つくられた順に古墳名を挙げると、オオヤマト古墳群の箸中山古墳→天理市の西殿塚《にしとのづか》古墳→桜井市の茶臼山《ちゃうすやま》古墳→同市のメスリ山古墳→天理市の行燈山《あんどんやま》古墳→同市の渋谷向山《しぶたにむこうやま》古墳。続いて佐紀古墳群の奈良市の佐紀陵山《さきみささぎやま》古墳→同市の宝来山《ほうらいさん》古墳→同市の五社神古墳（行燈山古墳から宝来山古墳までの前後関係は研究者によって違いがある）。ここからは古市古墳群と百舌鳥古墳群が交互に大王墓を築いています。藤井寺市の仲津山《なかつやま》古墳（古市）→石津ケ丘古墳（百舌鳥）→誉田山古墳（古市）→大山古墳（百舌鳥）→ニサンザイ古墳（百舌鳥）→藤井寺市の岡ミサンザイ古墳（古市）という順です。

　この頃には東北地方から九州南部まで全国的に前方後円墳が普及。前方後円墳をつくることで、ヤマト王権の一翼を担うことになったと考えられています。各地で競って前方後円墳がつくられるようになり、その規模もだんだん大き

レーザー測量によるニサンザイ古墳平面図

くなっていきます。五世紀には我が国最大の墳丘長を持つ大山古墳がつくられます。大山古墳を頂点にして、古墳の規模はしだいに小さくなっていきます。五世紀中頃以降、ヤマト王権に対抗できる勢力はいなくなり、大きさを競う意味がなくなったのでしょう。ニサンザイ古墳は最も完成された美しい姿をしており、ヤマト王権の権威が絶頂期に達したことを示しています。

　大王墓が奈良盆地から河内・和泉に移るのをどう解釈するかについては、研究者間で意見がわかれています。つまり古墳はその政治勢力の本拠地に営まれるという立場を取る研究者と、奈良盆地に基盤を置く王権が、単に王墓だけを河内・和泉に移したという意見です。前者は①九州または中国大陸から渡来した騎馬民族が東進して河内王朝を樹立した、②奈良盆地南東部の**三輪《みわ》王朝**が衰退し、河内の勢力が王朝を樹立した、③大和・河内の有力部族が連合政権を樹立し、中心になる部族が大和から河内に移動した、と研究者によってその内容に少し違いがありますが、河内・和泉に本拠地を持つ王権が存在し、それらが百舌鳥・古市古墳群を造営したという考え方です。

　これに対して、後者はあくまでも大和の勢力が王権を握っているが、造墓地はその時々の政治情勢を反映しているという説です。『古事記』や『日本書紀』に見える歴代天皇の宮の所在地は圧倒的に大和が多く、これが政権の中心であるとの考えや、大和に適当な土地がなくなったため、河内・和泉に墓域を求めたと考える研究者もいます。両説とも高句麗《こうくり》が朝鮮半島を南下して、百済《くだら》や加耶《かや》諸国を圧迫し動乱の時代に入った大陸、朝鮮半島情勢が河内平野、大阪湾沿いに巨大古墳群を造営させたとの見方で一致しています。筆者は、古墳はあくまでも出身勢力の拠点に築かれたもので、連合政権の中心勢力が大和から河内・和泉に移動したという立場をとります。結論を先に述べると、百舌鳥古墳群を築いたのは大阪湾を中心に活躍した海人《あま》集団を統率した一族と考えています。

三輪王朝　万世一系という概念に対する批判、懐疑から生まれた王朝交替説の中で、崇神《すじん》天皇を始祖とする王朝。大和の三輪地方（三輪山麓）に本拠をおいたと推測されることからこう呼ばれている。

3　群集墳の出現と古墳の終焉

五世紀の終わりから六世紀になると、巨大古墳は少なくなり、小規模古墳が全国各地に無数に出現します。古墳をつくれるのは豪族の首長クラスだけではなく、ムラ長や家長のような人にまで広がります。

古墳は八世紀の初めまでつくられ続けますが、古墳をつくることに意義のあった時代はすでに終わりを迎えています。六世紀前半から中頃にかけて朝鮮半島から仏教が伝来し、価値観が劇的に変化します。古墳をつくるより壮大な寺院を造営することが権威の証と考えられるようになり、古墳や葬送儀礼にも仏教思想が反映していきます。古墳のつくられた時代は一般に古墳時代といわれますが、六世紀から七世紀は、時代区分上では飛鳥時代に入ります。筆者は古墳時代というよりも、古墳（前方後円墳）をつくることに意義のあった時代、「前方後円墳の時代」というほうが適していると思います。

4　大型前方後円（方）墳の動向

ここで、各地の大型前方後円（方）墳の動向を見てみましょう（丸カッコ内の数字は墳丘長、単位はメートル）。三世紀中頃〜四世紀前半まで箸中山古墳（二八〇）をはじめ奈良盆地南東部に巨大古墳が集中します。それ以外の地域では**三角縁神獣鏡**《さんかくえんしんじゅうきょう》など三六面の鏡が出土した京都府の椿井《つばい》大塚山《おおつかやま》古墳（一六〇）、同平尾城山《ひらおじょうやま》古墳（一一〇）、大阪府の淀川北岸に高槻市の弁天《べんてん》山《やま》古墳群A1号墳（一二〇）、同B1号墳（一〇〇）が、対岸の交野市の森1号墳（一〇六）、瀬戸内海を取り巻く地域には兵庫県の丁瓢塚《よろひさごづか》古墳（一〇四）、岡山県の浦間茶臼山《うらまちゃうすやま》古墳（一三八）、同中山茶臼山《なかやまちゃうすやま》古墳（一二〇）、同神宮寺山《じんぐうじやま》古墳（一五〇）、福岡県の石塚山《いしづかやま》古墳（一一〇）が存在します。

三角縁神獣鏡　神像と獣形を主文として組合せて半肉彫りで表現した神獣鏡のうち、縁の断面が三角形をしたもの。

　四世紀中頃になると、奈良盆地南東部以外でも大型古墳が数多く築造されます。盆地北部には佐紀陵山古墳（二〇七）など、佐紀古墳群が築造を開始し、この地の勢力がヤマト王権を代表するようになっていきます。四世紀後半には畿内周辺部でも大型古墳が続々と出現し、大阪府の摩湯山《まゆやま》古墳（二〇〇）、京都府の網野銚子山《あみのちょうしやま》古墳（一九八）といった二〇〇メートル級の大前方後円墳も築かれるようになります。四世紀後半頃まで王権は奈良盆地北部にあったと思われますが、馬見古墳群の巣山《すやま》古墳（二〇四）、古市古墳群の津堂城山古墳（二一〇）は大王墓に匹敵するくらいの規模を持っています。

　四世紀末から五世紀初頭頃には、河内・和泉に王権が移動したとみ

大型前方後円（方）墳の分布（墳丘長150メートル以上）

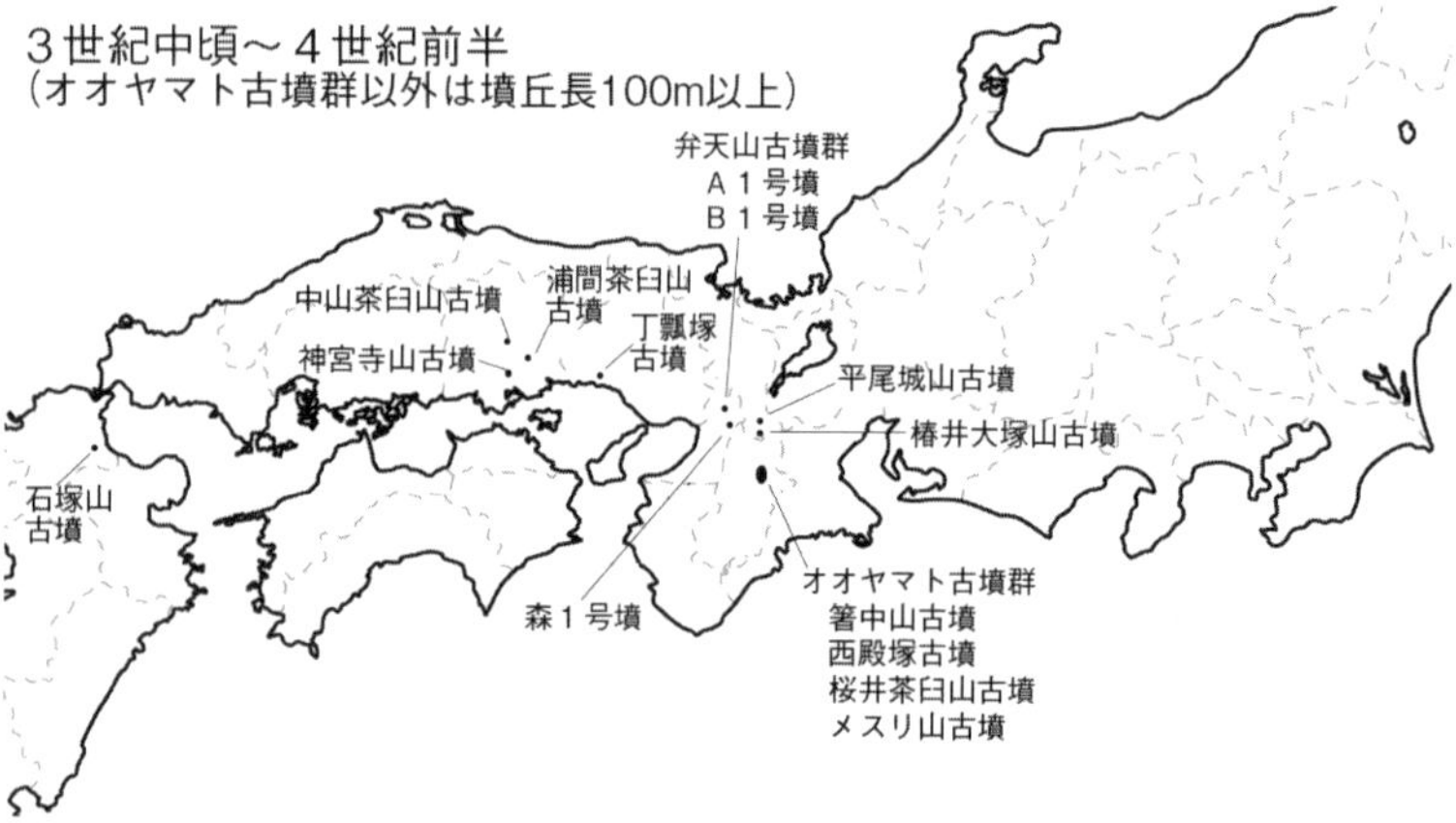

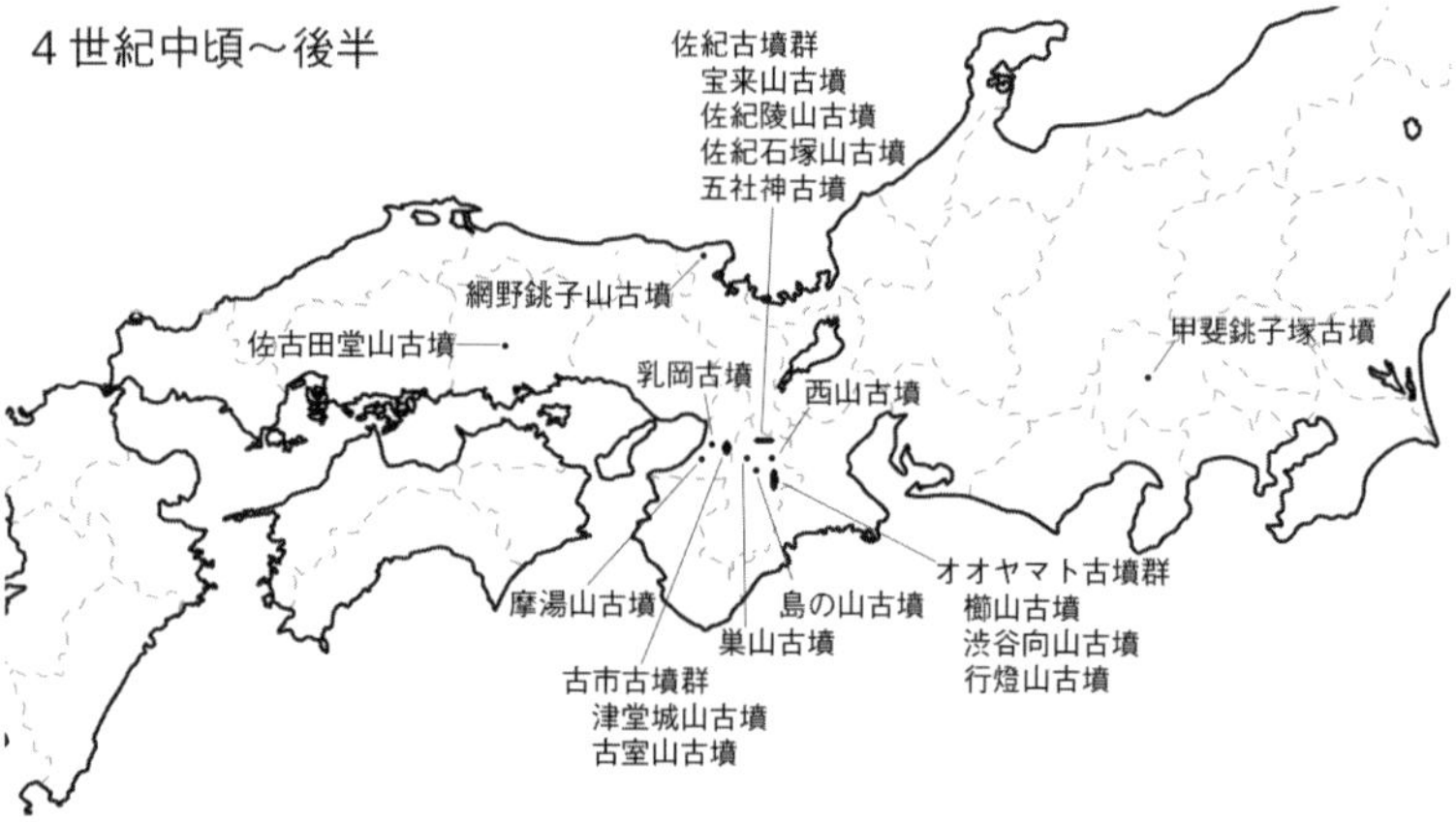

4世紀末～5世紀初頭

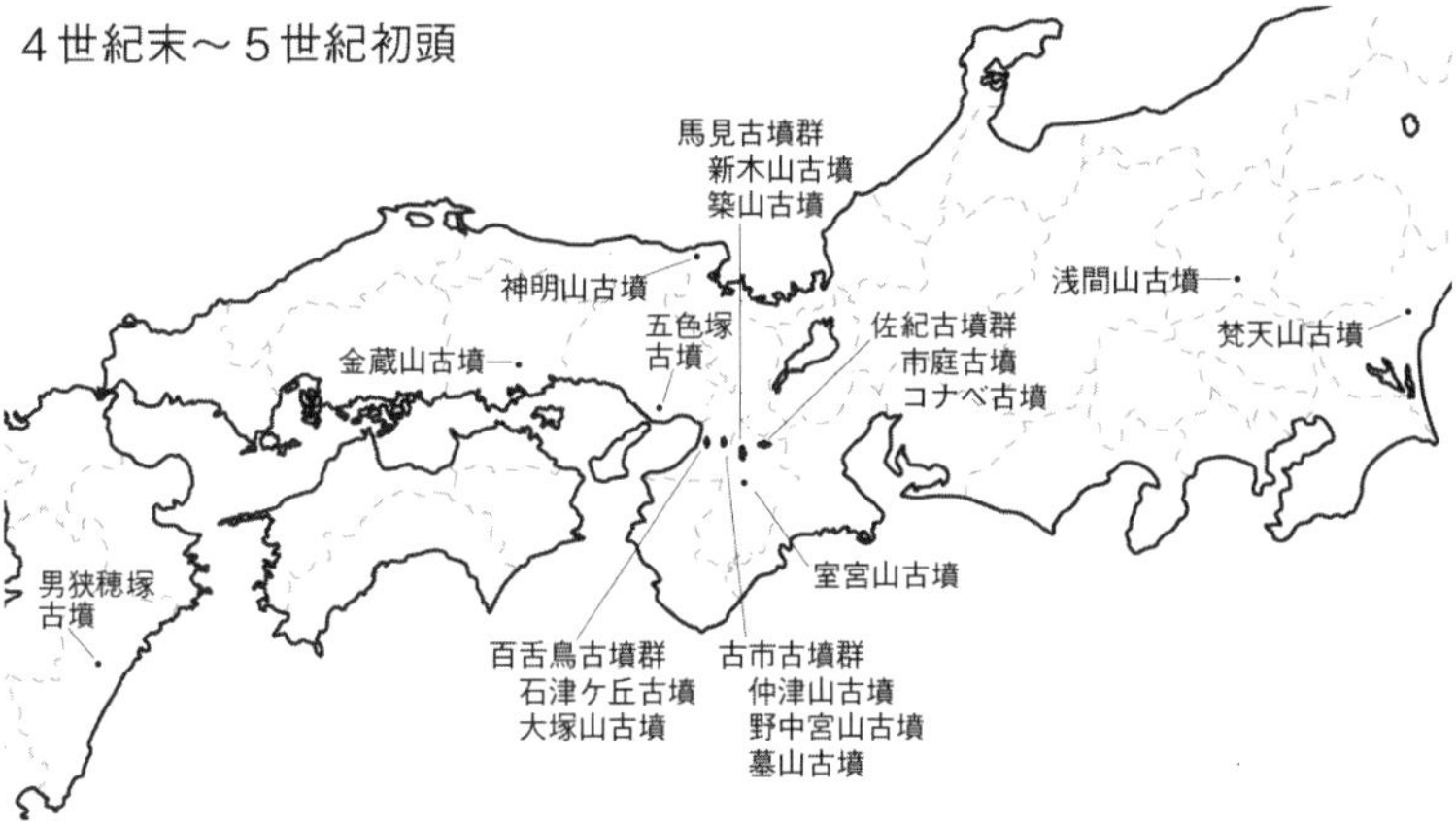
馬見古墳群
新木山古墳
築山古墳
神明山古墳
浅間山古墳
五色塚
古墳
佐紀古墳群
市庭古墳
コナベ古墳
梵天山古墳
金蔵山古墳
室宮山古墳
男狭穂塚
古墳
百舌鳥古墳群
石津ケ丘古墳
大塚山古墳
古市古墳群
仲津山古墳
野中宮山古墳
墓山古墳

5世紀代

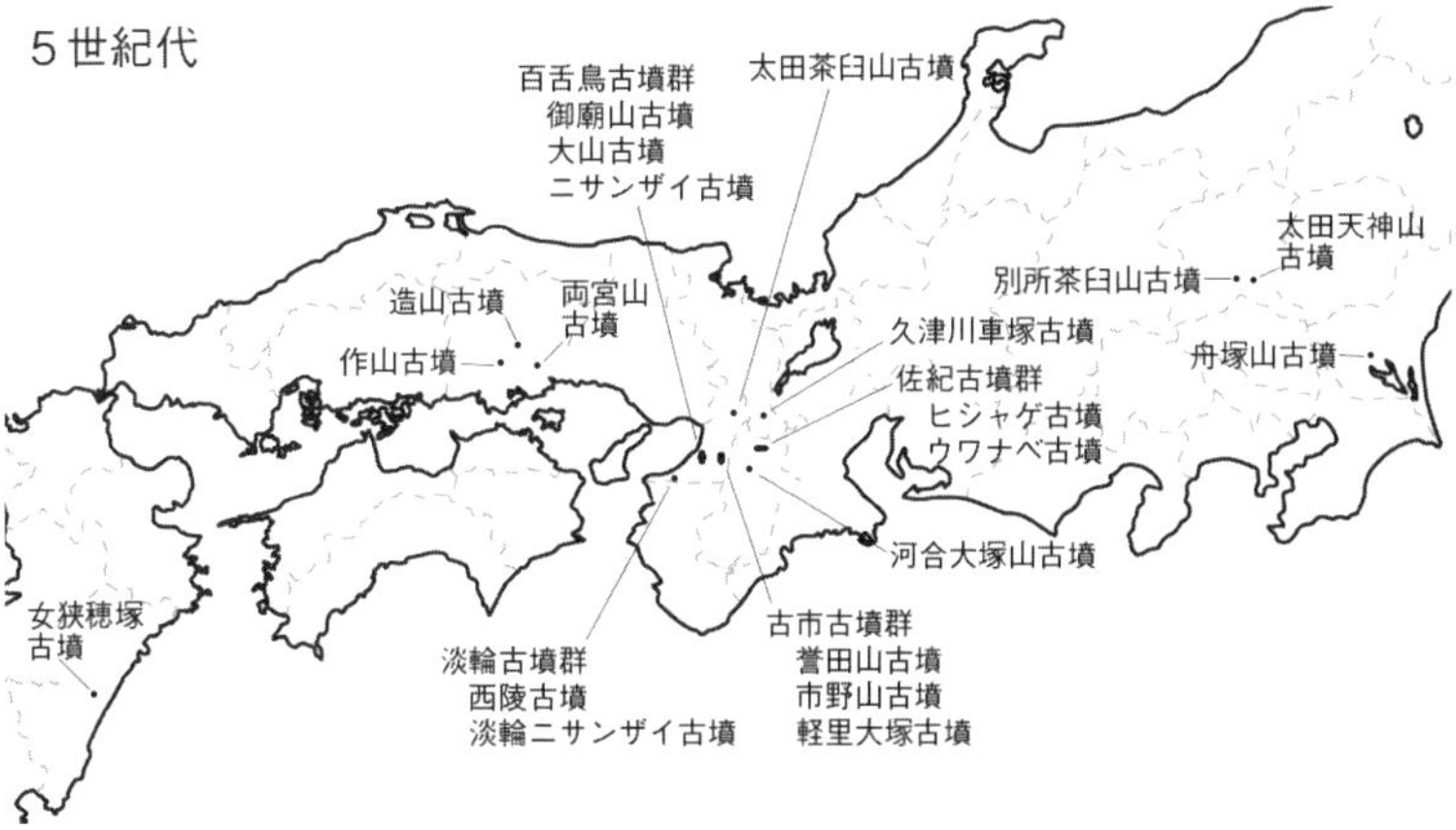
百舌鳥古墳群
御廟山古墳
大山古墳
ニサンザイ古墳
太田茶臼山古墳
太田天神山
古墳
別所茶臼山古墳
造山古墳
両宮山
古墳
作山古墳
久津川車塚古墳
佐紀古墳群
ヒシャゲ古墳
ウワナベ古墳
舟塚山古墳
河合大塚山古墳
女狭穂塚
古墳
古市古墳群
誉田山古墳
市野山古墳
軽里大塚古墳
淡輪古墳群
西陵古墳
淡輪ニサンザイ古墳

5世紀末以降

今城塚古墳
見瀬丸山古墳
古市古墳群
岡ミサンザイ古墳
河内大塚山古墳

られますが、依然として佐紀古墳群や馬見古墳群でも大型古墳が築かれ続けており、奈良盆地南部には室宮山《むろみややま》古墳（二三八）が出現します。また全国各地でも一五〇メートルを超す古墳が盛んに築かれています。瀬戸内海に面した地域では兵庫県の五色塚《ごしきづか》古墳（一九五）、岡山県の金《かな》蔵山《くらやま》古墳（一六五）が、日本海に面した地域に京都府の神明山《しんめいやま》古墳（一九〇）、南九州では宮崎県の男狭穂塚《おさほづか》古墳（一六七）、東日本では群馬県の浅間山《せんげんやま》古墳（一七二）などです。

五世紀代は百舌鳥・古市古墳群の全盛期ですが、依然として佐紀古墳群ではウワナベ古墳（二七〇）、馬見古墳群の河合大塚山《かわいおおつかやま》古墳（二一五）など奈良盆地には巨大古墳がつくられています。京都府の久津川車塚《くつがわくるまづか》古墳（一八〇）、大阪府の最南端、岬町の西陵《さいりょう》古墳（二一〇）、同淡輪《たんのわ》ニサンザイ古墳（一八〇）、摂津三島地域では茨木市の太田茶臼山《おおだちゃうすやま》古墳（二二六）、瀬戸内海沿岸部では岡山県の造山《つくりやま》古墳（三六〇）、同作山《つくりやま》古墳（二八六）という超巨大古墳が出現します。続いて同両宮山《りょうぐうざん》古墳（二〇六）、南九州では宮崎県の女狭穂塚《めさほづか》古墳（一七七）が、また東日本では関東最大の群馬県の太田天神山《おおたてんじんやま》古墳（二一〇）などが築かれます。

五世紀末から六世紀初頭には百舌鳥古墳群での大王墓の築造は終了します。古市古墳群では引き続き大王墓が築かれますが、その規模は縮小します。六世紀前半には摂津三島地域に、真の継体大王墓として注目を集めている今城塚古墳（一九〇）が出現します。それ以降、河内大《かわちおお》塚山《つかやま》古墳（三三五）や奈良県の見瀬《みせ》（五条野《ごじょうの》）丸山《まるやま》古墳（三一八）という巨大古墳が築かれますが、もはやステータスとしての大古墳築造の時代は終焉を迎えます。

大雑把に大型古墳の動向を見てきましたが、以下に筆者なりの解釈を述べてみます。ヤマト王権が成立した当初は奈良盆地南東部の勢力が他を圧倒していましたが、徐々にその体制が崩れ、盆地北部に主導権が移る頃、全国各地で有力な勢力が台頭してきます。初期ヤマト王権は

吉備の反乱伝承　雄略天皇の時代、大規模な内乱が吉備とヤマト王権の間で勃発したと『日本書紀』が伝えている。この伝承によれば、吉備氏は雄略天皇とその一族に対して三回にわたる不敬、謀反を企てたといわれている。一回目は、密かに天皇に対し敵意を抱いていることが判明し、怒った天皇は主犯の吉備下道臣前《きびのしもつみちのおみさき》津屋《つや》を滅ぼす。二回目は、雄略天皇が吉備上道臣《きびのかみつみちのおみ》田狭《たさ》の妻、稚媛《わかひめ》を奪ったことに対し、百済と任那《みまな》を巻き込んでヤマト王権に反旗を翻した。三回目は、雄略没後、妻の稚媛が皇子に皇位簒奪をそそのかしたが、大伴大連《おおとものおおむらじ》室屋《むろや》によって皇子と稚媛は殺害された。これらの企てはすべて失敗に終わり、吉備氏は勢力を失っ

北九州、瀬戸内海から淀川、木津川を経由する交流ルートに影響力を持っていましたが、次第にこのルートに近い奈良盆地北部の勢力に主導権が移ります。しかし、大和川や紀ノ川を経由するルートも重要な役割を持っていたと思われ、河内や奈良県葛城地方でも有力な勢力の台頭がうかがえます。

　河内・和泉の勢力が主導権を握る頃には、巨大古墳が東日本から九州南部まで各地で競うように築造され、先述した三つのルート以外にも日本海を経由するルートが新たに開発されます。それぞれのルート上には有力な勢力が存在し、河内・和泉の勢力が主導するヤマト王権とゆるやかな同盟関係を結んでいました。しかし、奈良盆地北部や南部の葛城地域を拠点とする勢力や吉備の勢力も侮りがたい存在でした。佐紀や馬見古墳群など奈良盆地において引き続き巨大古墳が築かれ続けています。またヤマト王権の最大のライバルとも言える吉備の勢力は、造山に続く作山古墳や両宮山古墳といった巨大古墳を築いており大きな力を有していました。しかし、両宮山古墳には埴輪、葺石がなく、葬られるはずの王者が埋葬されないまま放置されたようです。これ以後、吉備では大古墳は築かれておらず、両宮山古墳も最後まで工事が行われなかった可能性があり、吉備の勢力はヤマト王権に組み込まれたと考えられます。『日本書紀』雄略紀の**吉備の反乱伝承**はこのへんの事情を反映したものかもしれません。

　『宋書』に記された倭王武の上表文や埼玉県**稲荷山古墳出土鉄剣**と熊本県**江《え》田《た》船山《ふなやま》古墳出土鉄刀銘文**など、ヤマト王権（ワカタケル大王）による地方支配が確立したのもこの頃です。ニサンザイ古墳の被葬者はワカタケル大王であったかどうかの確証はありませんが、最も完成された前方後円墳で大王権が頂点に達した頃に築かれた古墳です。大王墓の規模が縮小するのはもはや大きさを競う相手がいなくなったからとも考えられます。その後、継体大王の出現によって、従来の連合体制が変質し、いわゆる政権交

たと伝えられている。

稲荷山古墳出土鉄剣　埼玉県行田市埼玉《さきたま》古墳群にある稲荷山古墳より出土した鉄剣。剣身の表裏に、一一五文字の金象嵌銘文《きんぞうがんめいぶん》が発見されワカタケ（キ）ル（ロ）の大王の人名などが記載され、古代史・考古学研究のうえできわめて重要な史料となっている。

江田船山古墳出土鉄刀銘文　熊本県和水町江田船山古墳から出土した七五文字の銀象嵌銘を持つ大刀。稲荷山古墳の鉄剣銘文の発見により、この大刀の銘文にある「獲□□□鹵大王」は、「ワカタケル大王」と読むことがわかった。ワカタケル大王は、雄略天皇に比定されおり、東西日本の古墳から同じ王名を記した刀剣が出土したことは、ヤマト王権

代のようなものがあったのではないでしょうか。以後のことは本題から外れるので別の機会に考えてみたいと思います。

5　百舌鳥古墳群を取り巻く遺跡群

ここからは百舌鳥古墳群を取り巻く遺跡群を見ながら、百舌鳥古墳群に葬られた人々の本貫地に迫ってみたいと思います。

百舌鳥川沿いの遺跡

いたすけ古墳、御廟山古墳とニサンザイ古墳の間を、石津川の支流のひとつである百舌鳥川が流れており、その両岸に百舌鳥古墳群の築造に直接携わった集団の集落や工房が見つかっています。以下のその遺跡を紹介していきましょう。

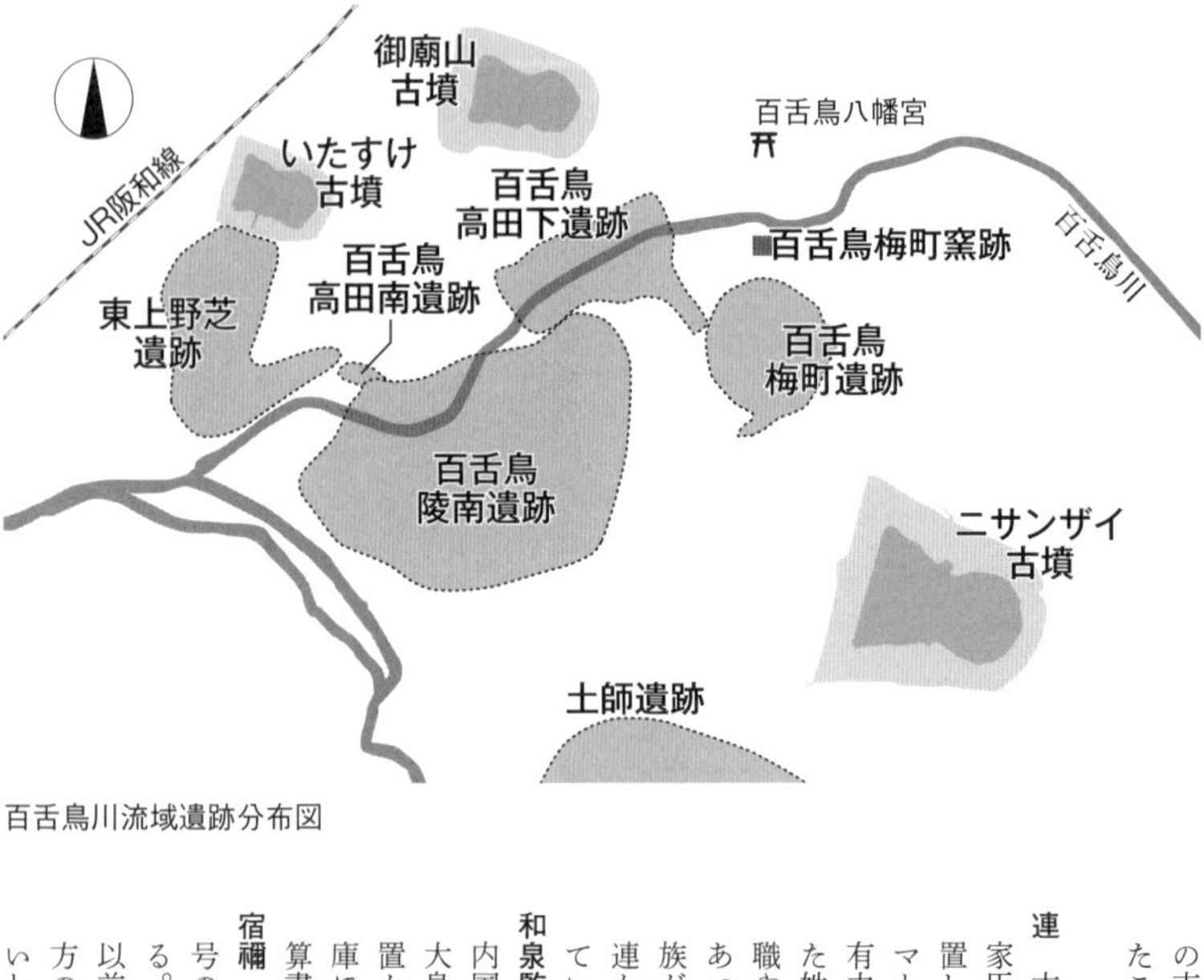

百舌鳥川流域遺跡分布図

の支配が広域に及んでいたことを示している。

連　古代の姓《かばね》のひとつで、家臣の中では最高位に位置していた。早くからヤマト王権に直属していた有力氏族の中に与えられた姓と言われ、特殊な官職や職業を束ねる立場にあった。臣と並ぶ有力豪族が多く、大伴連、物部連からは大連が任ぜられている。

和泉監正税帳　八世紀に河内国から和泉郡、日根《ひね》郡、大鳥郡を分けて和泉監が置かれた。正税帳とは国庫に徴納された租税の決算書のこと。

宿禰　古代日本における称号のひとつ。後に姓になる。宿禰は、五世紀半ば以前に、主として畿内地方の豪族が用いていたといわれているが、姓とな

土師遺跡

土師《はじ》は、堺市では「はぜ」と読みます。和名《わみょう》抄《しょう》の大鳥《おおとり》郡土師郷に属し、『日本書紀』孝徳《こうとく》紀白《はく》雉《ち》五年（六五四）一〇月条に百舌鳥土師連《むらじ》土徳《はにとこ》の名が、また**和泉監正税帳**《いずみげんしょうぜいちょう》に土師**宿禰**《すくね》氏の名が出てきます。土師は藤井寺市土師の里や奈良市北西部の菅原《すがわら》、秋篠《あきしの》（土師氏が後に改姓）とともに土師氏の本拠地です。土師氏は埴輪や土器の製作、送葬、陵墓などを管理していた土師部の**伴造**《とものみやつこ》氏族で、後二者は各々古市古墳群、佐紀古墳群の付近に位置します。

土師《はぜ》遺跡はニサンザイ古墳の南西側、堺市中区土師町および深井北町付近の東西約一キロメートル、南北約〇・六キロメートルの範囲に広がる集落遺跡です。美濃《みの》川と盆田《ぼんだ》川にはさまれた地域が集落の中心部と考えられており、多数の竪穴建物や掘立柱建物、井戸などが見つかっています。竪穴建物の中には竈《かまど》付きのものがあります。また一辺八・五メートルの大型のものもあり、住居ではなく別の用途に使われていたものかもしれません。

多量の須恵器や土師器、滑石製品（子持勾玉、ガラス製小玉、碧玉製管玉などの玉類や砥石、糸を紡ぐ際に必要な**紡錘車**《ぼうすいしゃ》、塩づくりの土器（製《せい》塩《えん》土器）のほか、鉄器製作に関する遺物として

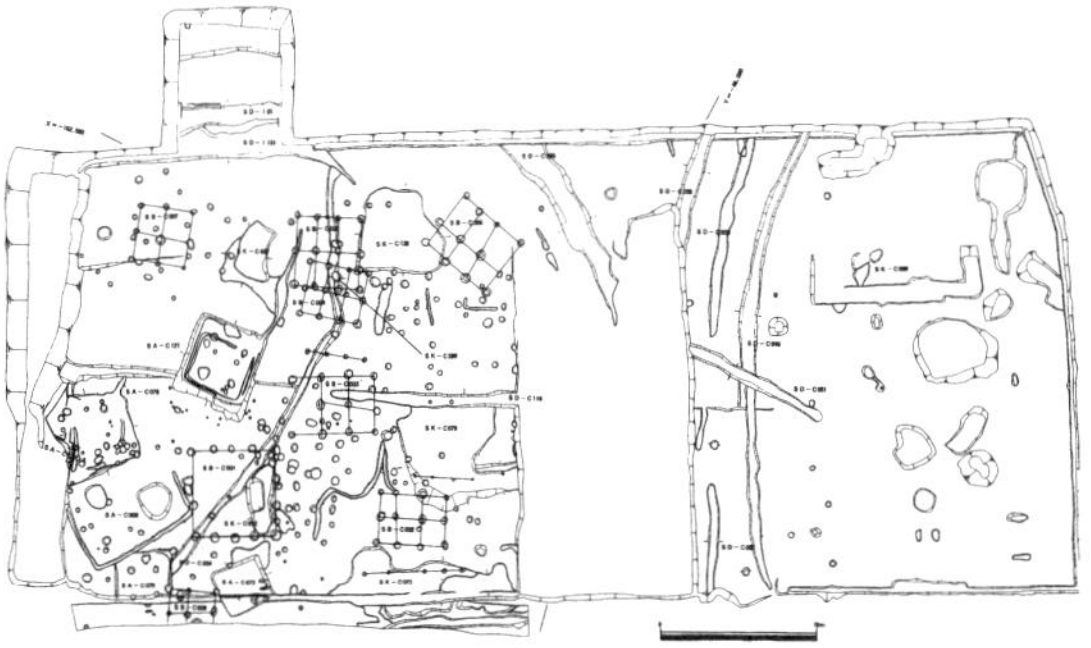

土師遺跡の建物跡

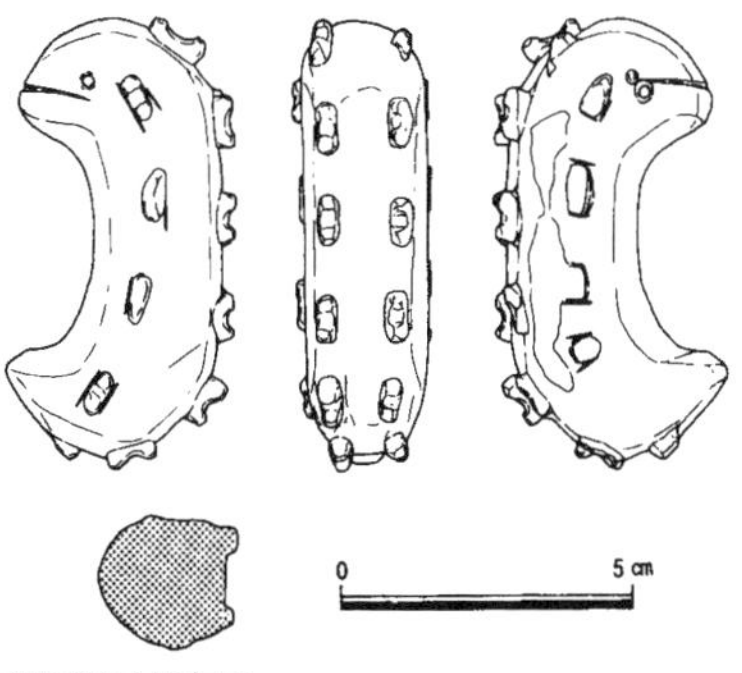

滑石製子持勾玉

ったのは六八四（天武一三）年である。

伴造　有力官人のひとつで従属集団の部曲《かきべ》を統率する。伴造の率いる集団には農耕民の集団と鏡作部など特定の職能を任務とする職業部集団がある。

紡錘車　糸を紡ぐときに回転を利用して撚りかける時に使う円形の扁平なおもりで、断面が台形のものもある。

鞴《ふいご》羽口《はぐち》、**鉄滓《てっさい》**などが出土しました。また集落を区画する大溝からは棺用に特別につくられた大型の円筒埴輪が九基も見つかっています。

　土師遺跡は五世紀の中頃に出現し、百舌鳥古墳群での大古墳築造が終わる六世紀の中頃には消滅してしまうことや、生産に関する遺構、遺物の存在から百舌鳥古墳群の築造に関わった集落と考えられています。現地は区画整理事業により、整然とした住宅地と化しています。この事業地内にはかつて、こうじ山古墳や平井塚古墳がありました。

土師遺跡の埴輪円筒棺

百舌鳥陵南遺跡

百舌鳥陵南《もずりょうなん》遺跡は、百舌鳥川が百済川に合流する地点の上流、百舌鳥川南岸丘陵上に営まれた集落遺跡です。堺市立百舌鳥支援学校から陵南中学校付近にかけて東西六〇〇メートル、南

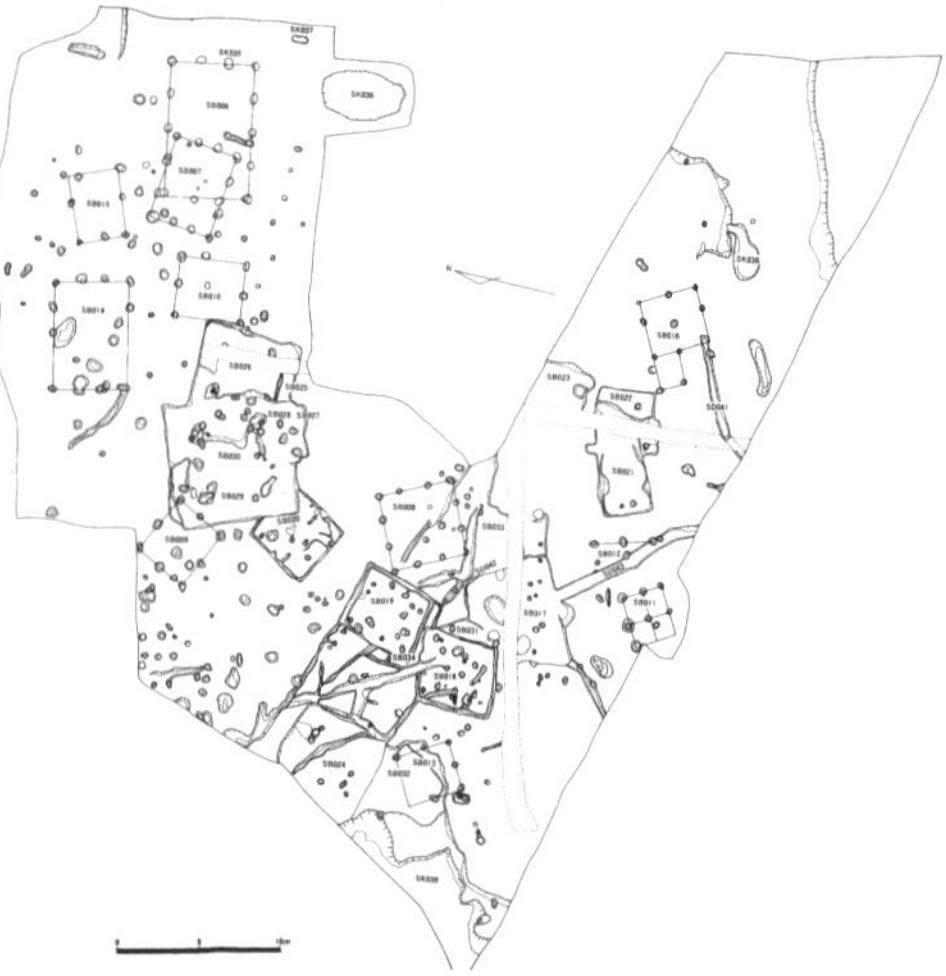

百舌鳥陵南遺跡の建物跡

鞴羽口　鞴《ふいご》は銅や鉄を溶かす時に使う強風を送るための送風機で、空気を送り出す部分を羽口という。遺跡から出土するのは粘土でつくった円筒状のものが多い。

鉄滓　たたらによる製鉄のときに出る不純物。カナクソともいう。

北約四〇〇メートルの範囲にあります。五世紀中頃の溝、井戸、鍛冶炉《かじろ》などの遺構と須恵器、土師器をはじめ木製の鞍、鞘《さや》、刀、**槽**《おけ》、**田舟**《たぶね》、機織器《はたおりき》や鉄滓、製塩土器、滑石製刀子、円筒埴輪などが出土しました。五世紀中頃から六世紀にかけての竪穴建物、掘立柱建物などからなる大規模な集落が約一〇〇年間続きます。他に四世紀後半の**土坑**《どこう》から高坏《たかつき》や**小型丸底壺**《こがたまるぞこつぼ》、**二重口**《にじゅうこう》**縁壺**《えんつぼ》などが出土。いずれも祭祀用の土器で、この地で何らかの祭祀が行われていたことがうかがえます。この集落も土師遺跡と同様、百舌鳥古墳群を築造した集団の居住地、または工事現場と考えられます。

百舌鳥高田下遺跡・百舌鳥高田南遺跡

百舌鳥《もず》高田下《たかだした》遺跡は百舌鳥川とニサンザイ古墳から流れる十蓮寺《じゅうれんじ》川の合流点付近、百舌鳥《もず》西《にし》之町《のちょう》から百舌鳥《もず》本町《ほんまち》付近に位置します。南側の段丘は城ノ山古墳があった堺市営百舌鳥住宅。百舌鳥川の旧河道や丘陵の斜面直下より円筒埴輪、朝顔形埴輪、形象埴輪や土師器の甕、壺、高坏などが出土しました。また竈のついた竪穴建物や掘立柱建物、土坑なども見つかっています。

百舌鳥《もず》高田南《たかだみなみ》遺跡は百舌鳥本町三丁付近、東《ひがし》上野芝《うえのしば》遺跡と百舌鳥陵南遺跡にはさまれた小範囲の遺跡です。五世紀中頃から六世紀前半にか

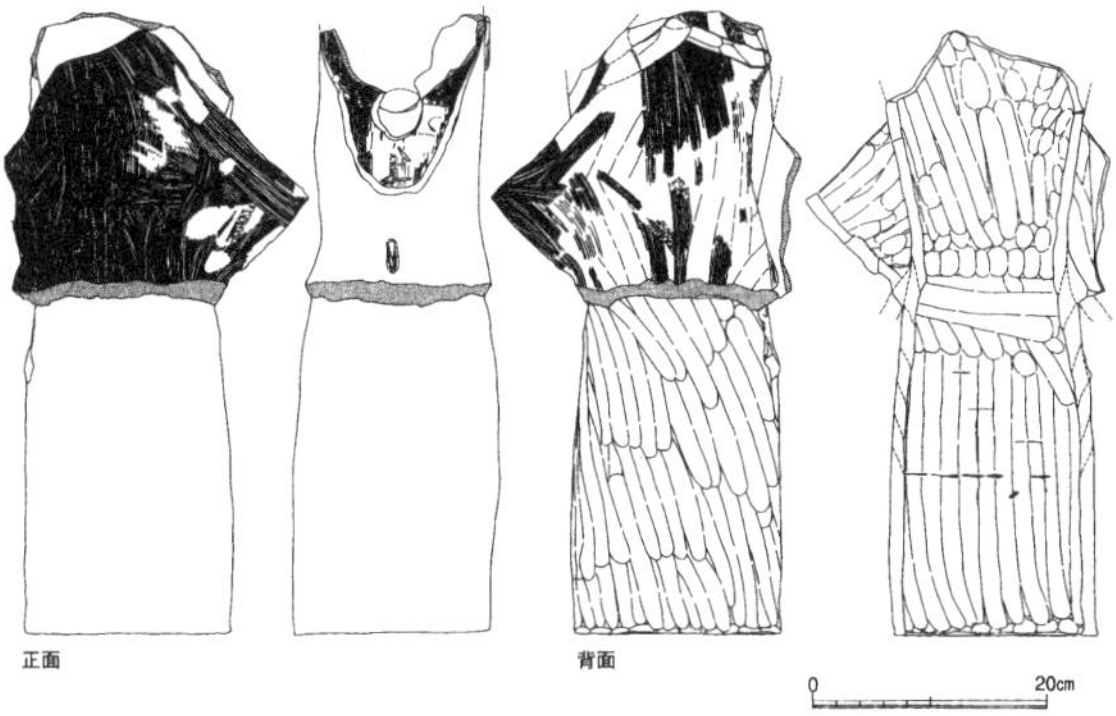

百舌鳥高田下遺跡出土の巫女形埴輪

槽　空《から》の入れ物。水などをためる容器。

田舟　水田の稲苗や刈り取った稲や肥料などを積んで運ぶ小形の丸木舟や平面楕円形の水槽形のもの。

土坑　人間が土を掘りくぼめてできたと考えられる穴。

小型丸底壺　古式土師器に見られる小形で底部が丸い素焼きの土器。

二重口縁壺　壺の口の部分に二重の段がつくられたもので、弥生時代末期の墓や前期古墳に多く見られる。

けての竪穴建物数棟（竈付きのものもある）や掘立柱建物が丘陵縁辺部と斜面上に川に沿って帯状に営まれています。

東上野芝遺跡

　東上《ひがしうえ》野《の》芝《しば》遺跡は東上野芝町二丁付近、百済川および百舌鳥川の谷に面した段丘上にあります。百舌鳥川をはさんで南側に位置する百舌鳥陵南遺跡の対岸にあり、五世紀中頃から六世紀にかけての集落です。竪穴建物や掘立柱建物が丘陵縁辺部と斜面上に川に沿って帯状に営まれています。掘立柱建物の中には柵列で囲まれた棟持《むなもち》柱《ばしら》を持つ大型の建物があり、首長の居館を思わせます。また少し離れて、いたすけ古墳の南西台地上に二棟の掘立柱建物が見つかっています。丘陵縁辺部と、この台地上の間は発掘調査が行われていませんが、集落は台地全面に広がっている可能性もあります。

　出土遺物には土師器や須恵器のほか、円筒埴輪、盾、靫、冑、家、草摺、衣蓋形の形象埴輪、製塩土器、鞴羽口、鉄滓、棒状石製品などがあります。なかでも衝角付冑形埴輪は、堺市の文化財保護のシンボルマークとなった、いたすけ古墳の埴輪とよく似たものです。いたすけ古墳の南西約一五〇メートル地点の調査では、いたすけ古墳と同時期の埴輪や古墳の封土と見られる土層が確認されおり、消滅した古墳があったようです。この古墳は、いたすけ古墳からは少し距離があるので、陪塚ではなく単独の古墳でしょう。

百舌鳥梅町遺跡・百舌鳥梅町窯跡

　百舌鳥《もず》梅町《うめまち》遺跡は、百舌鳥梅町一丁・二丁、百舌鳥小学校を中心とした遺跡です。小学校の給食管理棟の建て替えに伴う調査で井戸、土坑、溝、土器溜まり、杭列と須恵器、土師器のほか大量の円筒埴輪や形象埴輪が出土しました。周辺に埴輪窯や工房が存在した可能性もあります。また谷部に一〇〜二〇センチの円礫（古墳の葺石か）が捨てられた状態で見つかっており、削平された古墳の残土の可能性もあります。

　百舌鳥梅町窯跡《かまあと》は御廟山古墳の南東、百舌鳥川南岸にあります。百舌鳥八幡宮の正面参道のすぐ東の傾斜面で、対岸は八幡宮の駐車場です。川に面した段丘の斜面を掘り込んで築いた半地下式の**窖窯**《あながま》で、天井や焚口《たきぐち》は残っていませんが、破壊された痕跡が残されていました。その規模は現状で長さ五メートル、幅二・三メートルあり、復元すれば全長八メートル以上と推定されています。一九七二年にに発掘調査が行われ、円筒埴輪、女性の頭部、猪（犬か）、家形の形象埴輪のほか、高坏や壺などの須恵器や土師器なども出土しており、同じ窯で焼かれていたことが確認されています。女性頭部の埴輪は大山古墳出土品とよく似ており、大山古墳の埴輪がここで焼かれた可能性もあります。五世紀中頃に操業していたと考えられ、現在まで百舌鳥古墳群内で発見されている唯一の埴輪窯です。

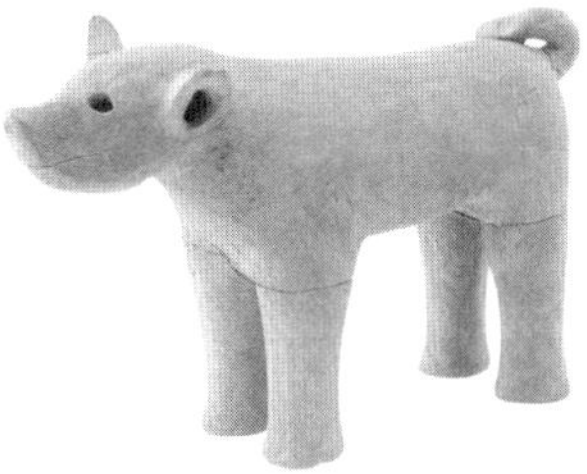
百舌鳥梅町窯跡出土の猪形埴輪

東側の東上野芝遺跡から百舌鳥高田南遺跡、百舌鳥高田下遺跡が百舌鳥川の右岸に沿って五世紀中頃から六世紀にかけて集落を形成しており、百舌鳥梅町遺跡、百舌鳥梅町埴輪窯などとともにこの百舌鳥古墳群で使われた埴輪を製作していたものと思われます。

以上、ほぼすべての遺跡が五世紀中頃（百舌鳥古墳群築造の最盛期）からはじまり、六世紀中頃前後に終わりを迎えます。この地域は段丘上にあり水はけはよいのですが、水田経営には適していません。手工業生産遺跡の性格が強く、百舌鳥古墳群を造営した工事現場とも言える遺跡群です。遺跡分布図では各々遺跡名がつけられていますが、同じ集落であったと考えられます。

大阪湾を望む台地上の遺跡

百舌鳥川沿岸以外にも田出井山古墳、大山古

女性頭部

窖窯　須恵器や瓦などを焼く場合に土中を刳り抜いてつくった窯。登窯。

墳、石津ケ丘古墳が築かれた大阪湾を望む台地上に集落が営まれています。これらの集落も古墳群の造営に関わったと考えられますが、次にそれらの遺跡群を見てみましょう。

大仙中町遺跡・百舌鳥夕雲町遺跡

大仙公園の西に隣接する大仙中町《だいせんなかまち》遺跡は五世紀中頃の集落です。住居跡、土器溜まりが見つかり、滑石製模造品、**韓式系《かんしきけい》土器**（甕）が出土しています

堺市博物館敷地の百舌鳥《もず》夕雲町《せきうんちょう》遺跡では最古の須恵器に伴って溝中より滑石製有孔円板《ゆうこうえんばん》が多数出土しました。有孔円板は直径一〇センチ、厚さ一〜二センチぐらいの製品で中央に穴がうがたれており、祭祀に使われた遺物とのことです。ここで古墳造営に関わる祭祀が行われていたと考えられます。

陵西遺跡

大山古墳の西側台地の縁辺部にあり、かつて一条通《いちじょうどおり》遺跡、舳松南高田《へのまつみなみたかだ》遺跡などと呼ばれていましたが、現在は陵西《りょうさい》遺跡という呼称に統一

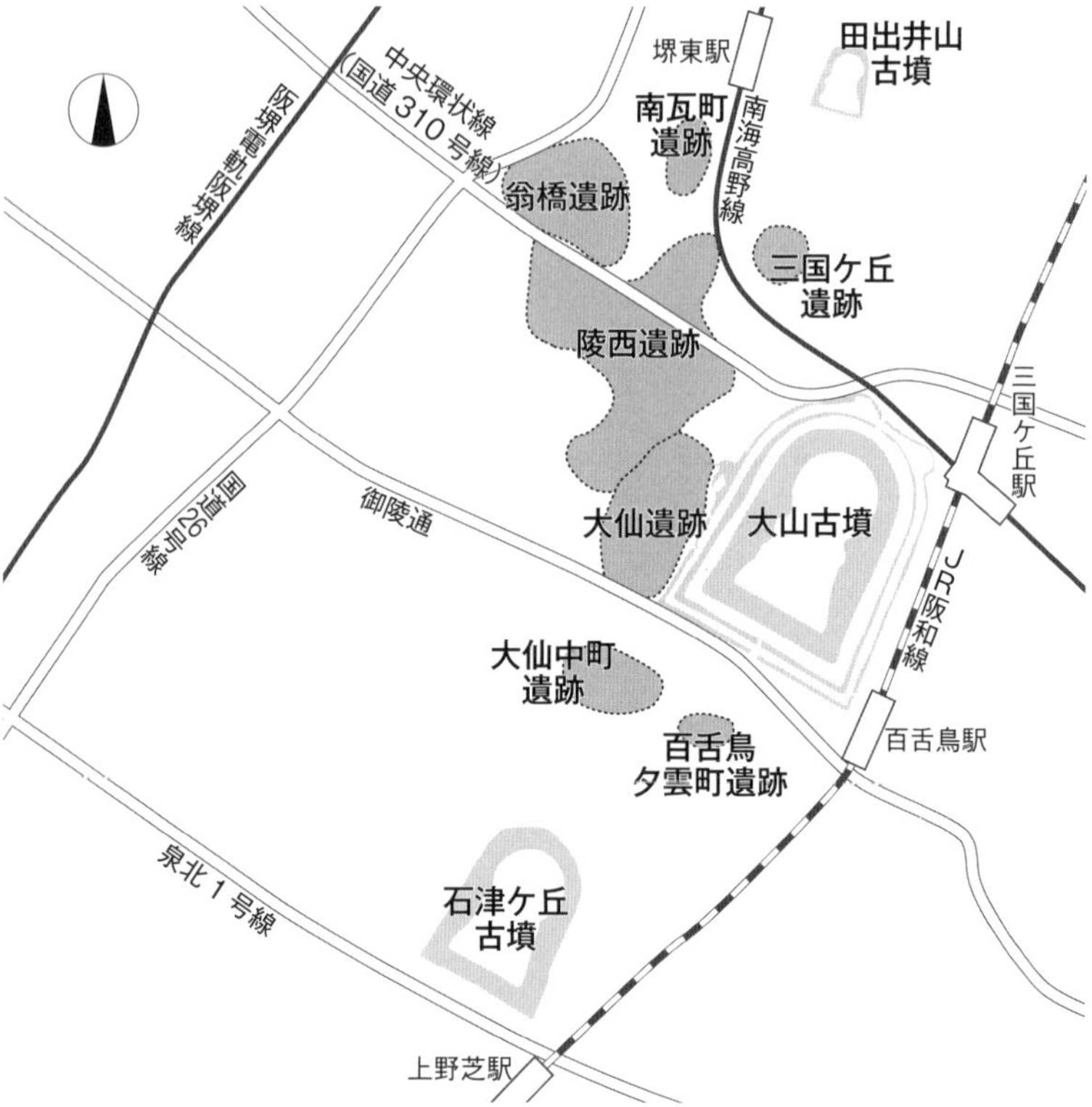

大山古墳周辺遺跡分布図

されました。遺跡は中央環状線に面しています。古墳時代中期の住居跡より滑石製模造品、臼玉およびその未製品や破損品、剥片、石屑などが大量に出土し、玉造工房跡と考えられています。また木炭や灰の入った粘土層より土師器、円筒埴輪、武人《ぶじん》、家、猪、鳥、馬形の形象埴輪が出土し、埴輪窯の存在もうかがわせます。他に五世紀後半〜六世紀初頭の土坑や溝も見つかっています。

翁橋遺跡・南瓦町遺跡・三国ケ丘遺跡・田出井町遺跡

中央環状線をはさんで北側に隣接する翁橋《おきなばし》遺跡では、六世紀代の掘立柱建物と土坑、五世紀前半〜六世紀後半の溝のほか、家、靫形の形象埴輪や円筒埴輪一五〇個体分が出土しました。円筒埴輪は通常赤い色をした土師質のものが多いのですが、ここでは須恵質の埴輪もありました。ほかに**金環**《きんかん》も出土しています。消滅した古墳か、もしくは埴輪窯が付近にあった可能性もあります。翁橋遺跡の北西にある南瓦町《みなみかわらまち》遺跡では、堺市役所建て替え工事に伴う調査で五世紀中頃〜六世紀中頃の須恵器や韓式系土器が出土しました。田出井山古墳と永山古墳の間にある三国ケ丘《みくにがおか》遺跡では臼玉などの玉類、金環、**坩**《かん》、壺、高坏、甕などが、また、田出井山古墳の北、約四〇〇メートルのところにある田出井町《たでいちょう》遺跡では臼玉などの玉類、金環、坩、壺、高坏、甕が出土しています。

浅香山遺跡

田出井山古墳の北、約八〇〇メートルのところには浅香山《あさかやま》遺跡があります。浅香山病院のすぐ南の堺市営今池団地（浅香山住宅）の建て替え工事で発見された遺跡です。五世紀中頃から六世紀末の集落で、古墳時代中期の竪穴建物には、備えつけの竈があり、須恵器の坏や土師器の壺、甕が出土しています。また、住居の付近には井戸や土坑があり、多量の土師器も出土しました。その中には**宇田型台付甕**《うだがたたいつきかめ》や**鬼高式土器**《おにたかしき》も含まれています。宇田型台付甕は百舌鳥陵南遺跡でも出土しています。後期になると竪穴建

韓式系土器　朝鮮半島南部の百済、新羅《しらぎ》、加耶などから船載された土器、あるいはそれらの国々からの渡来人が倭国内で製作した彼の地の土器の特徴が見られる土器。形や焼き方の違いから軟質土器（赤色の土器）と陶質《とうしつ》土器（青灰色の土器）の二種類がある。

金環　金メッキした耳飾り。

坩　土製の小形の容器。

宇田型台付甕　濃尾平野東部でつくられた台付の甕。東海地方特有の土器。

鬼高式土器　関東地方の古墳時代後期の土師器。

物から掘立柱建物に変わり、東西方向に延びる道路の両脇に並んで建てられます。また五世紀末から六世紀の溝より滑石製の臼玉が一五〇個近く出土し、すべて完形品であり堺市周辺の集落遺跡では珍しく、祭祀に使用されたものと考えられています。

遠里小野遺跡・山之内遺跡

大和川をはさんで対岸、大阪市の山之内《やまのうち》遺跡、遠里小野《おりおの》遺跡一帯は弥生時代から集落が営まれていました。いったん廃絶していましたが、古墳時代中期以降に集落が復活します。この間の詳細は明らかではありませんが、多量の古い型式の土師器が出土していることから、古墳時代前期にも引き続き人々が暮らしていたようです。遠里小野遺跡では、滑石製模造品とその原石、臼玉の未製品や剥片などが出土しました。この地で生産が行われていたようです。また鬼高式土器も見つかっています。遠里小野遺跡の東側に隣接する山之内遺跡では鞴羽口や鉄滓が出土し、遠里小野遺跡でも鞴羽口が出土しています。

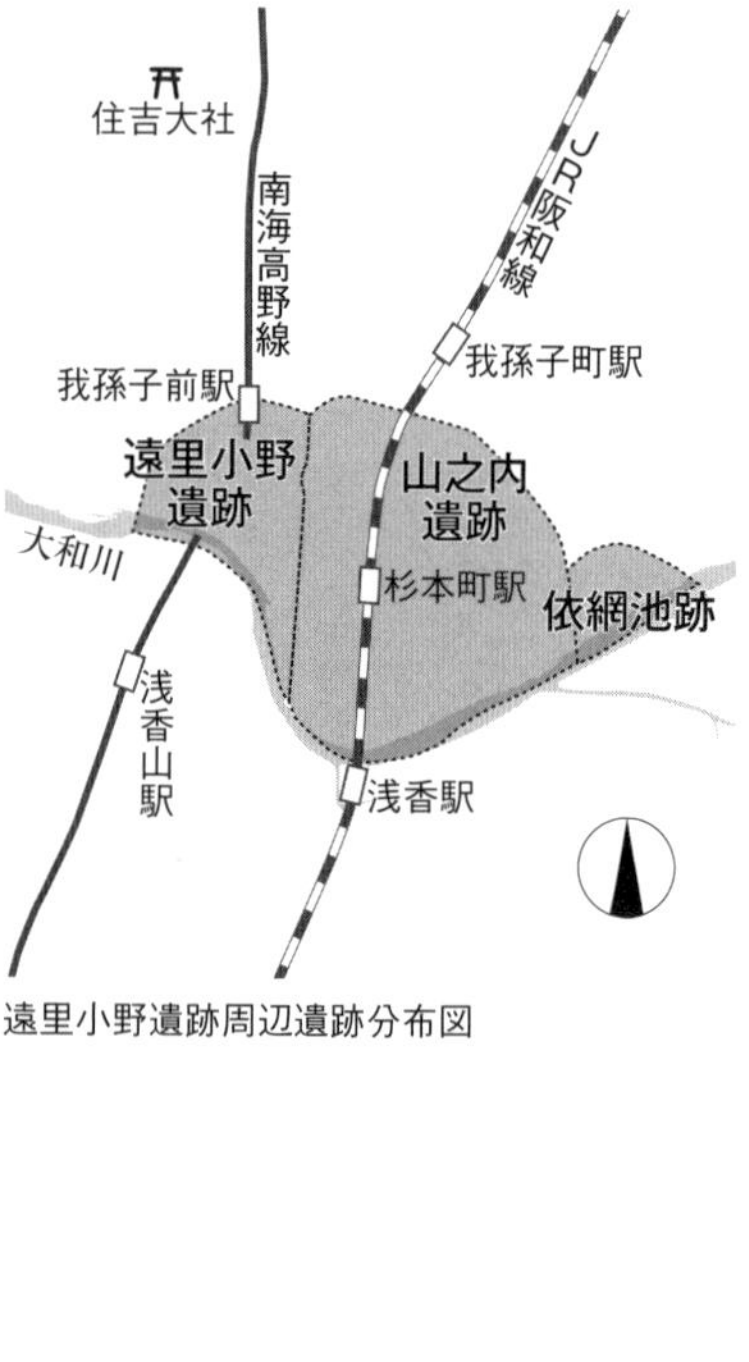

遠里小野遺跡周辺遺跡分布図

この地域一帯は鉄や滑石製品の生産地でもあったようです。なお、浅香山遺跡と遠里小野遺跡、山之内遺跡は江戸時代に付け替えられた大和川をはさんでいるものの、三者は近接しており、同一集団の集落であった可能性もあります。

現・大和川の河口は万葉の昔から浅鹿《あさか》の浦《うら》と呼ばれ、**砂堆**《さたい》の奥に海が入り込んだ**ラグーン**（潟）を形成しており、良好な港津として利用されていました。現在は大阪府立阪南高校のグランドになっていますが、近年まで依網《よさみ》池跡の一

砂堆　砂州や砂丘を形成する砂の堆積のこと。

ラグーン　潟《かた》もしくは潟湖《せきこ》。湾が砂州《さす》によって外海から隔てられ湖沼化した地形。完全に外海から隔てられたものはほとんどなく、ごく狭い海峡により外海とつながっているものが多い。

部が残っていました。依網池は『古事記』や『日本書紀』にも記載があり、耕地開発のため五世紀中頃に築造されたと推定されています。かつての池の畔には大依羅《おおよさみ》神社があり、この付近が依網屯倉《よさみのみやけ》の中枢部であったことをうかがわせます。現在小公園の一角に依網池の石碑が建てられています。

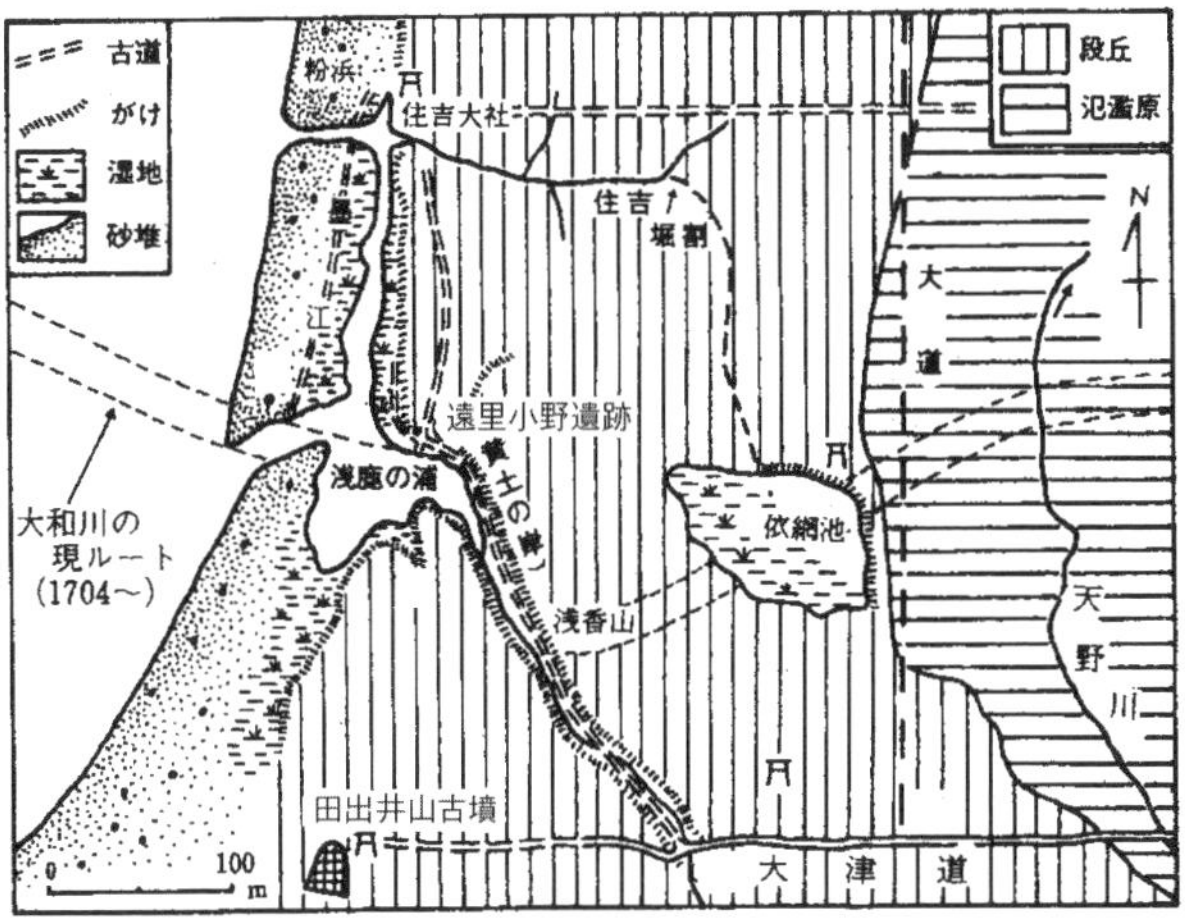

古代の地形推定図

　以上の集落遺跡もまた、百舌鳥古墳群造営に関わった集団の居住地や工房の跡と考えられます。ただし、この地域は市街地化が進んでおり断片的な調査の結果ですので、詳細についてはなお今後の調査に待つほかはありません。韓式系土器をはじめ、東海や関東系の土器も出土していることから、渡来系の人々に混じって、遠くから古墳群造営に動員された人々も住んでいたことがわかってきました。

屯倉　ヤマト王権の支配制度のひとつ。全国に設置した直轄地を表す語でもあり、のちの地方行政組織の先駆けとも考えられる。

大依羅神社の前に建つ依網池の碑

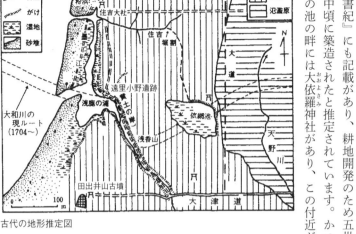

石津川南岸の遺跡

　これまで百舌鳥古墳群の造営に直接関わった集落を見てきましたが、次に百舌鳥古墳群出現前夜から営まれている石津川南岸の集落遺跡について見てみましょう。

四ツ池遺跡

　四《よ》ツ池《いけ》遺跡の調査は堺市教育委員会を中心に、現在までに百数十次にわたって行われています。国道二六号線や府道常磐浜寺線、馬場記念病院や大規模マンション、市営北鳳団地など、ある程度まとまった面積が発掘調査されているものもあります。しかし、それ以外は区画整理の街路部分と、五月雨《さみだれ》式に建てられる住宅や工場の建設に伴う事前調査が主なものであり、きわめて断片的です。このことが四ツ池遺跡の全貌をわかりにくくしている原因のひとつでもあります。

　四ツ池遺跡は、泉北丘陵から北西に向かって延びる段丘の最先端部分と、その縁に広がる石津川の氾濫原に営まれています。この丘陵は三《さん》光《こう》台地と呼ばれ、標高は一一メートルくらいで、平地との比高差は四～五メートルほどです。市街化される前はさえぎるものがなく非常に見晴らしのよいところでした。四ツ池遺跡は弥生時代の大集落として発展しましたが弥生時代後期後半から古墳時代の初めには、集落の規模は縮小し、周辺に石津《いしづ》遺跡、船尾西《ふなおにし》遺跡、下田《しもだ》遺跡、鶴田町《つるたちょう》遺跡など、小集落がたくさん形成されます。このような小集落の形成は、池上曽根遺跡を取り巻く伯太《はかた》遺跡、伯太北《はかたきた》遺跡、府中《ふちゅう》遺跡、豊中《とよなか》遺跡などと同様な姿であり、大集落を中心に小地域でまとまっていた集団が、より大きな勢力により解体され、再編成された結果と思われます。

　古墳時代前期後半には四ツ池遺跡やその周辺の集落はかろうじて存続しており、三光台地上の集落も細々と営まれます。しかし、もはや在地的な集落ではなく、政権を握った勢力により再編成された集落のひとつでしかありません。

少し離れた東側では古墳時代前期～中期にかけて新しい集落が営まれ、また北東部でも弥生時代に引き続き集落が営まれています。この付近での発掘調査では、竪穴建物一一棟、掘立柱建物四棟と溝、土坑、自然河川およびそれらに伴う遺物が多数出土しました。なかでも馬場記念病院建設に先立つ調査区では、弥生時代後期から古墳時代中期後半まで営まれた集落が確認されています。ここでは三世紀後半の竪穴建物内につくりつけられた最も古い形式の竈と、吉備や讃岐《さぬき》の特徴を持つ甕が出土しています。

　五世紀後半から六世紀前半の集落はよくわかっていませんが、六世紀後半には府道常磐浜寺線の南、市営北鳳団地を中心とした地域で集落が形成されます。この付近には引き続き七、八世紀にも集落が営まれており、在地有力氏族の大鳥連《おおとりのむらじ》氏と関連する集落であったと推定されています。

　古墳時代の四ツ池遺跡は、政治的な再編成によって集落の性格そのものが変化させられてきましたが、泉北丘陵の須恵器窯の創業も、その大きな要因のひとつです。四ツ池遺跡からは、最古形式の須恵器が出土しています。樋口吉文氏によると、台地中央部の集落周辺から出土する初期須恵器は、泉北丘陵の須恵器窯で生産されたものですが、馬場記念病院敷地内で見つかった集落から出土した須恵器の中には、朝鮮半島伽耶地域の陶質土器に似たものが含まれています。この形式は泉北丘陵の須恵器窯では見あたりませんが、船載されたものでもなく、別の工人集団により、四ツ池遺跡に近い場所で生産されたものであろうと推定されています。このように須恵器の創業時には工人集団が複数存在したようです。四ツ池遺跡の人々が須恵器生産

四ツ池遺跡の竈付き建物跡

とどのように関わっていたかは、今後の課題です。

下田遺跡

下田《しもだ》遺跡は、阪和線津久野駅の南西一帯に広がる弥生時代から古墳時代にかけての集落遺跡です。これまでにマンションや府道常磐浜寺線の建設に伴い大規模な調査が実施されています。丸紅株式会社のマンション建設に伴う調査では弥生時代中期の竪穴建物と壺棺墓などが見つかっています。古墳時代の遺構は四～五世紀のものと、五～六世紀のものに分けられます。竪穴建物はすべて方形で大型のものが三棟、小型のものが三棟、計六棟です。小型のものが古くて大型のものが新しく、建物跡の内側に幅一メートル前後の低い**ベッド状遺構**を持つものが二棟あります。他に作業台と推定されている三〇センチ大の台石を持つものが三棟あります。また掘立柱建物二棟、古墳時代後期の溝状遺構、四～五世紀の河川跡も見つかっています。河川跡の中から土器とともに衣蓋の軸と腕木からなる傘骨や琴、鍬、鋤、鎌や斧の柄、建築部材などの木製品が出土。衣蓋の一部には薄く朱が塗られた痕跡が認められます。

府道常磐浜寺線の調査では、弥生時代から古墳時代初頭の河川跡や集落が見つかりました。また、この調査中に銅鐸が出土。銅鐸は偶然発見される機会が多く、埋納状態などの記録が少ないので貴重な発見です。常磐浜寺線は阪和線の下をトンネルで通過しています。調査区は阪和線の東側と西側にわかれており、西側では、弥生時代から古墳時代初頭（三世紀後半～三世紀末頃）の河川跡が見つかっています。川の幅は最大で三五メートル、川の中からは弥

下田遺跡の竪穴建物と溝

ベッド状遺構　床面の周囲を一段高く、ベッドのような形をした施設だが、寝床であるかどうかは不明。

生土器や古式土師器が多量に出土しました。

古墳時代前期には、河川は次第に埋まり幅五メートル、深さ一メートルと小規模な溝になります。川の底からは多量の古式土師器とともに自然木や多量の木製品が出土しました。木製品の中には珍しい短甲や環形付木製品、舟形、剣形をしたもの、四方転《しほうころ》びの箱、琴や、鋤、鍬、杵などの農具、柱、梯子などの建築部材ほか多種多様です。この川跡は、衣蓋など多量の木製品が見つかったマンション建設現場の河川と連続すると考えられています。環形付木製品の用途は不明ですが、環形の部分に房などの飾りをつけた**麈尾**《しゅび》ではないかという考えも出されています。まだ麈尾と断定されたわけではありませんが、同じような用途に用いられたものかもしれません。いずれにしても衣蓋とともに相当権力を有する首長が、この地を拠点に活動していたことをうかがわせます。

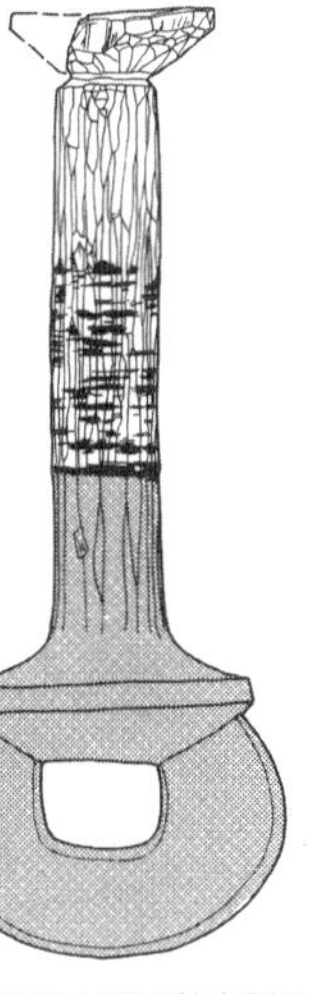
下田遺跡出土環形付木製品

西側の調査区では古墳時代初頭から前期にかけての竪穴建物三棟、井戸一箇所、古墳時代中期の竪穴建物一棟が見つかっています。東側の調査区では、古墳時代初頭から前期にかけての竪穴建物八棟、掘立柱建物五棟、土坑二基があります。それ以後両調査区では建物など生活の痕跡はまったく姿を消します。

常磐浜寺線の北側、府道大阪和泉泉南線（地元の俗称で「一三号線」）に沿った日本軽金属の工場跡地（現・イトーヨーカドー津久野店）で、幾筋も平行して走るV字条の溝が発見されました。南北に平行して走る溝は一〇本、それからやや斜めにそれて走る溝が二本、計一二本の溝が見つかっています。最大の溝は弥生時代中期から古墳時代前期のもので幅が五メートル、深さ一・六メートルもあります。大溝の西側では

麈尾　大鹿の尾の動きに従って、他の鹿の群れが動くところから、「他が従う」という意を持たせて、その尾にかたどってつくられたものであり、大陸系の風習で、貴人がその地位を示すための威儀具。中国陝西《せんせい》省や高句麗安岳《あんがく》の古墳壁画にしばしば描かれている。また日本の人物埴輪にもこれを持つものがある。

古墳時代前期の竪穴建物四二棟、掘立柱建物二一棟の大集落が営まれています。竪穴建物はすべて方形であり、大型のものは一辺が八メートルもあります。その他、炉、竈、貯蔵穴のほか、ベッド状遺構を持つ建物もあります。その他、井戸が七箇所見つかっています。

　これまでの調査成果を総合すると、弥生時代中期の集落は散在的な小集落であったと推定され、四ツ池遺跡と隣接することから、四ツ池ムラの一部であったかもしれません。その後いったん集落は途切れます。古墳時代前期になると南北二〇〇メートル、東西一〇〇メートルの範囲に竪穴建物、掘立柱建物合わせて六三棟の集落が形成されますが、短期間で終わります。ただし、調査地以外にも集落が広がっていると予想され、全貌は明らかではありません。それよりも、権威の象徴とされる衣蓋などの木製品の数々は、百舌鳥古墳群形成前夜に、この地に相当有力な集団が住んでいたことがうかがえます。

大阪南部窯跡群

日本陶磁器のルーツになった須恵器が本州で最初に生産されたのが泉北丘陵です。泉北ニュータウン建設に先立って四〇〇基以上の窯跡が発掘調査されました。その成果は古代窯業史を大きく塗り替え、全国の須恵器の年代を決める基準資料となっています。しかし、それらの窯跡のすべてが破壊され、大半が未報告のままです。

　窯跡は堺市、和泉市、大阪狭山市にまたがる東西一五キロメートル、南北九キロメートルの範囲に分布しており、総数で一〇〇〇基を超える窯が創業していたと推定されています。一般には陶邑窯跡群《すえむらかまあとぐん》と呼ばれていますが「陶邑」の名称は、『日本書紀』巻五、崇神《すじん》天皇七年条の「茅渟《ちぬの》縣《あがた》陶邑《すえむら》」によります。「陶邑」とはどの範囲を指すのか判然としない上、陶邑の実態も解明されているわけではありません。したがって、遺跡名称としては「大阪南部窯跡群」などとするほうが適当でしょう。

泉北丘陵は高度成長がはじまる一九六〇年代までは松や灌木が生い茂る美しい里山で、狭い谷が複雑に入り組んだ地形でした。窯跡はそれらの谷の斜面に築かれています。谷の開口部近くに最初に窯が築かれ、燃料の木を求めて奥へ奥へと新しい窯が順次築かれていったようです。石津川とその支流の大きな谷筋などによって陶《とう》器山《きやま》（MT）、高蔵寺《たかくらでら》（TK）、栂《とが》（TG）、富蔵《とみくら》（TM）、光明池《こうみょういけ》（KM）、大野《おおの》池《いけ》（ON）、谷山《たにやま》池《いけ》（TN）の各地区に分けられ、それぞれの窯跡には記号と番号がつけられています。

須恵器の窯は、丘陵地の斜面に細長い溝を掘り、その上に粘土を貼りつけたドーム形の天井をかぶせた筒状をしており、窖窯と呼ばれる構造のものです。従来の野焼き（酸化《さんか》炎焼成《えんしょうせい》）の土器に比べ窖窯で還元炎焼成《かんげんえんしょうせい》された須恵器は硬質で水持ちもよく、大量生産が可能となりました。その種類も坏《つき》（蓋と身）、壺、甕、高坏、鉢、𤭯《はそう》、器台、硯《すずり》、蛸壺《たこつぼ》、陶棺など、供膳用から日常雑器までさまざまなものがあります。泉北での窯跡の調査と研究により、須恵器はⅠ型式からⅤ型式に分類され、さらに一〇年から二〇年刻みまで細分され、集落遺跡や古墳の年代を推定する物差しの役割を果たすようになりま

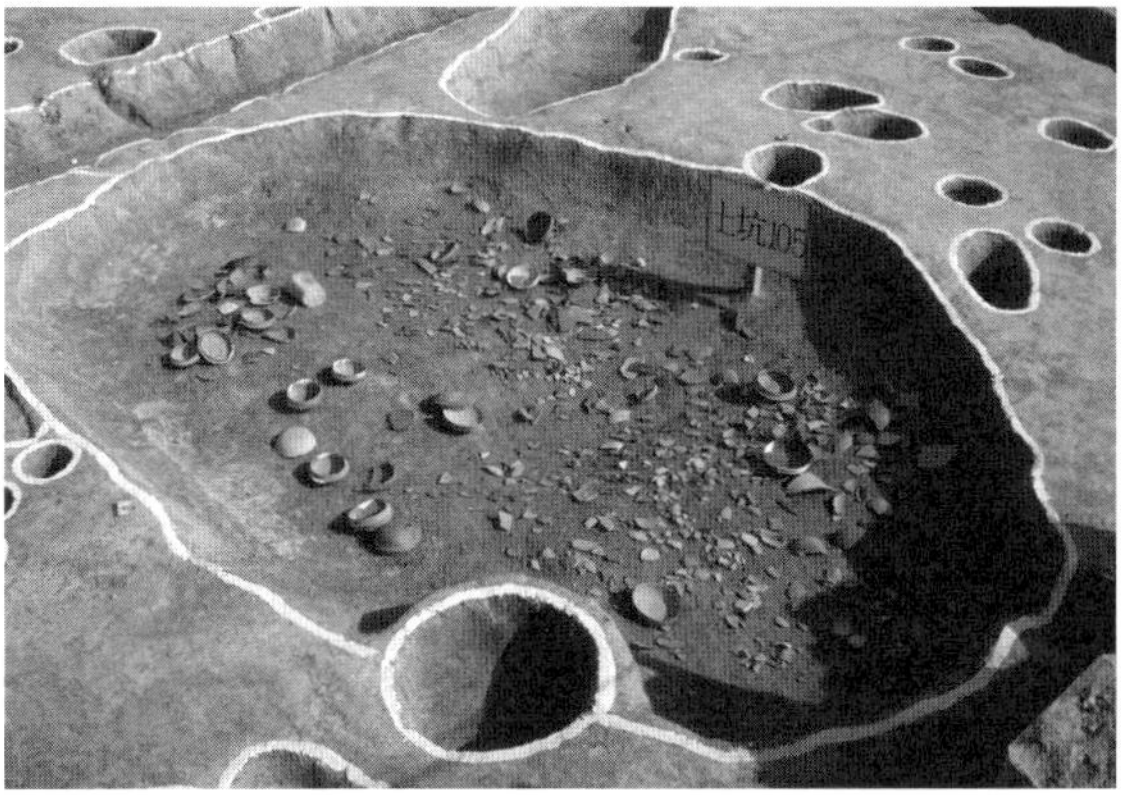

大庭寺遺跡の土坑

須恵器

𤭯　須恵器の一器形。球形に近い胴部に小孔があるのを特徴とし、口縁部が大きく開く形をしている。

した。須恵器生産は、古墳時代中期初頭（四世紀末頃）、朝鮮半島から渡来した人々によってはじめられ、以後平安時代（一〇世紀中葉）まで約五〇〇年あまりにわたりこの地で生産が続けられました。これまでわかっている最も古い窯跡は大庭寺《おばでら》遺跡のＴＧ２３１・２３２号窯とされています。

窯跡だけでなく泉北丘陵とその周辺には、粘土の採掘跡が見つかった丈六《じょうろく》遺跡をはじめ、須恵器生産に関わりの深い遺跡が数多くあります。消費地まで製品を運ぶには石津川の水運を利用したと考えられ、流域には辻之《つじの》遺跡、深田《ふかだ》遺跡など集荷と選別に関わった集落が存在します。陶器千塚《とうきせんづか》古墳群、檜尾塚原《ひのおつかはら》古墳群、万崎池《まんざきいけ》遺跡の**土坑墓**群などは須恵器工人やその関係者の墓と思われます。槇尾《まきお》川に面した和泉市の万町北《まんちょうきた》遺跡もまた製品の中継基地であり、溝、土塁、柵などで囲まれた建物群は、それらを取り仕切った首長の居館跡と推定されています（万町北遺跡以外はすべて堺市）。出土した須恵器二六〇〇点が国の重文に指定されましたが、国史跡の窯跡は皆無で、ＴＫ73号窯のみが大阪府史跡です。須恵器の一部は堺市博物館で見学できます。

6　大阪湾の海人

海上で行う漁撈活動は、陸上での農耕に比べ、それを実証する遺構は残るべくもありません。しかし、農業と並んで重要産業のひとつであった漁業を検討しないで、当時の生業のあり方を復元することはできません。遺構は残らなくても、漁撈活動を営んだ証として舟や釣針、錘《おもり》、ヤス、蛸壺などの漁具が遺跡から出土します。また魚骨、貝殻などの動物遺体も漁撈活動の証であり、製塩炉跡や製塩土器など、塩づくりの遺構、遺物も広い意味での漁業を示すものと言えます。

土坑墓　遺骸を埋葬するために地面に坑を掘って直接納めた墓。

塩づくりの遺跡

古代の塩づくりは海水を土器に入れ、煮詰めて塩の結晶を取り出すというきわめて原始的な方法で行われました。土器による塩づくりは西日本では備讃瀬戸《びさんせと》の児島《こじま》（岡山県）で弥生時代中期からはじまります。大阪湾に伝わるのは弥生時代後期になってからのことです。弥生時代後期から古墳時代中頃にかけて泉州各地の遺跡から塩づくりに用いられた土器（製塩土器）が出土します。現在の海岸線に近い貝塚市の脇浜《わきはま》遺跡や泉佐野市の湊《みなと》遺跡などは漁村であったと考えられ、製塩土器のほか、蛸壺や漁網の錘（土《ど》錘《すい》）が数多く出土しています。それ以外に海岸から数キロ離れた池上曽根遺跡や岸和田市の土《は》生《ぶ》遺跡など、農業が中心と思われる集落遺跡からも製塩土器が出土します。両者とも出土する量はさほど多くはありません。漁業や農業の片手間に塩づくりを行っていたようです。

古墳時代中期後半から後期前半になると、塩づくりは一部の地域に限定されるようになります。このころ泉州で最も盛んに塩づくりが行われたのは岬町の小島東《こじまひがし》遺跡です。発掘調査で、我が国最古の石敷製塩炉の跡とおびただしい製塩土器が発見されました。小島から加太にかけ

泉州の主な漁具出土遺跡

ての海岸沿いや紀淡《きたん》海峡に浮かぶ友ケ島《ともがしま》などでこのような製塩遺跡が点在します。平城宮跡《へいじょうきゅうせき》出土木簡《もっかん》には次のようなものがあります。

（表）□□国海部郡可太郷　戸主海部岩□□□
　御調塩二斗
（裏）天平□□□□□□□
（表）□部郡可太郷黒江里戸主神奴与止
　麻呂調塩三斗　神亀五年九月

小島東遺跡の石敷製塩炉

紀伊国海部《あまべ》郡可太郷《かだごう》（和歌山市加太～海南市黒江付近）から調《ちょう》として塩を出していたことが記されています。木簡は送付書で海部《あまべの》岩某と黒《くろ》江里《えのさと》戸主《こしゅ》神奴《かみやっこ》与止麻呂《よしまろ》という人が調（税）として塩を送ったという意味です（神亀《じんき》五年は西暦七二八年）。

　小島東遺跡では弥生時代後期から奈良時代まで土器による製塩が行われていました。古墳時代中期に製造量が爆発的に増加し、この頃は古代の産業革命期ともいわれ、須恵器生産もはじまります。製塩土器の形も脚台のついたものから薄手のコップ形のものに変化。この土器は須恵器をつくった工人の手により、他所から持ち込まれたものと考えられています。塩づくりの作業行程に分

小島東遺跡出土
上：脚台付製塩土器
下：コップ形製塩土器

業が持ち込まれ、泉州各地で行われていた塩づくりは、紀淡海峡周辺に限定されます。専業化のはじまりです。

岬町ではもう一箇所、製塩炉が見つかった遺跡があります。せんなん里海公園の進入路建設のために調査された山田海岸《やまだかいがん》遺跡です。炉が見つかったのは海岸に面した狭い谷筋であり、立地条件は小島東遺跡と似ています。ここでは奈良時代に製塩が盛んに行われていました。

小島東遺跡のほか泉州地域では七〇箇所近くの遺跡で製塩土器が出土しています。現在の海岸線からはかなり離れた位置にある遺跡もあります。しかし、現在の私たちよりはるかに海が近い存在であったことは容易に想像できます。今では埋め立てによって海岸に出ることもできないところが多いのですが、泉州の地形の多くは海岸に沿って砂丘があり、その背後は湿地です。その砂丘上や後背湿地の縁辺部に当時のムラが営まれています。人々は湿地から舟を出し外海へ乗り出して行ったことでしょう。

泉州の漁業集落と蛸壺

遺跡から出土する漁具のひとつに蛸壺があります。蛸壺には大きく分けてマダコ壺とイイダコ壺の二種類があります。双方ともコップの形をしたものと、それを逆に伏せた釣鐘の形をしたものがあります。泉州の沿岸部では、ほとんどの遺跡から蛸壺が出土します。

四ツ池遺跡は、蛸壺研究の発端となった遺跡であり、発見されたイイダコ壺は三〇〇〇を下らないと言われています。海岸線まで直線距離にして一キロメートル弱ですが、漁をするには石津川を利用して舟を漕ぎ出したものと思われます。

高石市の大園《おおぞの》遺跡は信太山丘陵から派生する段丘の先端に位置し、古墳時代の海岸線から一キロメートルあまり、国道二六号線と府

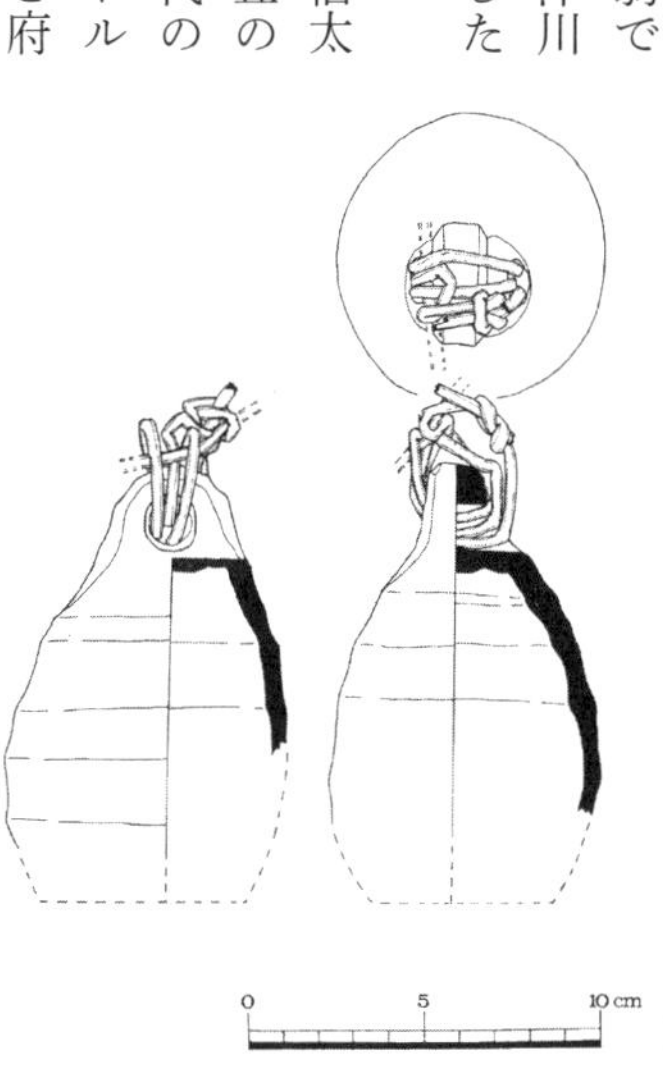

四ツ池遺跡出土釣鐘形蛸壺

道松原泉大津線（堺泉北有料道路、通称「百円高速」）の交わるところ（葛の葉北交差点）を中心に広がっています。

大園遺跡では五、六世紀の間に、二〇〇棟近い掘立柱建物が確認されていますが、延べ一〇〇〇棟を超える建物が建っていた可能性があります。大園遺跡からはイイダコ壺のほか土錘など、漁具が大量に出土しています。

『日本書紀』持統三年（六八九）八月丙申《ひのえさる》条に「河内国大鳥郡高脚海《たかしのうみ》に准じて、摂津国の武庫海《むこのうみ》一千歩《ちあし》、紀伊国阿提郡《あてのこおり》の那耆野《なきの》二万頃《ふたよろづしろ》、伊賀国伊賀郡の身野《むの》二万頃での漁猟を禁ず」という制が出されています。「高脚海」は万葉集や百人一首に歌われた高師浜《たかしのはま》のことです。「高脚海」は古くから皇室直属の漁場として禁漁区となっていたのです。

大園遺跡からは釣鐘形をした須恵器の蛸壺が数多く出土しています。釣鐘形の蛸壺は須恵器のものと土師器のものの二種類あります。須恵器は高級品で他の地域ではほとんどが土師器の製品ですが、泉北地域では須恵器のものが圧倒的に多く出土します。これは泉北丘陵一帯が一大須恵器生産地であったからです。

池上曽根遺跡では弥生時代中期からイイダコ壺が出土しますが、その数は二〇〇〇を超えます。脇浜遺跡では古墳時代後期の祭祀場と考えられる掘立柱建物が見つかっています。土錘、蛸壺、製塩土器などの漁業に関する遺物も多数出土し、なかでも蛸壺は一〇〇〇個近く出土しており、その種類も多岐にわたっています。湊遺跡でも蛸壺のほか製塩土器や土錘などが大量に出土し、ここも漁業集落であったようです。

一〇世紀頃の制度を記した『延喜式』には、和泉国網曳御厨《あびこのみくりや》から毎年タイやアジなどの魚を都に送っていたとの記載があります。御厨とは神の台所の意味で、神饌を調進する場所のことです。本来は屋舎《おくしゃ》を意味します。この網曳御厨は「脇浜から二色《にしき》の浜《はま》の海岸地帯であり、我孫《あびこの》公《きみ》が支配していた」と『貝塚市史』に書かれています。網曳とは地網を引く人民のことです。

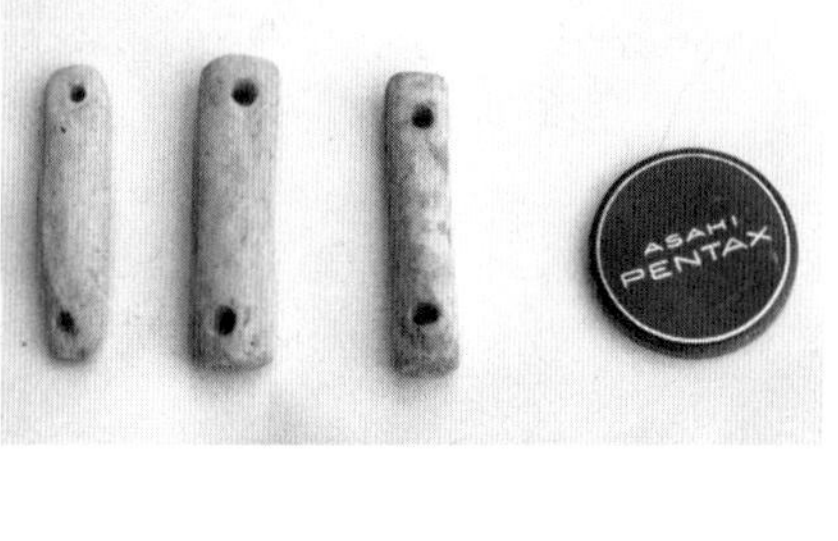

大園遺跡出土棒状土錘

脇浜遺跡の発掘では古墳時代から漁民が暮らしていたことが証明されました。我孫公の本拠は諸説あり、脇浜が網曳御厨であったかどうかはさておき、貝塚から泉佐野にかけての海岸地帯はかなり古くから漁業の盛んな地域であったことは間違いありません。

　そのほか大阪市の遠里小野遺跡、堺環濠都市遺跡、泉南市の男里《おのさと》遺跡、阪南市の田山《たやま》遺跡など大阪市から岬町にかけての大阪湾沿岸の遺跡では、蛸壺や製塩土器、各種漁具が普遍的に出土します。

チヌの海

　大阪湾は古くからチヌの海と呼ばれてきました。チヌとはクロダイのことです。大阪湾に生息しているからチヌと呼ばれているのか、チヌがたくさんいるから大阪湾のことをチヌの海と呼ぶのか、鶏と卵のような話ですが、チヌにはいろいろな漢字が当てられています。『古事記』や『日本書紀』には「血沼《ちぬ》の海」「茅渟《ちぬ》（智怒《ちぬ》）の山城水門《やまきのみなと》」。また『万葉集』には、

　妹《いも》がため　貝を拾ふと　千沼《ちぬ》の海《み》に
　濡れにし袖は　干せど乾かず
　　　　　巻七―一一四五

（思う人のためにチヌの海にきて貝を拾ったが、そのために濡れた衣がなかなか乾かない）

という歌もあります。河内や和泉の国と呼ばれる以前は和泉地域はチヌと呼ばれていました。『日本書紀』神武《じんむ》天皇条に「東征の途中先導役を務めた珍彦《うずひこ》という海人《あま》がおり、その功績で天皇より椎根津彦命《しいねつひこのみこと》（『古事記』では槁根津彦《さおねつひこ》）の名が与えられた」とあります。和泉地域に本拠地を置く古代氏族の珍努県主《ちぬのあがたぬし》（珍努は珍、血沼、茅渟とも）はその後裔といわれています。珍彦は国神《くにつかみ》と名乗り、瀬戸内一円を支配した神、別名を神知津彦命《かみしりつひこのみこと》、すなわち支配権を持つ王ということになっています。また椎根津彦命は椎の舵を持つ王という意味であり、この神が支配

していた瀬戸内海のうち特に大阪湾を、その神の名をとって「チヌの海」と呼ばれたとも言われています。

もとより『記・紀』の記述を信用するわけではありませんが、大阪湾沿岸には漁業や海上交通に長けた集団がいたということは先に挙げた数々の遺跡群がその証です。

7 キーワードは渡来人

百舌鳥古墳群を築いたのは誰か。主導権が大和から河内・和泉に移ったのはなぜか。そのキーワードは渡来人です。五世紀になると大阪市内やその周辺部の遺跡で韓式系土器の出土が増加します。これは冒頭にも記述しましたが高句麗が朝鮮半島を南下して、百済や加耶諸国を圧迫したことに起因します。韓式系土器の出土は、難を逃れた多くの渡来人が定住した証拠です。渡来人は我が国に最先端の土木技術や手工業生産の技術をもたらしました。河内平野の開発や、泉北丘陵での須恵器生産をはじめ、鉄製品の量産化と技術革新など、古代の産業革命を主導したのは渡来人です。百舌鳥・古市古墳群を造営した勢力は、この渡来人の力を背景に須恵器生

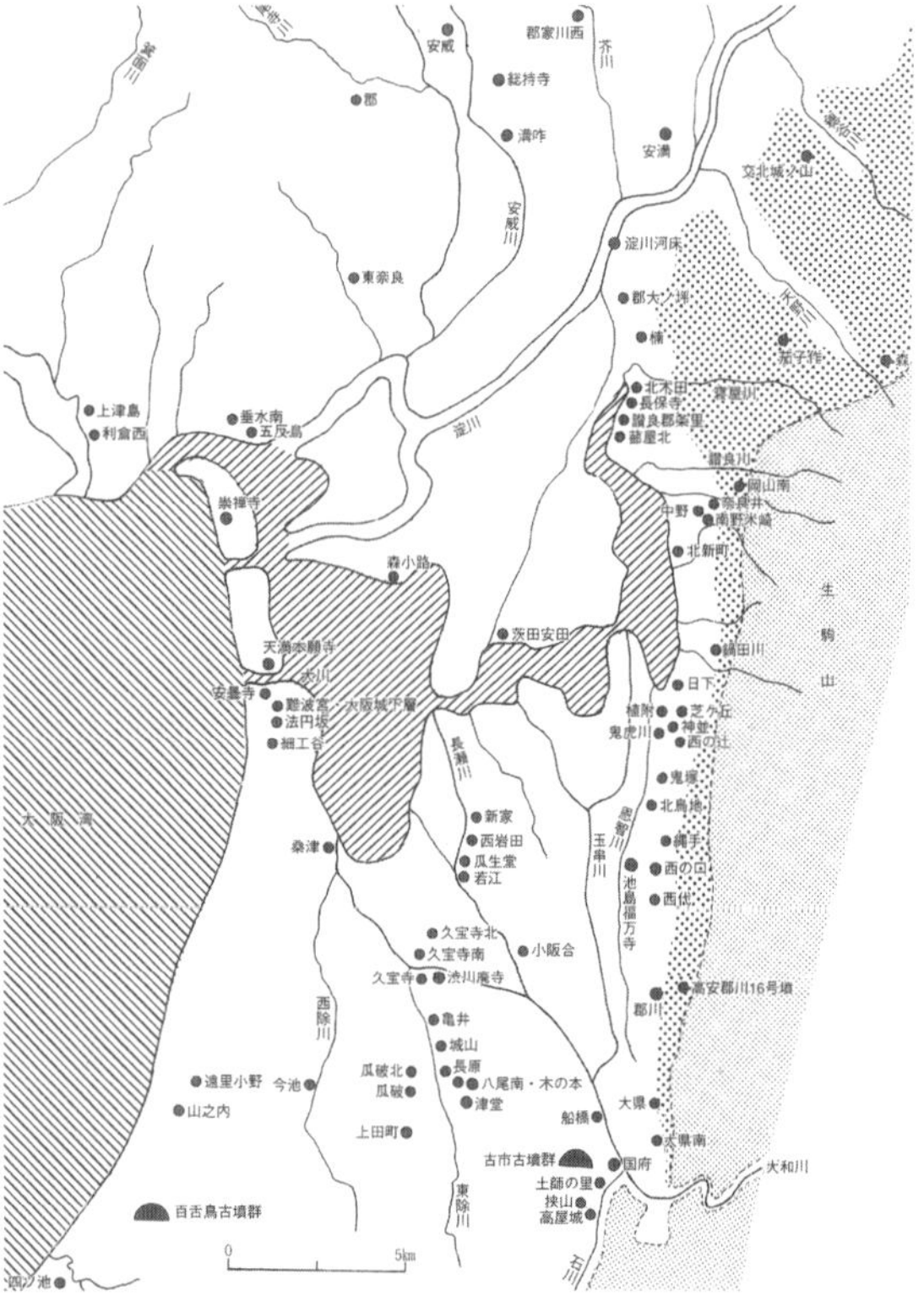

大阪府内の韓式系土器の分布

産や鉄の流通を掌握し大きな力を持つようになったものと思われます。大阪市の法円坂《ほうえんざか》遺跡の大倉庫群はその一端を示しています。

　百舌鳥・古市古墳群では大王墓が交互に築かれており、同一集団であるとの説もありますが、筆者は性格を異にする複数の集団がいたと考えます。百舌鳥古墳群を築いた集団のルーツは大阪湾から瀬戸内海を中心に軍事、交易に秀でた海人集団を率いた一族で、古市古墳群を築いたのは河内平野を開発した農耕集団の末裔ではないでしょうか。両者は早くから同盟関係を有しており、渡来人もまたそれぞれの配下にわかれて定着したものと考えられます。

法円坂遺跡の復元倉庫

　百舌鳥古墳群で最も早く築造されたのは乳岡古墳です。同じ砂堆上に長山古墳があります。最近の発掘調査で乳岡古墳と同時期に築造されたことや、特に大阪湾を意識してつくられていたことが明らかになりました。砂堆は北に延びて上町《うえまち》台地に続きます。上町台地上には大阪市の帝塚山《てづかやま》古墳を中心とする住吉《すみよし》古墳群があります。この中には現存する古墳のほか、墳丘長一三五メートルの大帝塚山《だいてづかやま》古墳、地積図や小字《こあざ》の地名から復元すると聖天山《しょうてんやま》古墳の南側丘陵に墳

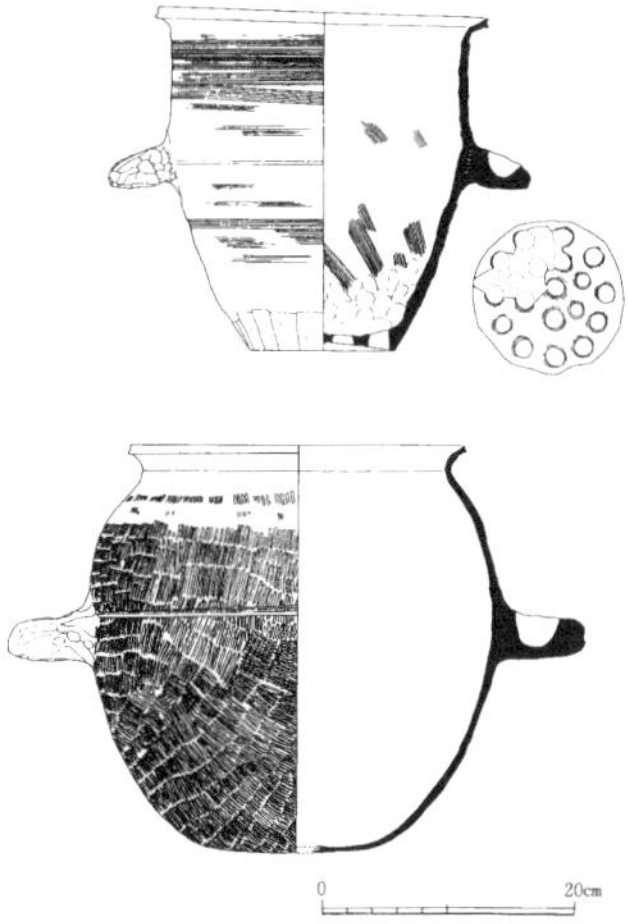

大庭寺遺跡出土韓式系土器
（上：甑、下：堝）

丘長一〇〇メートル以上の前方後円墳などが存在した可能性が推定されています。その北方には上之宮《うえのみや》古墳も存在。これらの古墳群は大阪湾を舞台に活躍していた海人集団の首長のものと思われます。上町台地西方は急崖になっていますが、古墳時代には住吉大社の南側は海岸が台地へ入り込む地形となっており、浅鹿の浦と同様、良好な港津として利用されていたことでしょう。

さらに上町台地の北端には長柄《ながら》古墳群、東方の河内平野に面したところでは、御勝山《おかちやま》古墳のある生野・田辺《たなべ》古墳群や瓜破《うりわり》・喜連《きれ》古墳群があります。近年の調査で明らかになってきた大阪市の長原《ながはら》古墳群などは河内平野の開発に携わってきた集団の墓です。これらの勢力が相互に連携し、百舌鳥・古市古墳群を築く大勢力に成長したものと考えられます。しかし、河内・和泉の勢力が実権を握ったからといって王朝交替が起こったとは考えられません。あくまでも連合政権の中の大王権を掌握したにすぎません。

8　宮殿をさがせ

群馬県の三《み》ツ寺I《でらいち》遺跡の発見により、各地で首長居館が相次いで見つかっています。それでは、ヤマト王権の中心地である宮殿はどこにあるのでしょうか。豪族の館と思われる遺跡は奈良盆地でも数箇所見つかっています。秋津《あきつ》遺跡は古墳時代前期（四世紀前半）を中心とする遺跡で、七箇所の方形区画施設があり、その中から**独立棟持柱**《どくりつむなもちばしら》を持つ掘立柱建物が多数存在します。これらは特別な祭儀を行う空間と考えられ、その南側に同時期の竪穴建物群があります。周辺は葛城氏の故地とされ、御所市の南郷《なんごう》遺跡群では五世紀前半の豪族居館をはじめ、武器生産を行った特殊工房、大型倉庫群、手工業生産に関する集落など中期中葉から末葉の遺跡が集中しています。

奈良盆地南東部の桜井市の脇本《わきもと》遺跡からは、古墳時代中期（五世紀後半）、後期（六世紀後

独立棟持柱　建物本体から飛び出して軒を受ける太い柱。この柱のある建物は掘立柱建物のなかでも特殊な構造を備えた建物で、神殿、祭祀に関わる施設、首長の居館とする見解もあるが、証拠はない。

半）、飛鳥時代（七世紀後半）の三時期にわたる大型掘立柱建物、柵、池状の遺構と石積の護岸（五世紀後半～六世紀後半）などが見つかっています。なかでも五世紀後半の建物と池は『日本書紀』に伝える雄略天皇の泊瀬《はせ》朝倉宮《あさくらのみや》との関連が注目されています。しかし、これらの遺跡は

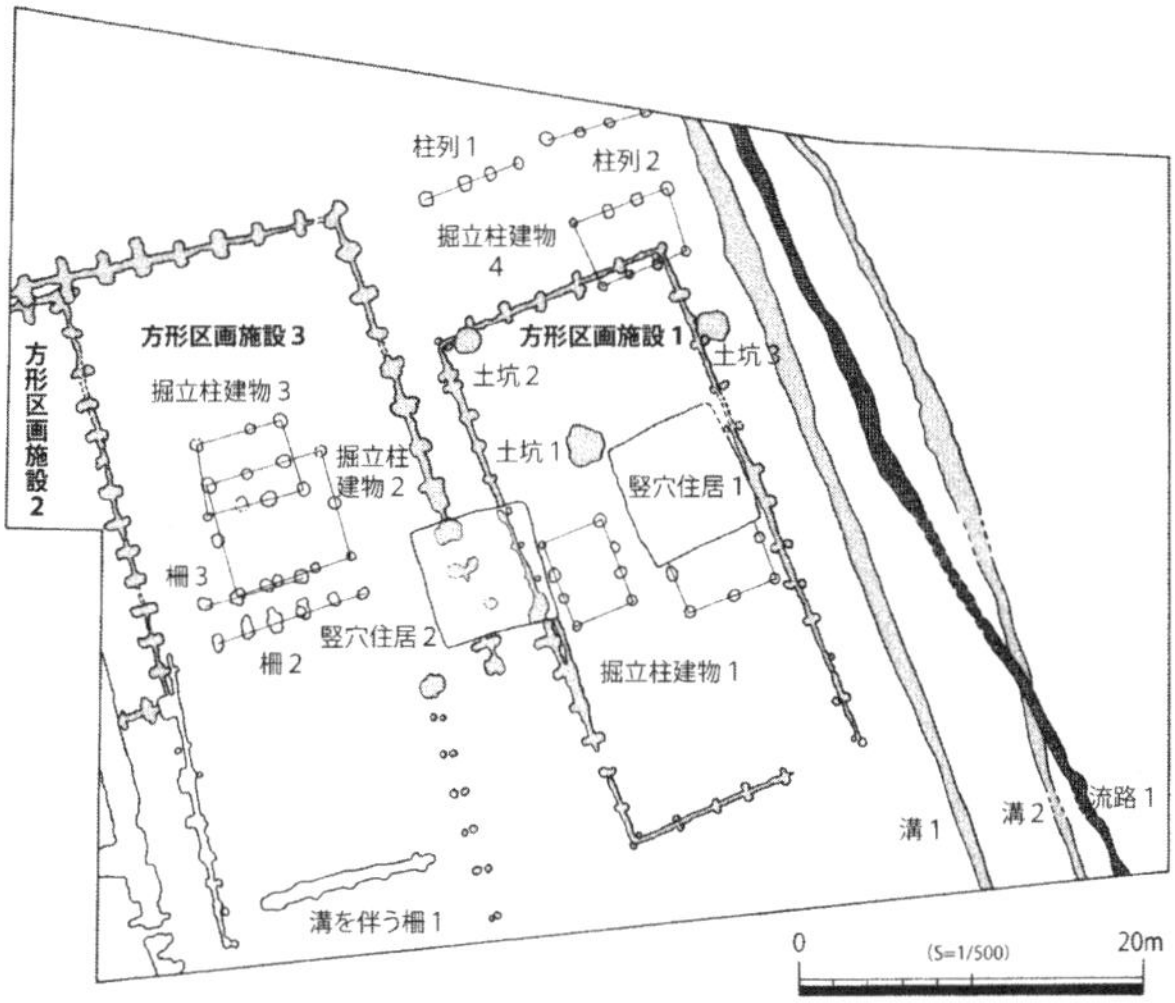

秋津遺跡の方形区画施設

極楽寺ヒビキ遺跡の大型掘立柱建物

脇本遺跡

今のところ大王の宮殿であったかどうかの確証がありません。

百舌鳥・古市古墳群周辺においては、残念ながら王宮と呼べるほどの大規模な首長居館はいまだ見つかっていません。百舌鳥古墳群の周囲には百舌鳥陵南遺跡や土師遺跡がありますが、これらの集落は古墳の造営や埴輪生産に関わった集団の工事現場のような性格のものと考えられます。しかし、ヤマト王権を主導するだけの勢力が存在したことは確実です。近年の発掘調査の進展によって、大阪各地で集落や生産遺跡が発見されています。王宮にふさわしい大規模な居館が見つかるのは時間の問題と思われますが、はたして当時、宮都とも呼べるような施設が存在したのでしょうか。『記・紀』には○○天皇○○宮などと記されていますが、確実に宮跡の存在がわかるのは飛鳥時代以後です。

スペイン、カスティーリャ女王イサベルⅠ世は当時（一五世紀）首都がなかったため、政治を行うのに転々と移動したと言われています。大王が滞在し、政治を行った場所が宮と伝承されたのかもしれません。

しかし、古墳はあくまでも出身勢力の拠点に築かれたと考えられます。『日本書紀』雄略九年（四六五）五月、朝鮮半島で死去した紀《きの》小弓宿禰《おゆみすくね》の墓が出身地に近い田身輪邑《たむわのむら》（岬町淡輪付近）に埋葬されたことや、継体二四年（五三〇）、対馬で病死した近江《おうみの》臣毛野《おみけの》は近江国に送葬された記事などが参考になります。

紀小弓宿禰の墓説がある淡輪ニサンザイ古墳

第3章 百舌鳥古墳群の破壊と保存運動

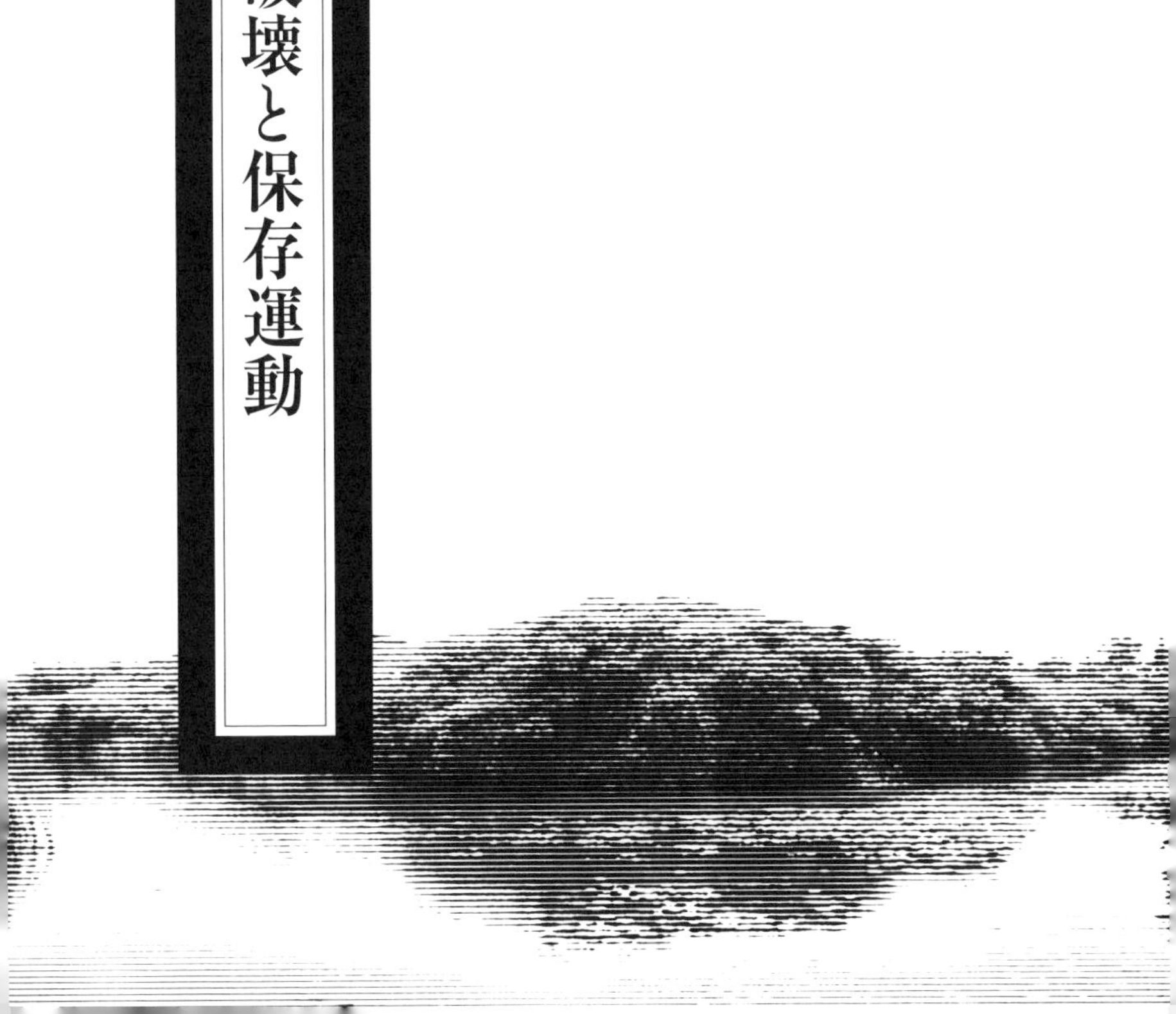

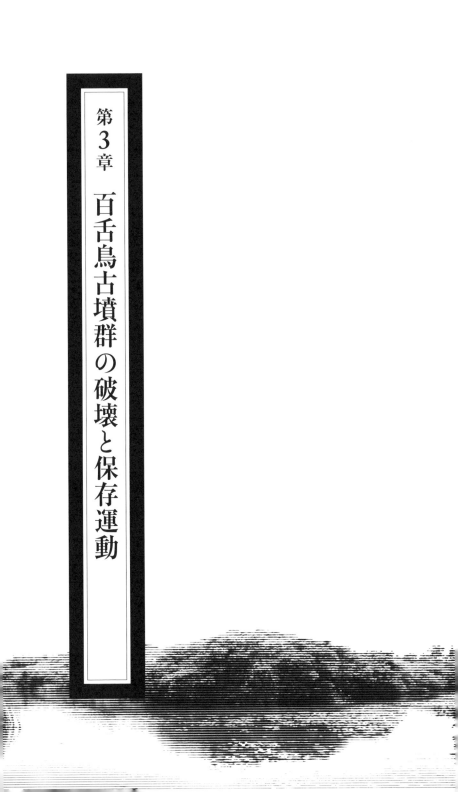

1　日本初の市民による文化財保存運動

いたすけ古墳は、戦後の宅地開発で風前の灯火であったものが、市民運動により、からくも守られました。大山古墳を筆頭に、巨大古墳がひしめく百舌鳥古墳群の中でも八番目に大きい、いたすけ古墳が、なぜ消滅の危機にあったのか。そのへんの事情から紹介していきましょう。

　第二次大戦後、戦災復興による開発で次々と古墳が破壊されていきました。墳丘の土は住宅の壁土に、削平して平らになった土地は住宅地にと、一石二鳥でもうかる古墳は格好の標的です。七観古墳、カトンボ山古墳などが相次いで破壊されていきました。一九四九年には墳丘長一六八メートルもある前方後円墳の大塚山古墳までが宅地開発のために破壊されました。当時、文化財保護法によって史跡に指定し、無断発掘を禁じても違反した場合の罰則が五〇〇〇円以下というわずかの科料でしかありません。一山から二〇〇〜七〇〇万円もの利益が上がるという現実の前には、手も足も出なかったのです。また史跡に指定すれば買い上げ費用が要ります。赤字で苦しむ自治体にはこのような予算がつく見通しはまったくありません。

　さらに悪いことには、大山古墳や石津ケ丘古墳など陵墓に指定されている古墳以外は、ほとんどが民有地で、所有していたのは旧家と呼ばれる地主階層です。彼らは戦後の農地改革で打撃を受け、やむなく古墳を開発業者に手放さざるをえなくなりました。いたすけ古墳を所有していた柴田辰之進氏は、当時東京女子大学の講師であった三笠宮殿下らとの座談会で「古墳など持っていても、固定資産税は年々高くなっていくし、財産税、相続税は容赦なく取られる。もし私が死んだら息子は相当額の相続税を負担しなければならない。文化財を保護していたばかりに、息子に負債を残すということになりかねない」「地元の人々の中には、私があんな古墳

破壊される
カトンボ山古墳

いたすけ古墳　当時の表記は「イタスケ古墳」となっているが、煩雑になるのでここでは「いたすけ古墳」と記す。

などを持っているから町が発展しない。お前は土地の開発を妨げる男だ、とまで言われている」と述べられています。

　いたすけ古墳に土砂運搬用の架橋工事が行われたのは一九五五年九月末です。一一月中旬には、第一期工事完了とともに住宅用地として造成することになっていました。それを目撃し、破壊の危機を察知した大阪在住の若い考古学研究者らが保存運動に立ち上がりました。そこには「いたすけが守れないなら百舌鳥古墳群で残る前方後円墳は、宮内庁の管理する『陵墓』か『参考地』だけ」という危機感がみなぎっていました。彼らの訴えが功を奏して、一〇月下旬から各新聞がいたすけ古墳の危機をいっせいに報道しました。一〇月二九、三〇日、橿原市で開かれた日本考古学協会秋季総会で、森浩一氏はこの状況を報告します。同協会は、史跡に仮指定するよう文部省（当時）、文化財保護委員会、大阪府教育委員会に要請する決議を採択し、同日京都で開かれた日本史研究会一〇周年大会でも同様の決議が行われました。また三〇日、橿原市で開催された**青年考古学協議会**全国集会で、「いたすけ対策委員会」を結成して保存運動に取り組むことを決定します。その他、京大史学研究会、地方史研究協議会など考古・歴史関係諸団体も相次いで保存の決議を上げました。

　教職員の労働組合がこれに応え、一一月三日、

売られたイタスケ古墳
くずされて住宅敷地化のおそれ
史跡指定叫ぶ学界
買い戻しに募金運動も
問題のイタスケ古墳、橋はもう完成に近い＝大阪電送

1955年11月11日
東京毎日新聞夕刊

青年考古学協議会　各大学の若い考古学者や高校教論などで組織。略称「青考協」。

大阪府立高校教職員組合中央委員会はいたすけ保存決議とともに、三〇万円を目標に買い上げ資金カンパに取り組むことを決定します。大阪教職員組合も同月八日、中央委員会で二万五〇〇〇人の組合員に対し、一人一〇円の資金カンパと民族文化財保護のための宣伝活動を行うことなどを決議します。運動はさらに教育委員会や市議会、ＰＴＡ、婦人団体をはじめとした各種団体、小・中・高校の生徒会など、全市民的な運動に発展し、各方面から資金カンパも寄せられるようになりました。「破壊寸前の危機にあるいたすけ古墳の現状を知ってじっとしておれない」と一〇万円を寄付する土建業者も現れ、マスコミ各社は連日のようにキャンペーンを繰り返しました。

一一月一四日、世論の声に押され大阪府教育委員会で臨時委員会が開かれ、**史跡の仮指定**を決定します。いたすけ古墳を守る運動は一歩前進しましたが、所有者との買収交渉や買い上げ費用の国、府、市の負担割合、その財源の捻出など、まだまだ解決しなければならない問題が残されていました。

同一六日、三笠宮殿下が来阪し、いたすけ古墳や大塚山古墳跡などを視察した後、堺市役所で開かれた古墳保護懇談会や、朝日新聞大阪本社で開かれた「いたすけ古墳を護る講演と映画の会」に出席します。同日、大原総一郎倉敷レイヨン社長といたすけ古墳の旧所有者柴田辰之進氏とともに「いたすけ古墳をめぐる座談会」にも出席、「仁徳陵や履中陵など大きな古墳だけを残しておけばいいということではなく、小さな古墳も含め百舌鳥古墳群全体をとらえていかなければならない」と強調されました。

一二月一二日、堺市は、いたすけ古墳を四〇〇万円で買収する方針を決定し、一九日には所有権移転登記を完了します。後に二五〇万円を国の補助金で、残りの一五〇万円については大阪府と堺市で折半することが決められました。しかし市も財政難の折から、資金カンパは引き続き推進し、関係団体に協力を求めていくこと

史跡の仮指定　文化財保護委員会による本指定を前提に、緊急に保護しないと壊れてしまうような時に行う行為で、現状変更などは禁止される。

になりました。一九五六年二月現在、**総計五〇万円あまり**。集まった資金は今後の維持管理費にあてられることになりました。翌一九五六年三月二七日、文化財保護委員会がいたすけ古墳の史跡指定を決定します。同年一一月、堺市より史跡公園化の計画が出され、いたすけ古墳の問題は一応の決着をみるに至りました。

2　その後のいたすけ古墳

いたすけ古墳の墳丘は、終戦直後には竹が繁茂し、樹木は後円部や墳丘の所々に生えていたようです。史跡指定とともに、竹の根は墳丘を傷めるということで伐採され、その後墳丘整備の具体的な施策もないまま丸裸で放置されていました。現在、後円部には再び竹が繁茂し、墳丘の水際は雑木が茂ってきています。堀はフェンスで囲われ、前方部と後円部の一部では民家が建て込んでおり、堤を一周することはできません。古墳の北側はいたすけ公園となっており、堤上に桜が植えられ、遊具などが置かれています。石碑と解説板が建てられていますが、今はない播磨塚古墳があったのは、この石碑のあるあたりです。南側くびれ部付近には今も当時を偲ばす崩れかけた橋の残骸があります。

日本におけるナショナルトラスト運動の第一号とも言われるいたすけ古墳。市民レベルの保存運動で古墳は残されましたが、その精神が十分生かされているとは考えられない出来事がありました。保存運動から三年経過した一九五八年一一月八日付け新聞各紙は「死に金、丸三年金庫で眠る」、「三年間放りっぱなし、眠っていた寄金三〇万円」などの見出しで報道します。その後、一九六七年、堺市教育委員会からの申し入れにより、当時の関係者が招集され、カンパされた買い上げ資金（利息ともで約三七万円）の有効な使途について協議が持たれました。市から環境整備に使いたいと申し入れがあり、有効利用の使途が決まったにもかかわらず、募金

総計五〇万円あまり　各新聞報道によっては四八万六〇〇〇円～六〇万円までの開きがある。

いたすけ古墳（1984年）

を堺市へ移管する手続きもされず、約束した整備事業は行われませんでした。その上、一九八七年五月八日、三〇年間も放置したまま元利合せて六三万五六三五円の銀行口座を解約し、市の雑収入として一般会計に繰り入れられてしまいました。この間保存運動関係者にはいっさい説明もされなかったとのことです。この金額は集められた当時の価値からすると相当な金額になります。このことが一九八九年二月一日、毎日新聞によって報道され、一般に周知されるところとなりました。いたすけ古墳の保存運動を継承し、当時の関係者が参加している「関西文化財保存協議会（略称「関文協」）」や「泉文連」は、堺市が募金総額の現状復帰の財政措置をとることと、募金の趣旨を生かし、いたすけ古墳の保存整備に有効な使途を市が保存運動団体と協議するよう要望しました。これに対し当時の堺市社会教育課長は「将来いたすけ古墳に関して支出が必要な事態になったときには、市財政から支出する」と確約し今日に至っています。

土取工事を行うために架けられた橋は、造出しのつけ根に架かっていて、取り壊すと墳丘を傷つけるため放置されていましたが、堺市は橋が老朽化して危険だという理由で、一九八二年度予算に取り壊しの費用を計上しました。泉文連や堺市教職員組合が戦後文化財行政の「証人」として保存を要望します。文全協も一九八二年六月六日、第一三回九州大会で「いたすけ古墳の堀にかかる橋の残骸は、今では素晴らしい文化財として誰一人疑うこともない。この古墳をいとも簡単に破壊しようとした愚かしい行為のあったことを示す証であるだけでなく、保存のために立ち上がった市民や研究者と、その要望に応え積極的に対処した行政の姿勢を物語る、いわば文化財保存運動の歴史と精神の原点であり、記念碑であるといえましょう」と決議を上げ、堺市に保存するよう要望します。その後、橋は朽ちるにまかせ、今では狸の一家のお立ち台のようになっています。保存運動に奔走した宮川徏氏はこの橋を文化財保存運動の「原爆ドーム」であると語っています。

いたすけ古墳が問題になったとき、各地の古墳や遺跡の保存問題がにわかにクローズアップされ、いたすけの波及効果で郷土の文化財の見直しが進み、保存されることになった文化財も出てきました。いたすけ古墳を守る力となった関西の若手研究者が中心となり、危機に瀕していた百舌鳥古墳群をはじめ関西各地の古墳を守るため、「関西古墳を護る会」を結成します。そして一九六二年に平城宮跡内に近鉄の検車区建設問題が起こった際、保存運動の中心部隊となり、関文協に組織を発展させました。関東では千葉県の加曽利《かそり》貝塚の保存運動をきっかけに、「文化財保護対策協議会（略称「文対協」）」が結成され、この二つの組織が基礎になって文化財を守る全国組織、文全協へと発展していく力となりました。文全協は結成以来、全国の文化財保存運動のナショナルセンターとして各地の保存運動を支え続けています。一九九五年五月一三～一五日にかけて、いたすけ古墳保存五〇周年を記念して、文全協堺大会が開かれ、百舌鳥・古市古墳群の見学会と「巨大古墳と民衆」のテーマで講演会、シンポジウムが開催されました。その記録は文全協編「明日への文化財」五五号に詳しく掲載されています。

3　ニサンザイ古墳周堀の埋め立て

ニサンザイ古墳後円部の内堀は盾形のきれいなカーブを描いているように見えます。しかしこれは近年、堤を不法に拡張したもので本来の姿ではありません。一九七五年一一月一五日、堺市農業協同組合会館において「イタスケ古墳史跡指定二〇周年記念・百舌鳥古墳群を学ぶ市民の集い」が泉文連主催で行われ、市民ら約三五〇人が集まりました。挨拶に立った堺市教育委員会の代表は「百舌鳥古墳群をはじめ市内の文化財保護に一層努力する」ことを表明しますが、同じ頃、ニサンザイ古墳の内堀を広範囲に埋める突貫工事が堺市公園部の事業として無届けで進められていたのです。理由は、堀の水によって浸食された部分を旧にし、そこに遊歩道をつくるということでした。

この不祥事をマスコミ各社がいっせいに報道します。同二一日、泉文連、関文協、古代学研究会、考古学研究会、池四協が連盟で、現状復帰など緊急保存の要望書を提出します。いったんは工事を中止し現状復帰を行うことが文化庁、大阪府、堺市、地元町会の間で確認されました。しかし翌一九七六年四月、堀際から五～一〇メートルほど内側にコンクリートの基礎を築き工事が再開されているのが発覚します。大阪府、堺市は再三の保存要望に、表向きは「現状復帰」の姿勢を見せながら、幅三メートルの遊歩道設置の話が地元との間で進められていたのです。しかもそれ以上の幅で埋め立てが行われていました。遊歩道とは名ばかりで墓地の敷地で行き止まりになっています。事の真相は後円部前面の外堤上にある墓地を拡張し、分譲売買することにありました。

後円部北側の外堤工事の様子

この事件の背景には墳丘だけが宮内庁で、その外側は堺市と民有地という管理のあり方に加え、市は地元に対して堀、堤、周庭帯を含めた古墳全域の重要性について十分説明してこなかったことにあります。堺市は一九七〇年に周堀（内堀）部分の史跡指定申請をしましたが、宮内庁管理の墳丘部分を除いて堀だけでは実現しなかった経過があります。市は堀の価値と重要性を認識していたにもかかわらず、地元の人は「堀が文化財としてどのように重要かが知らされていなかった」と泉文連との懇談会の場で発言しています。この問題をきっかけに、考古学・歴史関係学会が連合して陵墓古墳の文化財としての保存と、学術資料としての公開を求める運動がはじまります。

造成された墓地の区画

4　百舌鳥古墳群を守る会と博物館建設問題

ニサンザイ古墳の堀が再び埋められていた一九七六年七月三日、「百舌鳥古墳群を学ぶ集い」で、破壊が進む古墳群を守るため「百舌鳥古墳群を守る会」が結成されました。いたすけ古墳を破壊から守った市民運動は、その後の全国の文化財保存運動に大きな影響を与えました。しかし、今日、遺跡や古墳を「点」として見ていたのでは限界があり「面」としてとらえる必要に迫られてきました。守る会を結成した目的は、宮内庁の「整備」工事や土地開発などで急速に進む破壊の危機から古墳群を自然環境と一体のものとして広く保護し、末永く積極的に活用される創意に満ちた保存ができることを願ってのことです。

堺市博物館の建設地（百舌鳥夕雲町遺跡）は、百舌鳥古墳群の中心部分にあたり、歴史的風土や景観の保存が最も望まれる一角です。建設予定地の試掘調査では五世紀と考えられる祭祀遺構が発見され、滑石製有孔円板《かっせきせいゆうこうえんばん》や土師器高坏などが出土しています。百舌鳥古墳群の成立を解明していく重要な遺跡であり、大山古墳との関連を考えていくためにも、多くの示唆を持つものであることがわかりました。また古墳群成立以前、成立後の自然景観や地形、植物相を立体的に把握する手がかりをも持っています。そのため、百舌鳥古墳群を守る会や考古学研究会は、一九七八年一〇月、博物館建設が祭祀遺構を破壊し歴史的景観や風土を破壊するとして、「考古学だけでなく自然科学者の協力も得て総合的な学術調査として十分な期間を取り慎重に行うとともに常時公開を原則とすること」「本調査の結果によっては自然地形も含め遺構の完全保存も考慮して設計変更を行うこと」などを要望しました。しかし、建設計画は変更されず、現在地

大山古墳を学ぶつどいで博物館建設予定地を見学する参加者

に堺市博物館が予定通り建設されました。

なお、博物館のある大仙公園は都市公園として整備されたため、点在する古墳の整備は墳丘などの旧の形を十分考慮することなく復元されています。大仙公園は「日本の歴史公園一〇〇選」にも選ばれており、堺市は順次古墳の再調査を行っています。調査結果に基づいて早急に旧の姿に復元され、名実ともに「日本を代表する歴史公園」となるよう期待したいと思います。

5　陵墓公開運動と世界遺産

「陵墓」とは

宮内庁では、天皇・皇后・太皇太后および皇太后の墓を「陵」、その他の皇族の墓を「墓」としています。さらに天皇や皇族の墓かもしれないものは「陵墓参考地」と呼ばれています。これ以外に宮内庁の管理しているものに「陪冢《ばいちょう》（陪塚と同意）」「分骨所《ぶんこつしょ》」「火葬塚《かそうづか》」「灰塚《はいづか》」「髪《はっ》歯《し》爪塔《そうとう》」というものもありますが、話がややこしくなるので説明は省きます（ここでは一括して「陵墓等」と略す）。陪冢のなかには羽曳野市の墓山《はかやま》古墳のように墳丘長二二五メートルもあり、明らかに陪塚でない前方後円墳も含まれています。また、大山古墳の項で触れましたが、地権者の都合で陪塚の位置にあっても指定されていないものもあります。

百舌鳥古墳群の中で、墳丘長一〇〇メートルを超える前方後円墳は現存するもので九基ありますが、そのほとんどが陵墓等に指定され、宮内庁の管理となっています。陵墓等には研究者といえども容易に立ち入ることができません。最近、古墳の外形はどのように設計されたかの研究が進んでいますが、宮内庁による測量図などの間接的な資料に頼らざるを得ず、実際に現地で墳丘の規模や形状などを検証することが困難です。全国的に見ても日本古代国家成立過程を解明する重要な鍵を握る巨大前方後円墳のほとんどが陵墓等に指定され、学術的な調査ができません。

　ではなぜ研究者でも入れないのか。学会代表の質問に、宮内庁はこう答えています。「文化的なものではありますが、ご子孫が現にお祀を続けておられるのですから、ご陵墓は文化財ではございません」。要するに文化財ではなく、天皇家という個人（？）の墓であるというのです。そのため考古学の研究者ですら、立ち入りをかたくなに拒否しています。大山古墳をはじめ、陵墓等に指定されている古墳は文化財保護法の摘要を受けていないのです。

　これらの古墳は本当に天皇家の祖先の墓なのでしょうか。現在のように柵で囲われ、拝所が設けられたのは幕末の頃です。勤王思想の高揚を受け一八六二年から一八六五年まで宇都宮藩を中心に行われた文久の修陵事業によります。当時はすでに誰の墓かはほとんどわからなくなっていました。○○天皇陵などと決められたのはそれ以降であり、科学的な根拠はまったくありません。古墳時代の陵墓で、ほぼ確実といえるのは天武・持統合葬陵の野口王墓古墳くらいのもの。それも鎌倉時代の盗掘の記録『阿不幾《あおき》乃山陵記《のさんりょうき》』があったからです。宮内庁が自信を持って確実に皇族の墓と断定できるのならば、参考地などは不要のはず。

　また宮内庁が陵墓等として管理している古墳の指定範囲はまちまちで、古墳全域を網羅しているものではありません。津堂城山古墳や見瀬（五条野）丸山古墳などは前方後円墳の後円部の一部、ニサンザイ古墳は墳丘裾部までであり、まわりの堀や堤は指定外となっています。誉田山古墳など陵墓指定の外側を国史跡として保存が図られている古墳もありますが、それでも古墳全域が保護されているわけではありません。本書で前章までの各古墳概説で見てきたとおり、陵墓や史跡の範囲外はその線引きによってかえって宅地開発などの破壊が進行しています。周知の遺跡といえども開発を止める手だてはなく、一般の人にはフェンスの外側は古墳（文化財）

ではないと思うのが当然でしょう。

陵墓公開運動

歴史関係学会による陵墓公開運動は一九七六年五月、一〇学会による『「陵墓」の公開を要求する」声明からはじまります。その声明は、宮内庁と文化庁（当時）に対し、①外域を含めた陵墓の完全指定、②陵墓管理の文化庁への移管、③陵墓関連資料の公開と陵墓の学術調査の許可、国民の陵墓への立ち入り、④陵墓周辺の古墳、遺跡の保護対策、を要望します。ただし、学術調査といってもただちに陵墓の発掘を要求しているものではありません。

翌一九七七年、宮内庁と学会側は、はじめての陵墓懇談会を開催します。一九七九年からは陵墓の限定公開がはじまりました。対象は歴史学研究者に限定され、立ち入りできるのは外周部までです。これとは別に二〇〇五年に学会側が大山古墳など具体的に一一箇所の陵墓等を挙げて立ち入り観察を要望します。宮内庁はこれに応えて二〇〇八年、陵墓関係学会の要望に対し、五社神古墳の立ち入り観察（各学・協会一人当たりの一六名限定）を許可します。こうして墳丘の中に入れるようになりましたが、その

第２回陵墓限定公開（田出井山古墳）

範囲は第一段平坦面をただ歩くだけのものであり、落ち葉すら拾ったり動かしてはいけないという厳しい制約があります。それでも現在の測量図の精度では墳丘の微妙な変化が等高線に反映していないことや、墳丘裾の外側に円筒埴輪列があることが確認され、今まで知られていなかったことがわかりました。また古墳の築造時期がそれまで考えられていたよりも新しくなる可能性が高いという成果もありました。

世界遺産登録と残された課題

百舌鳥・古市古墳群は、二〇一九年七月に世界遺産に登録されました。世界遺産に登録されたことは喜ばしいことですが、課題も残されています。

その一つ目は各古墳の名称です。世界遺産登録名称では「仁徳天皇陵古墳」などとなっていますが、被葬者が特定されているわけではないことは、今まで記してきたとおりです。また、仁徳天皇陵と呼ばれてきた古墳との意味合いもあるとのことですが、近世以前の地誌や絵図では「大山陵」や「大仙陵」となっており、「仁徳天皇陵」と記載されたものは見当たりません。この名称のままでは、世界中の人々には仁徳天皇の墓として定着することになります。二つ目に、代表的な古墳のほとんどが陵墓等に指定され非公開であることです。見学も研究もできない世界遺産となっています。三つ目に、古墳全域が完全に残っているものは皆無であることです。また一重目の堤まで住宅地などが建て込んで、堤のまわりを一周することができる大型の前方後円墳はありません。最近の調査では二重目の堀が見つかっている古墳も多くあります。バッファゾーンを視野に入れた都市計画の見直しが必要でしょう。もうひとつ重要なことは、主要前方後円墳である乳岡古墳や藤井寺市の野中宮山古墳が除外されていることです。

世界遺産は登録された後、将来にわたって継承していくために、推薦時点で国内法などによってすでに保護や管理の枠組みが策定されていることが条件のひとつです。我が国では文化財保護法による史跡指定が最良の方法と思われます。しかし、陵墓は「皇室典範」や「国有財産法」「宮内庁法」によって適切に管理されているので、史跡指定しなくても問題がないとされています。陵墓は文化財保護法による「周知の埋蔵文化財包蔵地」にすぎません。周知の埋蔵文化財包蔵地というのは、遺跡が埋まっている土地のことであり、開発にあたって届け出が必要ですが、遺跡を法的に保護しているとはとても言えません。世界遺産の範囲は「現行の陵墓地」「史跡地」「現状の史跡指定予定範囲」に限られています。したがって、御廟山古墳やニサンザイ古墳は内堀までが世界遺産で、外堤や二重目の堀は含まれていません。

陵墓関係学会は二〇一三年一〇月一日、陵墓の史跡指定などの適切な方法を駆使して実効ある保護策を国を挙げて早急に講じるとともに、陵墓古墳の一層の公開を進めるよう、「陵墓古墳の保護対策強化についての要望書」を、宮内庁および文化庁に提出しました。陵墓を即、史跡にできないなら、少なくとも陵墓参考地はただちに史跡に指定するべきだと考えます。宮内庁書陵部は二〇一三年七月に行われた同学会との懇談会の席上、「地元からの求めがあれば、史跡指定も可能で、実際、陵墓参考地と史跡の二重指定をしている例もある」と話していました。

世界遺産登録後の二〇一九年七月二三日、陵墓関係学会は世界遺産の十分な保存・管理と地域や社会への公開を原則とした活用と、学術的な観点にもとづく名称の併記を求めて、「百舌鳥・古市古墳群の世界文化遺産登録決定に関する見解」を発表しました。

堤上に建てられた住宅（ニサンザイ古墳）

6　百舌鳥古墳群を学ぶ子供たち

大山古墳をつくってみる

百舌鳥古墳群について学ぶ子供たちの話題をいくつか紹介しましょう。泉州地域の自然や歴史を学ぶ小中学生のグループ「いずみの自然と歴史を学ぶ友の会」が、一九八二年一月二四日、堺市の福泉上《ふくいずみかみ》小学校の校庭に大山古墳の地割り図を描きました。ただし、大山古墳は大きすぎて適当な場所が見あたらないため、実際はその八分の一（面積では六四分の一）のものです。

地元で古墳の築造企画の研究をしている宮川徏氏の指導で、中学生と教師、一般市民ら七〇名が参加しました。宮川氏は、前方後円墳の築造に用いられた基準寸法は人間が両手をいっぱいに広げた長さ＝尋《ひろ》（約一六二センチ）であると考察しています。測量に使ったのは、この尋棒と細紐と縄のみの簡単なものです。まず道具づくりからはじまりました。尋棒《ひろぼう》は物差しになるため、塗料で目盛りを刻み、細紐をグランドいっぱいに引っ張って古墳の主軸をつくりました。その線上の一点を後円部の中心と決め、紐をコンパスにして円を描いた後、尋棒をもとに割り出した一区ずつを目盛った縄で主軸を分割しました。縄でつくった三角定規（三対四対五の比率にして作成）を使って主軸と直角の横軸を引きました。硬い紐でも長く張ると伸び縮みが激しいため、完成まで五

校庭いっぱいに描いた大山古墳の設計図

時間の悪戦苦闘が続きました。

この取り組みは、ＮＨＫテレビ「歴史推理・巨大古墳」で放映されることになりました。参加した中学生たちは、「あらためて古代人の実力を再認識し、遺跡を大切にという気持ちになった」と感想を述べています。

二〇一二年一二月一七日、三〇年ぶりに今度はコナベ古墳の地割り図を描きました。といっても、かつての子供たちではなく「奈良市民ネットワーク」のメンバーです。場所はコナベ古墳に隣接した奈良市立一条《いちじょう》高校のグランドで、指導はもちろん宮川氏です。同校の生徒たちもそれに加わり、五時間かけてほぼその輪郭ができあがりました。最初は要領がわからず、ためらいがちだった生徒たちも、スムーズに曲線が引けるようになると、あちこちで歓声が上がっていました。描いたのは実物の二分の一でしたが、グランドいっぱいに広がった完成図に、生徒たちは改めてコナベ古墳の壮大さを実感したようでした。

郷土クラブの古墳調査

堺市立旭中学校郷土クラブの子供たちは、一九七三年から百舌鳥古墳群はどうなっているかを調べるため古墳めぐりをはじめました。『堺市における埋蔵文化財包蔵地の現状』（堺市教育委員会）を唯一の手がかりに、徒歩や自転車で古墳を探求し、この調査では記載されている古墳のうち三分の一しか形をとどめていないことがわかりました。この時の調査は『百舌鳥古墳群の現状１９７３年〜１９７４年』としてまとめられています。その後、戦後破壊され前方部の一部がわずかに残っていた大塚山古墳が宅地造成のため完全に消滅したのをきっかけに、堺市立陵南中学校郷土部の部員が、現存している古墳を記録に残そうと、改めて古墳群全体の調査をはじめました。生徒たちは夏休みや土曜、日曜日を利用して、古墳の

測量用の道具づくり

形状、管理状態、周辺の環境などを細かく調査し『百舌鳥古墳群の現状Ⅱ』として発刊します。さらに陵南中学校から分離した深井中央中学校郷土部と共同で調査研究が進められ、その成果は『百舌鳥古墳群』（一九九三年）に詳しく書かれています。

調査を行った子供たちは、「この古墳調査を通じて、古墳破壊が進んでいることを痛いほど感じた」「昔の人が一生懸命にしてつくった古墳、つい最近まで、昔の人はちゃんと守ってきたのに、どうして保存ができないかと思う」「墳丘は残っていても形が変えられてしまったものや、ゴミだらけのものなど、古墳とはとても思えないものがたくさんあります。どんなに小さな古墳でも、もっと大切に管理していくべきではないでしょうか」「大きい古墳や有名な古墳だけを保護するのでなく小さい古墳も保護するべきと思います」「ここに古墳があるかぎりは、古墳を中心としたまちづくりをしていかなければならない」「僕たちは、この多くの古墳を保存し、子孫にこういう遺跡があるのだということを伝えて行かなければならない」などと、古墳破壊の現状を見て保存の大切さを学んでいく様子がうかがえます。

一連の調査を指導してきた大西（現・樽野）美千代教諭は「(古墳群の）なんと全体の三分の一しか形をとどめていないのだということがわかってきました。その形のとどめ方も十分なものとはいえません。とりあえず現状のまま守っていかないといけない。古墳を残して守るためには国や府、市が買い上げること。同時に、それぞれの古墳がどれだけ大切か知らせていかないといけない」と語っています。

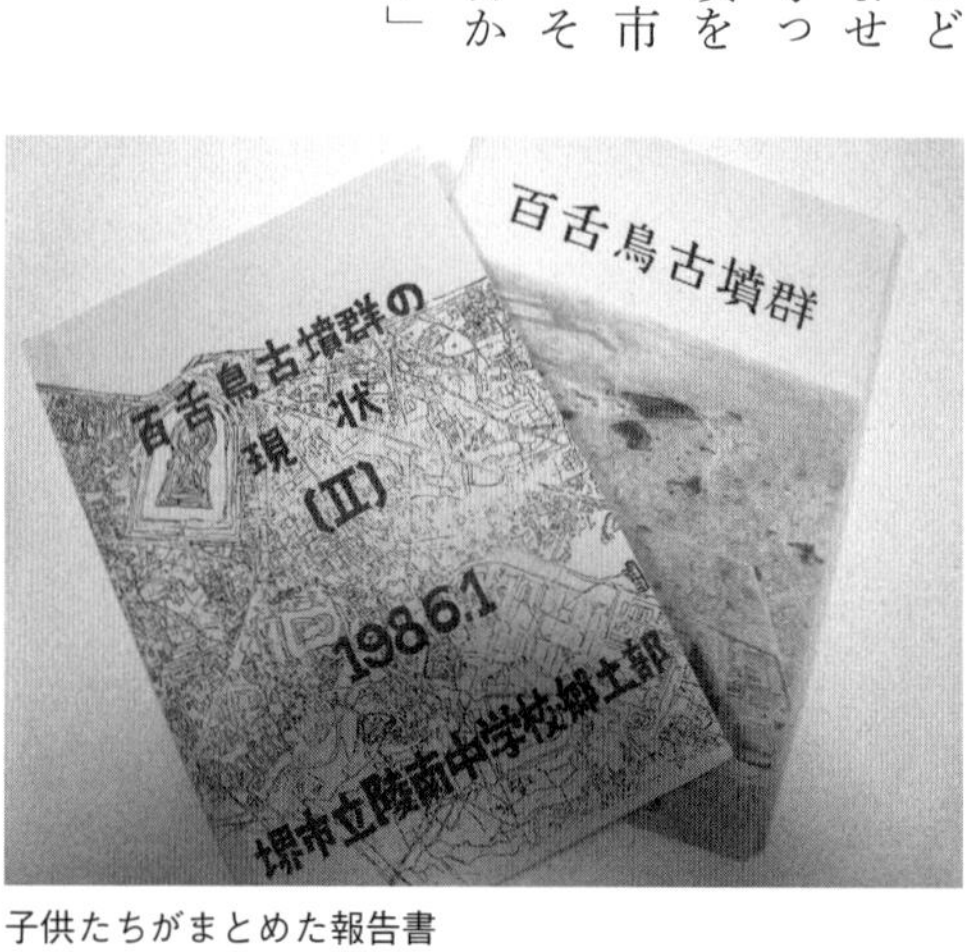

子供たちがまとめた報告書

終章　北摂（北部大阪）・大阪市内・泉州の古墳

ここでは終章付録として、大阪府内の「**北摂**《ほくせつ》（**北部大阪**）」「**大阪市内**」「**泉州**」全域の主な古墳について紹介することにします。なお、泉州の百舌鳥古墳群は第1章を参照ください。

1　北摂（北部大阪）の古墳

安満宮山古墳（高槻市）

安満宮山《あまみややま》古墳は、JR東海道線（京都線）高槻《たかつき》駅の北東約二・五キロメートルにある高槻市立公園墓地内、標高一二五メートルの狭い尾根上にあります。一八×二〇メートルの長方形墳です。墓地拡張の事前調査でコ

青龍三年銘方格規矩四神鏡

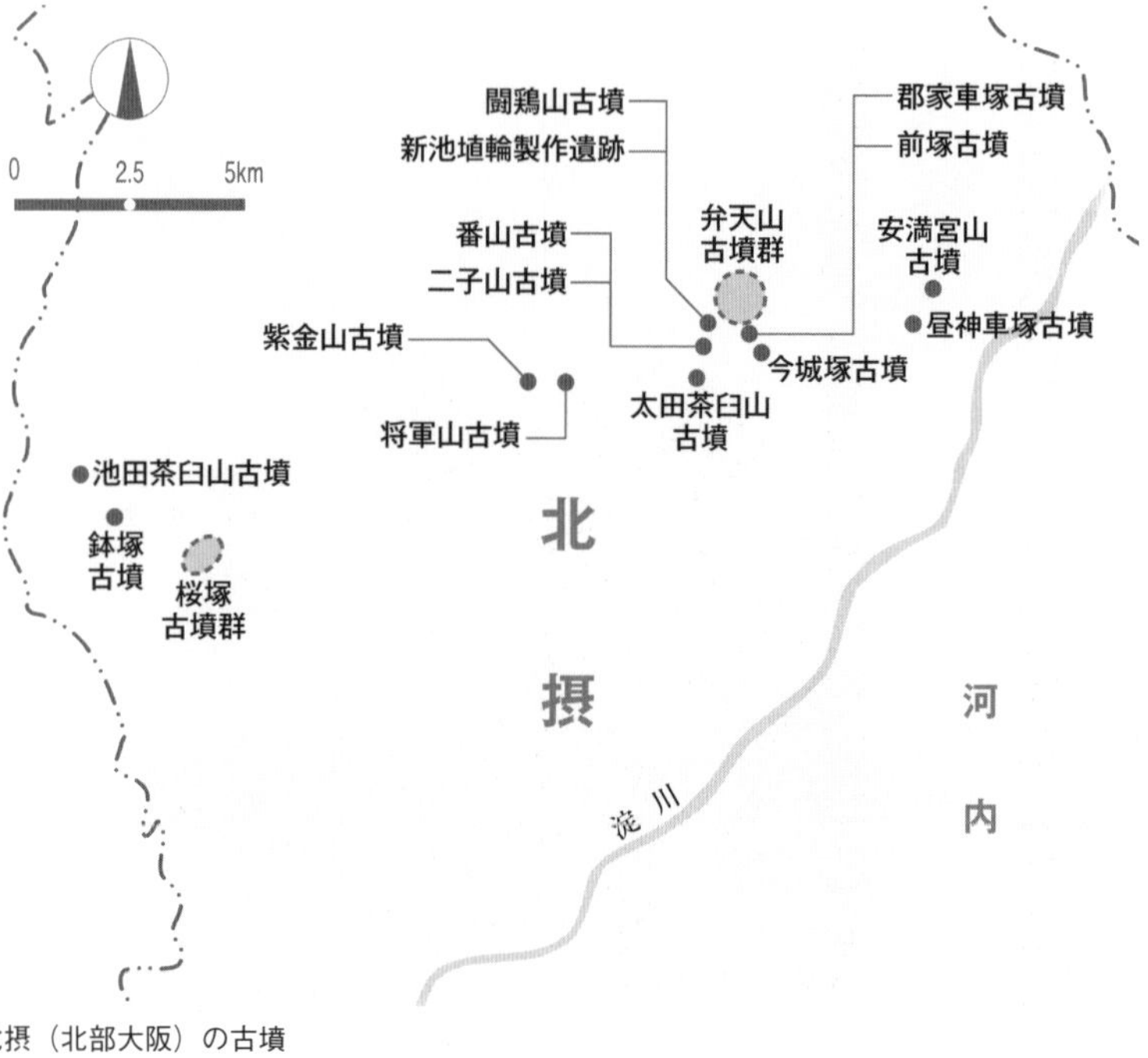

北摂（北部大阪）の古墳

ウヤマキ製の割竹形木棺直葬の埋葬施設が見つかり、中国魏《ぎ》の年号「青龍三年（二三五）」の銘が入った方格規矩四神鏡《ほうかくきくししんきょう》をはじめ、銅鏡五面と鏡を包んだ麻布、ガラス小玉一六〇〇個あまり、鉄刀・鉄斧などの副葬品が出土しました。三世紀後半の築造と考えられています。安満宮山古墳は六世紀後半から七世紀にかけてつくられた**安満山古墳群**のひとつとされていますが、その構造や副葬品などから古墳祭祀が定型化する以前につくられた墳墓と考えられます。

古墳は築造当時の姿に復元整備され、「青龍三年の丘」として公開されています。ガラス製の覆いを通して埋葬施設を観察することができます。南側に目をやると淀川と大阪平野が一望のもとです。

三島古墳群

三島《みしま》古墳群は淀川北岸の古代三島地域の中心部、現在の高槻市と茨木市にかけて分布する古墳群の総称です。

①弁天山古墳群（高槻市）

弁天山《べんてんやま》古墳群は、高槻市の南平台丘陵上に築かれた古墳時代前期から中期の古墳群です。八基の円墳と三基の前方後円墳がありましたが、丸紅不動産のゴルフ場と住宅開発で一〇基の古墳が破壊され、残されているのは前方後円墳の岡本山《おかもとやま》古墳（弁天山A1号墳）と弁天山B1号墳のみです。ただし、住宅街に囲まれているため全貌を見通すことは困難です。

岡本山古墳《おかもとやま》は、全長一二〇メートル、三段築成で前方部は撥《ばち》形をしています。一九六〇年の調査では、前方部に竪穴式石槨が確認されています。葺石は施されていますが、埴輪列は確認されていません。ただし、壺形埴輪らしき土師器の破片と鉄斧が見つかっています。三世紀後半から末頃の築造と考えられています。

弁天山B1号墳は全長一〇〇メートルの前方後円墳で、岡本山古墳と同様に葺石は施されていますが、埴輪はありません。三世紀末〜四世

北摂（北部大阪）　大まかに現在の行政区分（市町村）に基づき、「豊能」地区の豊中市、池田市、箕面市、豊能町、能勢町、「三島」地区の吹田市、茨木市、高槻市、摂津市、島本町、合わせて七市三町とする。

泉州　同様に、「泉北」地区の堺市、高石市、和泉市、泉大津市、忠岡町、「泉南」地区の岸和田市、貝塚市、泉佐野市、泉南市、阪南市、熊取町、田尻町、岬町、合わせて九市四町とする。

安満山古墳群　安満山の南斜面に築かれた約五〇基の古墳群で、一部四世紀代のものもある。そのうち五基の古墳について調査が行われたが、安満山A1号墳を除き、すべて墓地の造成によって破壊された。

紀初頭の築造と考えられています。

弁天山C1号墳（大蔵司《だいぞうじ》古墳）は現在の南平《なんぺい》台《だい》中央公園にあった墳丘長七三メートルの前方後円墳です。一九六三年に調査され、葺石と埴輪列が確認されています。後円部中央で竪穴式石槨の中にコウヤマキ製の割竹形木棺が安置されており、銅鏡三面、碧玉《へきぎょく》製腕輪、硬玉製勾玉、鉄製武器および工具、銅鏃《どうぞく》が出土しています。竪穴式石槨に重なるように粘土槨も確認されています。もう一箇所、前方部にも粘土槨があり、筒型石製品やガラス玉が出土しています。築造時期は四世紀中頃と推定されています。

弁天山古墳群は淀川北岸では最も早くに古墳が築かれ、岡本山古墳→弁天山B1号墳→弁天山C1号墳と順に首長墓が続きます。

②郡家車塚古墳（高槻市）

郡家車塚《ぐんげくるまづか》古墳は、南平台の丘陵部から一段下がった平野部に築かれています。墳丘長八五・六メートル、二段築成の前方後円墳です。

墳頂部から東西に並んで割竹形木棺が二箇所で見つかっており、四獣鏡や玉類、漆塗り竪櫛《たてぐし》などが出土。葺石と円筒埴輪列が確認されています。埴輪には鰭付《ひれつき》円筒埴輪、朝顔形、壺形、

岡本山古墳

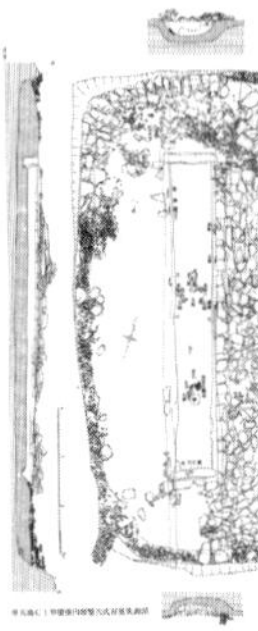

弁天山C１号墳石槨

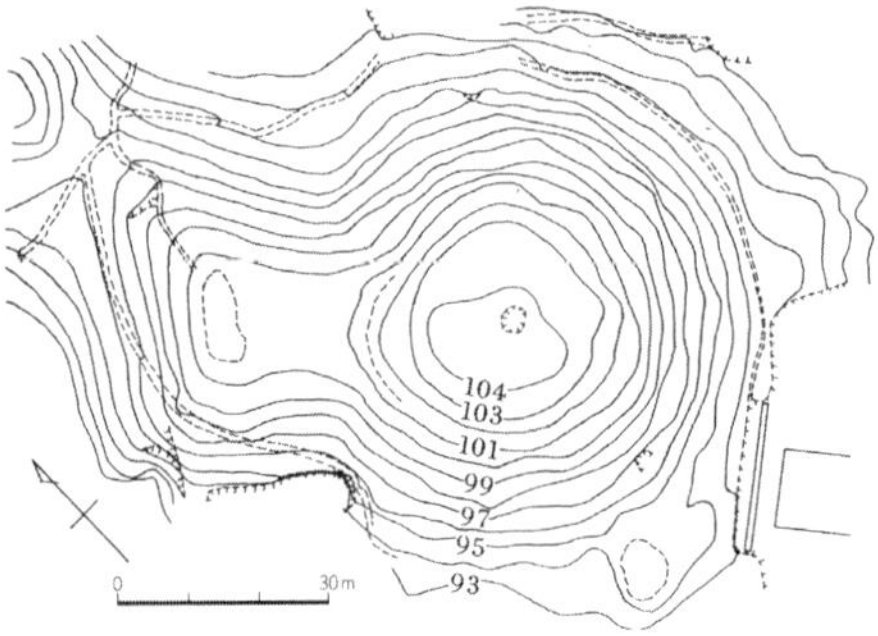

弁天山B１号墳平面図

家形埴輪があります。鰭付円筒埴輪は津堂城山古墳のものとよく似ています。また、地中レーザー探査などの結果、後円部に竪穴式石槨があることが想定されています。築造時期は闘鶏山《つげやま》古墳に続く四世紀末~五世紀初頭頃と推定されています。

郡家車塚古墳

③今城塚古墳（高槻市）

今城塚《いましろづか》古墳は、三島平野のほぼ中央に位置し、淀川流域では最大級の前方後円墳で、国史跡に指定されています。墳丘長一九〇メートル、くびれ部両側に造出しがあります。前方部が西向きで二重の堀がめぐっています。北側内堤の中央部分で長さ六五メートル、幅六メートル以上の張り出し部があり、四箇所の柵列で区画され、日本最大の家形埴輪をはじめ、柵、器財、動物、武人などさまざまな埴輪が発見されました。出土した埴輪は、北西約一キロメートルにある新《しん》

上：今城塚古墳平面図
下：地震で崩落した埋葬施設

新池埴輪製作遺跡

池《いけ》の埴輪窯で焼かれたものです。
　墳丘は戦国時代の城砦構築による改変や、文禄五年（一五九六）の慶長伏見地震（**慶長の大地震**）による大規模な崩落により原形が損なわれています。埋葬施設は横穴式石室と推定され、石棺材が砕かれた状態で出土しています。石材は阿蘇、二上山、播磨の凝灰岩で各地から運ばれてきたことがうかがえます。
　築造時期は六世紀前半と考えられ、現在継体天皇陵として宮内庁が指定している茨木市の太《おお》田《だ》茶臼山《ちゃうすやま》古墳ではなく、今城塚古墳こそ真の継体天皇陵であるとの説が有力です。調査成果に基づいて二重堀を復元的に整備し、古墳公園として公開されています。北側の堤上にはレプリカで埴輪祭祀場が再現されており、二〇〇点を超える埴輪群像はなかなか見応えがあります。実物は隣接する今城塚古代歴史館で展示されています。なお、今城塚古墳や新池埴輪製作遺跡へはＪＲ摂津《せっつ》富田《とんだ》駅から**高槻市営バス**が出ています。

④**前塚古墳（高槻市）**
　前塚《まえづか》古墳は、今城塚古墳の前方部北角から道路を挟んだところにあります。墳丘長九四メートルの帆立貝形古墳で、周囲には十数メートルの堀がめぐっています。葺石と埴輪列が確認さ

慶長の大地震　正確には文禄五年であり、天変地異を期に慶長に改元。

高槻市営バス　今城塚古墳へは奈佐原行きで今城塚古墳前下車。新池埴輪製作遺跡へは公団阿武山・日赤病院または大阪薬科大学行きで上土室《かみはむろ》下車、ハニワ工場公園の案内板に沿って徒歩約五分。

れており、円筒埴輪、朝顔形埴輪のほか、家、衣蓋、獣の足形などの形象埴輪が出土しています。

明治時代の開墾の際に凝灰岩製の長持形石棺が出土したと伝えられています。この石棺は現在、大阪府立近つ飛鳥博物館で常設展示されています。郡家車塚古墳に続いて築かれた首長墓と考えられ、築造時期は五世紀前半です。

前塚古墳

⑤番山《ばんやま》古墳（高槻市）

番山古墳は、新池埴輪製作遺跡のすぐ南、名

番山古墳

神高速道路の下をくぐる道路脇にあります。前方部が失われていますが帆立貝形古墳で、後円部の直径は五六メートル、平面プランは前塚古墳と同形同大です。周堀がめぐっており、一部は現在もため池として残っています。外堤から出土した埴輪は五世紀後半に新池の埴輪窯で製作されたものです。

⑥闘鶏山古墳（高槻市）

　今城塚古墳の北西約八〇〇メートルに闘鶏野《つげの》神社があります。神社に行くには名神高速道路にかかる橋を渡る必要があります。闘鶏山《つげやま》古墳は神社の奥にありますが、現在は見学はできません。全長八六・四メートル、二段築成の前方後円墳です。墳丘全面に葺石が施されていましたが埴輪はありません。後円部に未盗掘の竪穴式石槨が二基発見され、国史跡に指定されました。

　ファイバースコープにより内部の様子が明らかになっています。東側の石槨では板状の結晶片岩を合掌状に積み上げ、遺骸とともに三角縁神獣鏡、方格規矩四神鏡、碧玉製鍬形石や銅鏃、鉄刀などが副葬されていました。遺体の周囲には朱が撒かれていたこともわかりました。西側の石槨では割竹形木棺が良好な形で残されていました。

　築造時期は四世紀前半で、弁天山古墳群とは女瀬《にょぜ》川の谷を隔てた丘陵状にあり、弁天山古墳群とは別の集団の首長墓と考えられます。

闘鶏山古墳現況平面図

⑦昼神車塚古墳（高槻市）

　ＪＲ高槻駅の北約四〇〇メートルに上宮《じょうぐう》天満宮の参道入り口があり、その前を西国《さいごく》街道（府道六七号線）が横切っています。交差点の東側にトンネルが見えますが、その上が昼神車塚《ひるがみくるまづか》古墳です。墳丘長六〇メートル、三段築成の前方後円墳です。西側には堀があり、墳丘上に葺石が施されています。動物埴輪のほか、盾や巫女形の埴輪も出土しています。

　府道の工事で前方部が削平されましたが、そ

昼神車塚古墳

の後復元され、角笛《つのぶえ》を持った狩人と猟犬二頭が猪を追う情景がレプリカの埴輪で再現されています。未調査ですが後円部に横穴式石室があると考えられています。六世紀中頃、三島地域では最後に築かれた前方後円墳です。なお、墳丘には立ち入ることはできません。

⑧太田茶臼山古墳（茨木市）

今城塚古墳の西約一・五キロメートルにある太田茶臼山《おおだちゃうすやま》古墳は、宮内庁により継体天皇三島藍野陵《みしまのあいののみささぎ》に指定されています。墳丘長二二六メートル、三段築成の前方後円墳で、両側に造出しを持ちます。盾形の周堀を持ち、前方部では二重になっていたようです。

出土した埴輪は、新池の埴輪窯で焼かれたものです。太田茶臼山古墳の築造時期は五世紀中頃で、継体天皇より数世代前の王の墓と考えられます。「い号」〜「ち号」および域内陪塚（車塚古墳）の九基が陪塚として指定されていますが、陪塚の可能性のあるものは後円部を取り巻く「は号」〜「と号」の五基です。なお、大阪府教育委員会および茨木《いばらき》市教育委員会は陪塚名としてA〜D号という名称を付けています

太田茶臼山古墳

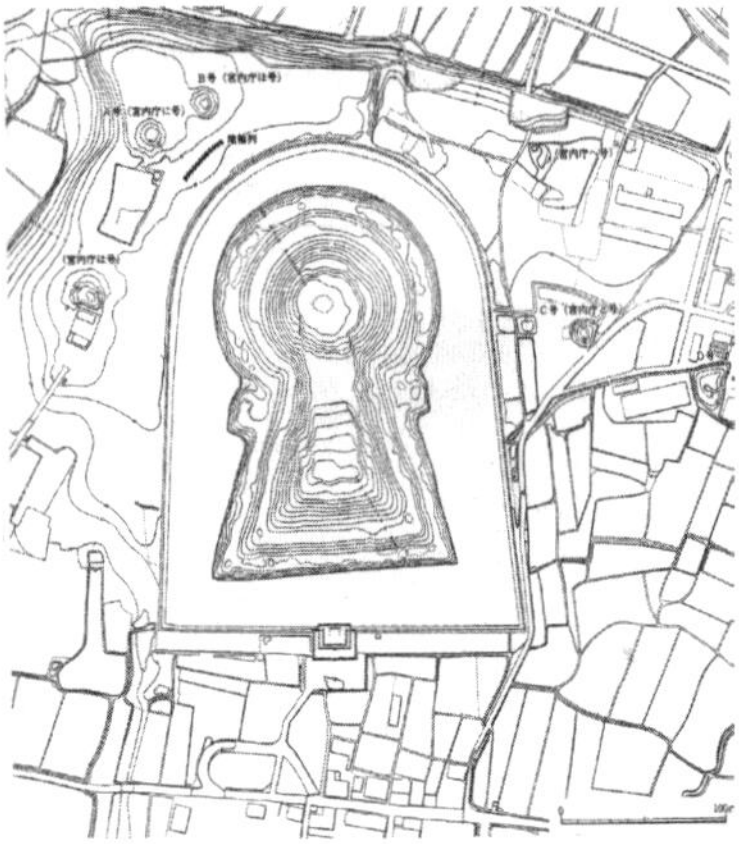
太田茶臼山古墳平面図

が、宮内庁の指定している陪塚とは違うものも含まれています。**二子山古墳**《ふたごやま》（「ち号」）は北東三〇〇メートルの距離にあり、全長四〇メートルの前方後円墳で、五世紀後半築造の独立した古墳と考えられます。

太田茶臼山古墳へは阪急茨木市駅から**近鉄バス**が出ています。新池埴輪製作遺跡や今城塚古墳へはバス会社および系統が違うので、乗り継いでいくことはできませんが、歩いてもそう遠くはありません。

⑨紫金山古墳（茨木市）

太田茶臼山古墳の西約三キロメートルにある紫金山《しきんざん》古墳は、第二次世界大戦中に病院施設の建設で偶然発見されました。その後貯水槽建設で竪穴式石槨の一部が破壊されましたが、未盗掘の古墳であることが明らかになり、一九四七年に発掘調査が行われました。

墳丘長一一〇メートルの前方後円墳です。墳丘は三段築成で、葺石が施され、円筒埴輪、朝顔形埴輪が立て並べられています。その中に、松岳山古墳と類似した鰭付円筒埴輪があります。

竪穴式石槨は安山岩と結晶片岩、紅簾石片岩《こうれんせきへんがん》の扁平な割石積みで、天井には七枚の花崗岩が乗せられています。石槨内には割竹形木棺が安置され、棺の内外から銅鏡一二面をはじめ腕輪型石製品、各種玉類、筒型銅器、貝

近鉄バス　花園東和苑行きバスで太田下車。

紫金山古墳墳頂部

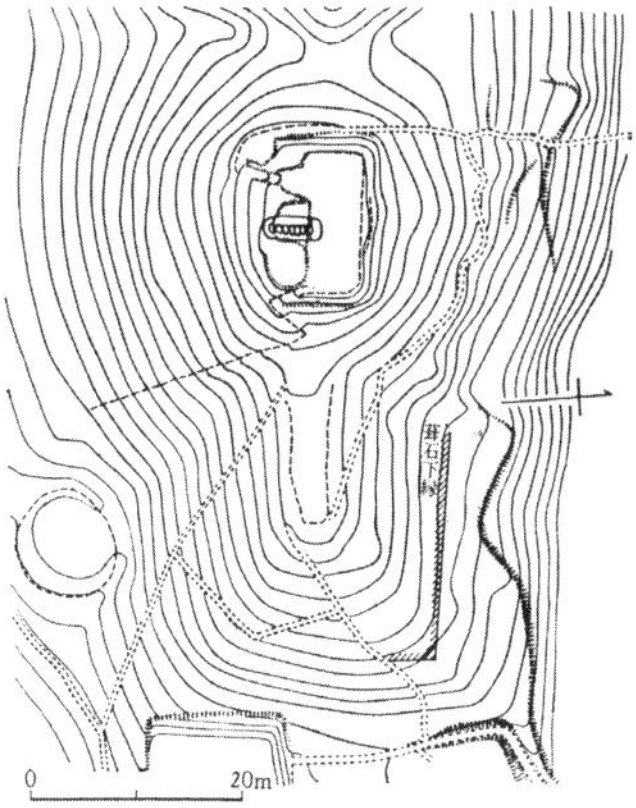

紫金山古墳平面図

輪、武器・武具、農工具などの副葬品が、また槨外からは漁労具の銛が出土しています。貝輪には直弧文が施されていました。

築造時期は弁天山C1号墳より後の四世紀中頃と考えられています。大阪府立近つ飛鳥博物館では、竪穴式石槨の実物大模型や多数の副葬品が展示されています。古墳は、北大阪ほうせんか病院の裏山にあり、大阪府史跡に指定されています。墳頂部には使用されなくなった貯水槽のコンクリートがそのまま残されています。病院の敷地内には直径二〇メートルの円墳、**青松塚**《せいしょうづか》**古墳**の横穴式石室が露出しています。

紫金山古墳へは、ＪＲ茨木駅または阪急茨木市駅から阪急バス福井下車、西約六〇〇メートルです。

⑩将軍山古墳（茨木市）

紫金山古墳から佐保川を挟んで東に約一キロメートルのところに将軍山《しょうぐんやま》古墳がありました。一九六四年に宅地開発のため、古墳のあった尾根ごと破壊されました。

将軍山古墳は、全長一〇七メートル、三段築成の前方後円墳です。一九五六年と一九六四年に発掘調査が行われました。後円部に竪穴式石槨があり、各種玉類、銅鏃、鉄製武器・武具が出土しています。また、葺石や埴輪列も確認されています。築造時期は四世紀後半です。

副葬品の中には鉄製釣針があり、紫金山古墳で出土した銛とともに興味深い遺物です。石槨は紫金山古墳にも使われている結晶片岩製であることや、壺形埴輪の特徴などから、四国東部または紀伊との関わりが注目されています。両古墳群の被葬者は大和から木津川、大和川を経由して瀬戸内海に至る交易ルートを担っていた集団の首長の可能性が考えられます。

現在、将軍山住宅の奥に大織冠《たいしょくかん》神社の鳥居があり、長い石段を登ると社ではなく横穴式石室があります。**将軍塚《しょうぐんづか》古墳**と呼ばれており、藤原鎌足の墓として祀られています。しかし、鎌足の墓の可能性は低く、住宅地一帯は六基からなる将軍山古墳群で、将軍塚古墳は六世紀頃の古墳です。将軍塚古墳を除いてすべて消滅していますが、将軍山古墳の竪穴式石槨は将軍塚古墳の左手に移築されています。

移築された将軍山古墳石槨

池田茶臼山古墳（池田市）

池田《いけだ》茶臼山《ちゃうすやま》古墳は阪急宝塚線池田駅の北東約一キロメートルのところにあります。墳丘長五九・五メートル。柄鏡《えかがみ》形をした前方後円墳です。一九五八年とその後の調査で、葺石と円筒埴輪が確認されました。後円部の竪穴式石槨には、内面に赤色顔料が塗られ、碧玉製石釧および管玉、ガラス玉、脚付埦形土器などが副葬されており、築造時期は四世紀中頃と推定されています。また、後円部の北側およびくびれ部の中央付近に埴輪円筒棺も見つかっています。

一九五七年、日本住宅公団の五月丘区画整理事業で取り壊しが予定されていましたが、市民による保存運動で公園として残されることになりました。大阪府史跡に指定され、二〇一八年に再整備工事が完成し公開されています。眼下には猪名《いな》川が流れ、墳丘上からは大阪平野が一望のもとに見渡せます。猪名川左岸では、同時期に築かれたとみられる豊中《とよなか》市の大石塚《おおいしづか》古墳が

池田茶臼山古墳

ありますが、どういった関係にあるのかはよくわかりません。墳丘規模から見ると大石塚古墳（墳丘長八〇メートル）のほうが大きいのですが、立地的には圧倒的に池田茶臼山古墳のほうが優位にあるように思えます。猪名川流域の有力首長の墓であることは間違いありません。公園の南にある池田市立歴史民俗資料館では出土遺物が展示されています。

鉢塚古墳（池田市）

池田茶臼山古墳の南東約一キロメートル、阪急宝塚線池田駅と石橋阪大前《いしばしはんだいまえ》駅の中間地点に鉢《はち》塚《づか》古墳があります。直径四五メートルの円墳で、周堀があり、埋葬施設は両袖式の横穴式石室です。石室は花崗岩が主体で高さ五・二メートル、玄室の高さは大阪府内で最高です。築造時期は六世紀末と考えられます。

五社《ごしゃ》神社社殿の背後にあり、大阪府史跡に指定されています。石室内には室町時代前期の十

鉢塚古墳石室内部

三重の石塔（重文）と地蔵菩薩が安置されています。内部には照明器具が設置されており、格子戸越しに見学することができます。墳頂部は鎌倉時代に経塚《きょうづか》として利用されたようです。

桜塚古墳群（豊中市）

阪急宝塚線岡町《おかまち》駅周辺にはかつて四四基の古墳があり、桜塚古墳群と呼ばれています。宅地開発で三九基が破壊され、現存するのはわずか五基で、国史跡に指定されています。

岡町駅の西約二〇〇メートルに大石《おおいし》塚《づか》・小石塚《こいしづか》古墳があります。南側にあるのが**大石塚古墳**《おおいしづか》で、墳丘長八〇メートル以上、三段築成の前方後円墳で周囲に堀がめぐっています。葺石と円筒埴輪、朝顔形埴輪が見られ、四世紀中頃の築造と考えられています。**小石塚**《こいしづか》**古墳**は、墳丘長四九メートル、二段築成の前方後円墳で、こちらにも周堀があります。後円部に粘土槨があり、割竹形木棺が納められていました。葺石はありませんが、円筒埴輪、朝顔形埴輪、壺形埴輪が見られます。こちらは四世紀後半の築造と考えられています。両古墳とも墳丘内には立ち入ることができません。豊中市立伝統芸能館の建設に伴う調査で大石塚古墳の堀が確認され、埴輪円筒棺が出土しています。同館では円筒棺とともに大石塚古墳から出土した埴輪が展示されています。

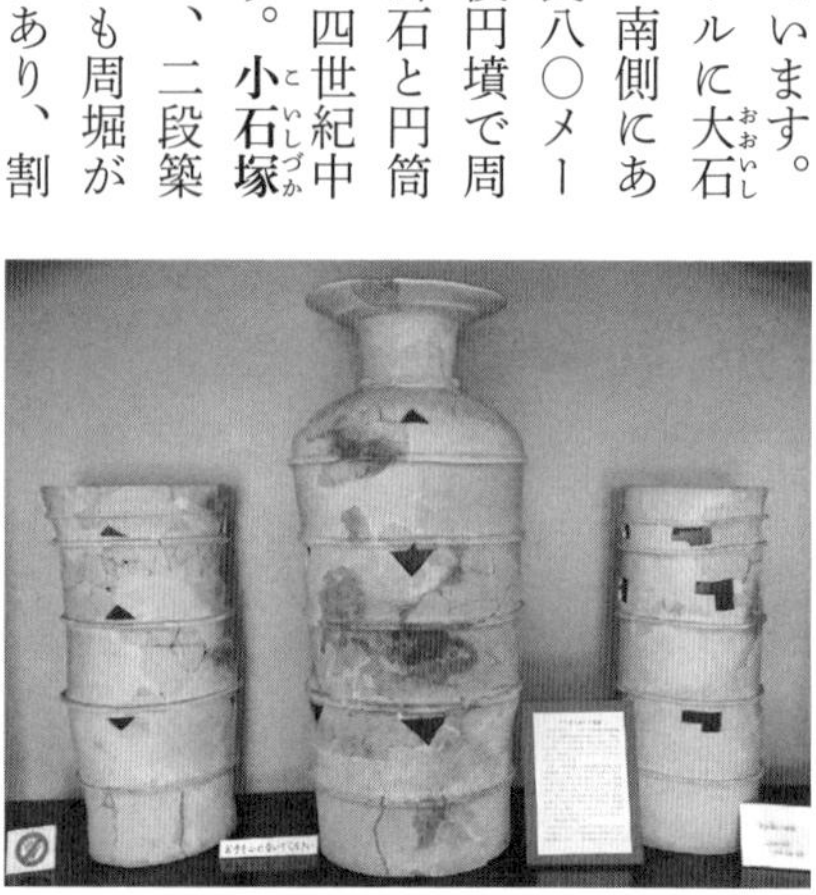
大石塚古墳円筒埴輪

岡町駅の東約七〇〇メートルにある**豊中大塚《とよなかおおつか》古墳**は、直径五六メートル、三段築成の円墳で周囲に堀がめぐっています。墳丘には、円筒埴輪、朝顔形埴輪のほか、盾、靫《ゆぎ》、家、冑《かぶと》形の埴輪などが立てられていました。

墳頂部に二箇所の埋葬施設があり、東側の施設では割竹形木棺の中に鉄刀、鉄鏃《てつぞく》、玉類が副葬されていました。西側の施設は割竹形木棺が東西に並んでおり、東側の木棺内からは方格規矩獣文鏡、甲冑、刀剣のほか、棺外から盾が出土しています。西側の木棺内は盗掘のため、ほとんど遺物は残っていませんでしたが、棺外から鉄製武器、農・工具類や盾、甲冑の残片などが出土しています。築造時期は五世紀初頭と考えられています。

墳丘の北・西裾部は一部削平されていますが、大塚公園として保存されています。階段が設置されており、墳頂部には埋葬施設の位置が表示されています。また、砂場の中にコンクリート造の模型があります。

道路を挟んで南側に**御獅子塚《おししづか》古墳**があります。墳丘長五五メートル、二段築成の前方後円墳で、周囲に堀がめぐっています。葺石は二段目の斜面にのみあります。円筒埴輪と朝顔形埴輪のほか、家、衣蓋、靫、盾、動物形の埴輪が出土しています。後円部に二箇所の埋葬施設があり、甲冑のほか、鉄製武器、農工具、馬具、盾、銅鏡、勾玉などが出土しています。築造時期は五世紀中頃と推定されています。

墳丘は一部削平されている部分がありますが、復元整備されており、レプリカの埴輪が立てられています。墳丘に登る階段が設置されていますが、柵で囲われており、入ることはできません。ここまで整備したのなら、

豊中大塚古墳

御獅子塚古墳

一般開放してもよさそうなものですが。

さらに二〇〇メートル南側に**南**《みなみ》**天平塚**《てんぴんづか》**古墳**があります。道路などにより四分の三が破壊されていますが、周堀を持つ墳丘長二八メートルの帆立貝形古墳です。銅鏡、鉄製武器・武具、馬具などが出土しており、五世紀後半の築造とされています。

南天平塚古墳

2　大阪市内の古墳

御勝山古墳（大阪市）

御勝山《おかちやま》古墳は、ＪＲ大阪環状線桃谷《ももだに》駅から南東約一キロメートルの御勝山公園にあります。墳丘長一二〇メートルの前方後円墳ですが、勝《かつ》山《やま》通りにより分断されています。前方部のある南側はすでに削平されており、現在は御勝山南公園となっています。後円部は大阪府指定史跡として残されていますが、フェンスで囲われており立ち入ることはできません。

西側に造出しがあり盾形の周堀を持ちます。葺石と円筒埴輪、朝顔形埴輪、鰭付円筒埴輪、家形埴輪が見つかっており、五世紀前半の築造と考えられています。大阪市内に現存する、帝塚《てづか》山《やま》古墳、聖天山《しょうてんやま》古墳、茶臼《ちゃうす》山《やま》古墳は上町《うえまち》台地の西端、大阪湾を望む位置にありますが、御勝山古墳は東端の河内湖《かわちこ》（古墳時代にあった湖）沿岸に築かれています。

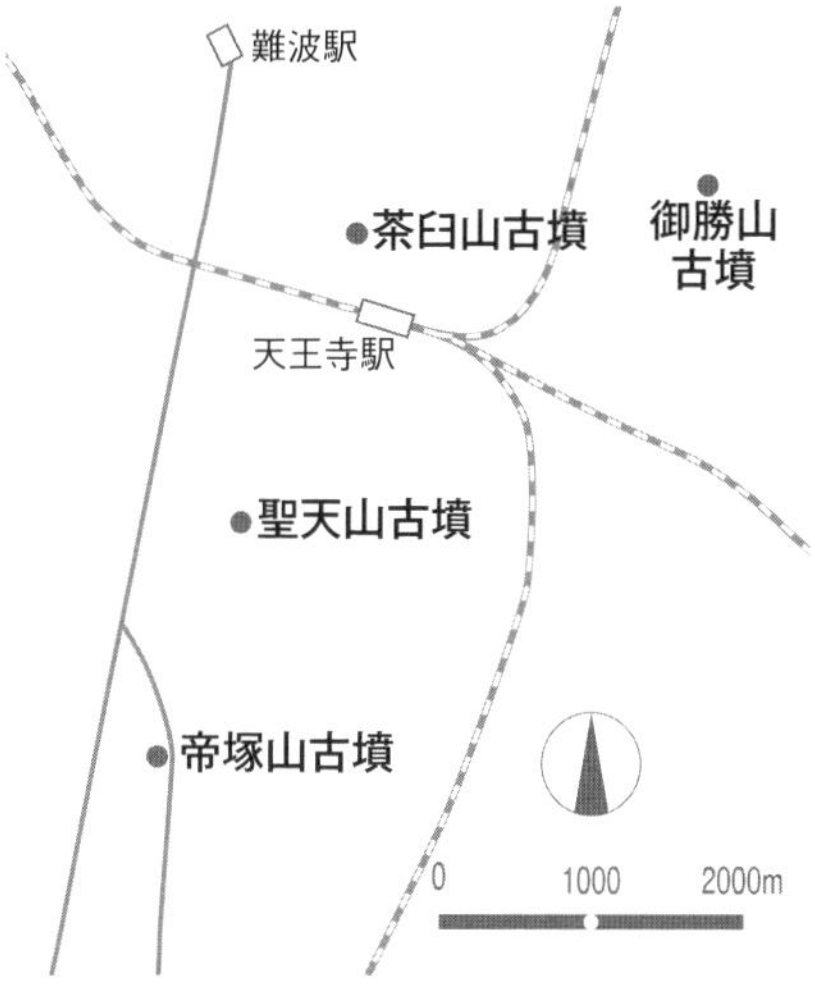

大阪市内の古墳

御勝山古墳

茶臼山古墳（大阪市）

茶臼山《ちゃうすやま》古墳は、天王寺公園内の大阪市立美術館の北側にあります。古墳としてよりは大坂の陣での茶臼山の戦いで有名です。南側に隣接する河底池《かわぞこいけ》が周堀で、そこから眺めた姿が全長二〇〇メートルの前方後円墳に見えることなどから、五世紀の古墳として大阪府史跡に指定されています。

一九八六年に調査が行われていますが、その際に葺石や埴輪など古墳を証明する手がかりはなかったようです。しかし、茶臼山の盛土は、御勝山古墳や堺市の大塚山古墳と同じ工法で築かれており、完全に古墳でないと否定することはできないようです。

『日本書紀』によると、推古天皇元年（五九三）、「（聖徳太子は）四天王寺を難波《なにわ》の荒陵《あらはか》に造る」との記述が見られます。この荒陵が茶臼山古墳のことで、四天王寺境内にある長持形石棺の蓋が茶臼山古墳出土と伝えられてきました。四天

四天王寺石棺蓋

王寺周辺からは、埴輪円筒棺をはじめ、多数の埴輪が見つかっていることから、このあたりに荒陵をはじめとする古墳群があった可能性もあります。

聖天山古墳（大阪市）

南海線天下茶屋《てんがちゃや》駅から、駅前の商店街を東に三〇〇メートルほど行くと、聖天山《しょうてんやま》公園に突き当たります。公園は低い丘になっており、階段を上ると、石垣に囲まれた大きなクスノキが目につきます。これが聖天山《しょうてんやま》古墳ですが、およそ古墳のイメージとはかけ離れています。さながら巨大な盆栽を見ているよう。

直径十数メートルの円墳とされており、一九五一年に土砂採取により石室が発見され、埴輪や土器、直刀、馬具が出土したと伝えられていますが、所在は不明です。築造時期は六世紀代と考えられています。

丘陵の南側には天下茶屋の聖天《しょうてん》さんと呼ばれ

聖天山古墳

る正円寺《しょうえんじ》があります。この丘陵全体が西向きの前方後円墳の可能性もあるとされ、仮に前方後円墳とすると墳丘長が一〇〇メートル以上になります。

帝塚山古墳（大阪市）

帝塚山《てづかやま》古墳は、南海高野線帝塚山駅の西一〇〇メートルにあります。前方部を南西に向けた前方後円墳で、当初の規模は、墳丘長一二〇メートル（残存長八八メートル）で周堀を持ちますが、現在は痕跡をとどめていません。二段築成で、葺石と円筒埴輪列が確認されており、四世紀末か五世紀初頭の築造と考えられています。埋葬施設や副葬品は不明です。

国史跡に指定されており、地元住民により、定期的に古墳の清掃や樹木の管理が行われています。現在は住宅地に囲まれていますが、上町台地の標高一四メートルの西斜面に築かれたもので、かつては大阪湾を一望できたはずです。

なお、帝塚山駅の周辺で全長一三五メートルの前方後円墳の痕跡が地籍図より推定され、大帝塚山《だいてづかやま》古墳と呼ばれています。

帝塚山古墳

3　泉州の古墳

和泉黄金塚古墳（和泉市）

和泉黄金塚古墳《いずみこがねづか》は信太山《しのだやま》丘陵の最北端に位置しています。最寄り駅はJR阪和線富木駅《とのき》か北信太駅《きたしのだ》ですが、富木へは約一・五キロメートル、北信太へは二キロメートルの道のりで、大阪府立鳳《おおとり》高校の南西二〇〇メートルにあります。一九五〇年から一九五一年にかけて大阪府教育委員会と日本考古学協会により発掘調査が行われました。当時同校教諭であった嶋田暁氏や同志社大生の森浩一氏らが関西大学講師末永雅雄氏の指導のもとに参加しています。その報告書である日本考古学協会編『和泉黄金塚古墳』の冒頭には、「はるかに瀬戸内海の島山を望み淡路島を間近に見て、澄み渡る静かな海とおだやかな山々の姿に囲まれた、和泉海岸地方は早くより人々の住みよい土地であったことは、いろいろの考古学事象が証明している」と記されています。発掘調査が行われた頃、黄金塚の墳丘に立てば美しい海岸線の向こうに淡路島が見えました。二〇〇一年から二〇〇四年にかけて、和泉市教育委員会が、古墳の保存と活用を図るため再調査を行いました。

墳丘上には塹壕《ざんごう》が縦横に掘られています。これは見通しの良さを利用し、第二次世界大戦末期に旧陸軍が掘ったものです。その際に埋葬施設の一部が破壊され、副葬品が取り出されました。これが戦後の発掘調査のきっかけになったのです。

和泉黄金塚古墳は墳丘長九四メートル、後円部三段、前方部二段に築かれた前方後円墳で、周囲に堀がめぐっていますが、地形から見て空堀であった可能性が高いと思われます。墳丘は葺石で覆われており、円筒埴輪や朝顔形埴輪のほか、家、靫、衣蓋、甲冑、囲形の形象埴輪も確認

和泉黄金塚古墳

0
5
10km
北
摂
淀川
御勝山古墳
大阪市
茶臼山
古墳
聖天山古墳
帝塚山古墳
大和川
大山古墳
百舌鳥古墳群
信太貝吹山古墳
和泉黄金塚古墳
信太千塚古墳群
摩湯山古墳
久米田古墳群
貝塚丸山古墳
泉
州
大阪府
淡輪古墳群
和歌山県
車駕之古址
古墳
大谷古墳

泉州の古墳

されています。

　埋葬施設は後円部に三箇所、墳丘の長軸方向に沿って粘土槨が並んで築かれていました。中央の槨は割竹形木棺、西槨と東槨は箱形木棺が安置されており、いずれもコウヤマキ製です。各種玉類、石製品、武器・武具、工具類など多数の副葬品が出土していますが、注目されるのは鏡です。中央槨から三角縁二神二獣鏡一、画文帯四神四獣鏡一、東槨からは画文帯神獣鏡二、三角縁盤竜鏡一、西槨では画文帯神獣鏡一の計六面出土しています。中央槨から見つかった画文帯神獣鏡に景初三年の銘があります。景初三年は中国魏の年号で西暦二三九年、邪馬台国の女王卑弥呼が魏へ使いを送った年です。黄金塚出土の鏡は、卑弥呼が魏からもらった銅鏡百枚のうちのひとつである可能性がありますが、古墳の築造はその遥か後です。

　副葬品の特徴をみると、東槨や西槨は甲冑などの武器が多数出土しているのに対して、中央槨は玉と鏡が中心で武器類が比較的少数です。

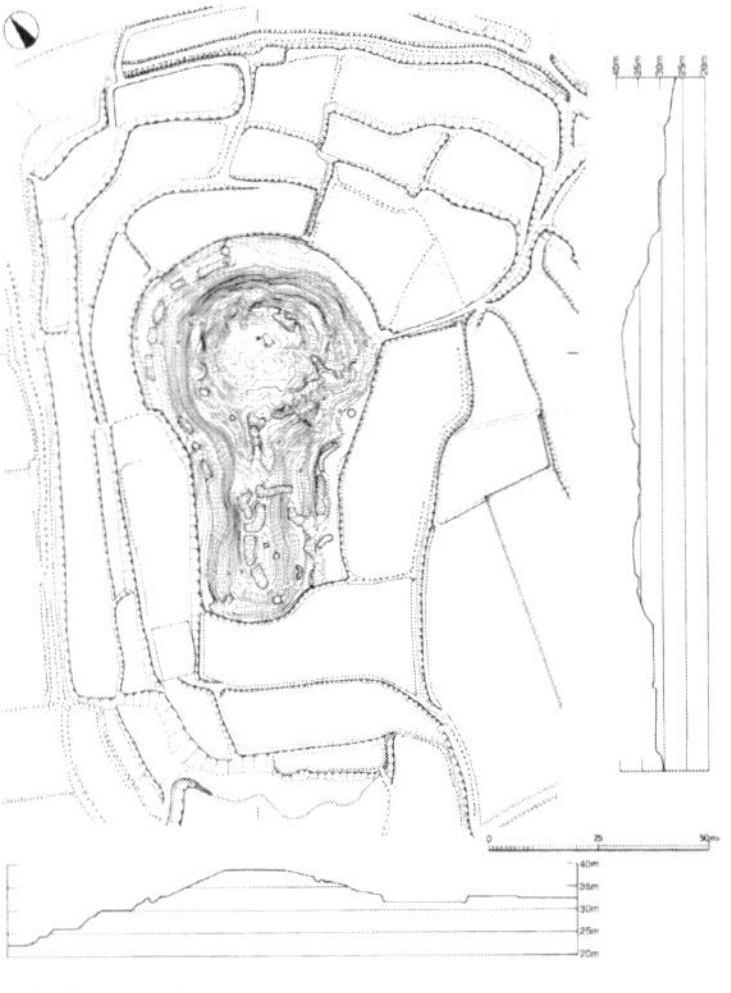
和泉黄金塚古墳平面図

東槨に葬られた人は、出土した歯牙から男性と断定できます。また西槨に葬られた人も男性であった可能性が高く、中央槨の被葬者は女性と推定されています。丘陵端に立地することや数々の副葬品、特に円筒埴輪の年代から四世紀後半の築造と推定されています。和泉地域では最も早くに築かれた古墳のひとつです。

　最初の発掘調査から半世紀以上経った二〇〇八年にやっと国史跡に指定されましたが、墳丘へは現在立ち入り禁止となっています。和泉市

景初三年銘画文帯神獣鏡拓本

では史跡整備の際、塹壕の一部は戦争遺跡として保存する方針とのことです。

信太貝吹山古墳（和泉市）

信太《しのだ》貝吹山《かいぶきやま》古墳はJR北信太駅の南東、太町《たいちょう》交差点のところにあります。和泉市史跡に指定されており、墳丘長五〇メートル、周堀を持つ二段築成の帆立貝形古墳です。周堀の大半は駐車場などになっています。円筒埴輪列や葺石が確認されており、朝顔形埴輪、盾形埴輪のほか滑石製槽《ふね》が見つかっています。築造時期は五世紀前半で、この地域では和泉黄金塚古墳に次ぐ首長墓であり、これ以後カニヤ塚《づか》古墳、高石市の大園《おおぞの》古墳、富木《とのき》車塚《くるまづか》古墳と首長墓の系譜が続くものと考えられています。

天明二年（一七八二）、木綿の大凶作から年貢延納を要求して、和泉の農民が一橋領五四箇村を巻き込む広範な百姓一揆を起こしました。富木村の土井忠兵衛らは、ほら貝を合図に一大事を決行するから信太《しのだ》郷《ごう》人集山《ひとよせやま》に集まれとの檄《げき》を各村に伝えました。世に言う千原《ちはら》騒動です。それ以後、人集山を貝吹山と呼ぶようになったと言われています。

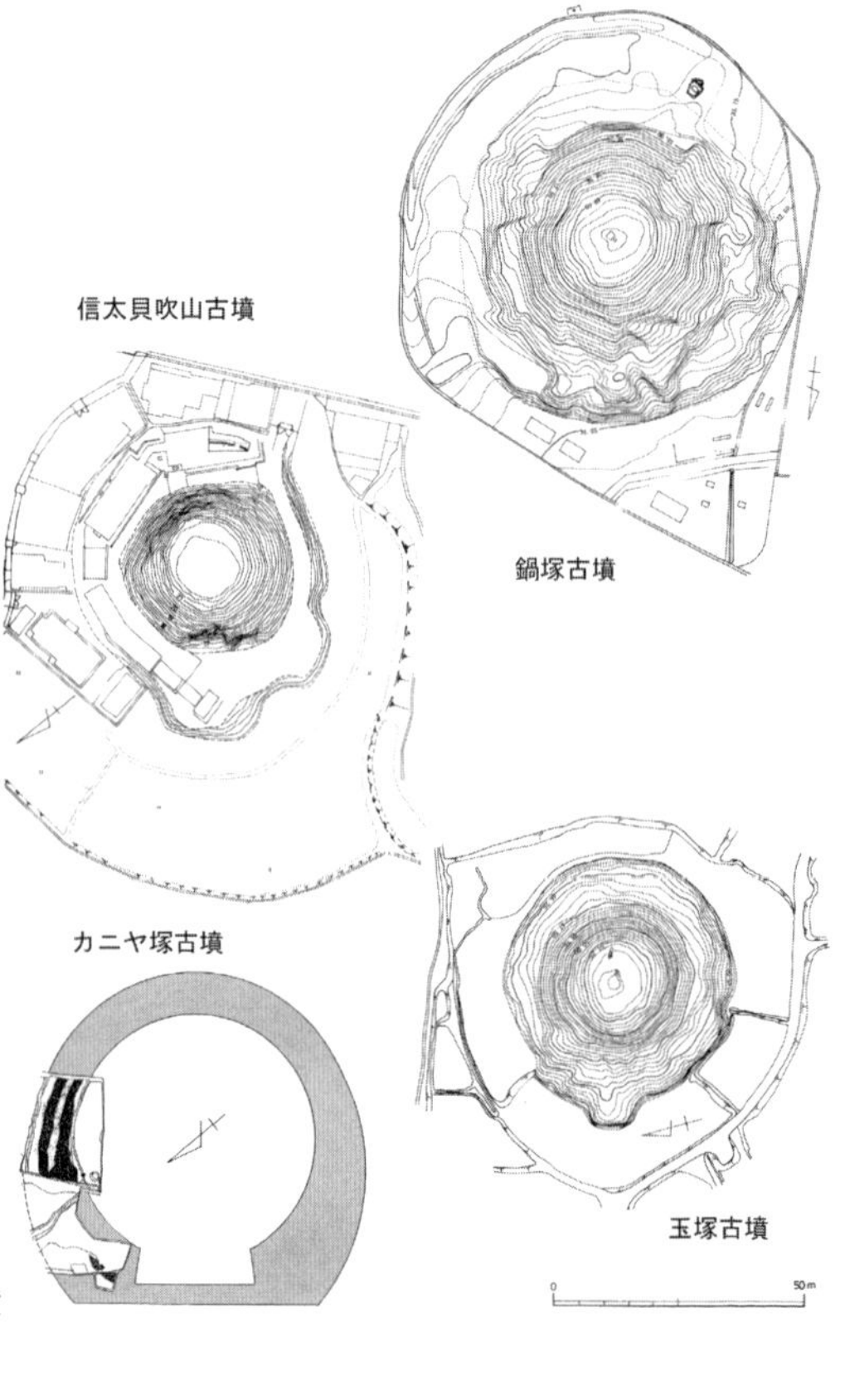

信太山の古墳

信太千塚古墳群（和泉市）

信太《しのだ》千塚《せんづか》古墳群は大阪を代表する古墳時代後期の群集墳であり、泉州地方では唯一の大規模な群集墳です。信太山駅東側の丘陵地に分布しています。かつて約一〇〇基の古墳が存在していました。信太山には旧陸軍、米軍、自衛隊の基地があり、塹壕の掘削などで古墳の破壊が行われてきましたが、一九六〇年頃から急激に破壊が進行しました。その原因は土建業者の土採りや自衛隊施設の整備などが主なものでしたが、盗掘も半ば公然と行われていました。当時は現在のように建設工事などに先立つ文化財の事前調査を行う体制が整備されていませんでした。今日あった古墳が、明日はもうないかもしれないという緊迫した状況の中で、当時大阪府立泉大津高校の教諭であった森浩一・石部正志両氏に指導された同校地歴部員らが、手弁当で調査を行いました。それはブルドーザーに追い立てられながらの調査であり、『和泉信太千塚の記録』は信太千塚の貴重な調査報告であるとともに、現代史の記録でもあります。

古墳群の北端に位置する**丸笠山《まるがさやま》古墳**は大阪府史跡に指定されており、かつて延喜式内社の丸笠神社の社殿がありました。そのため前方部は大きく改変されていますが、墳丘長九六メートル、二段築成の前方後円墳です。埋葬施設や副葬品などは不明ですが、葺石と埴輪が確認されています。築造時期は四世紀末頃とみられてい

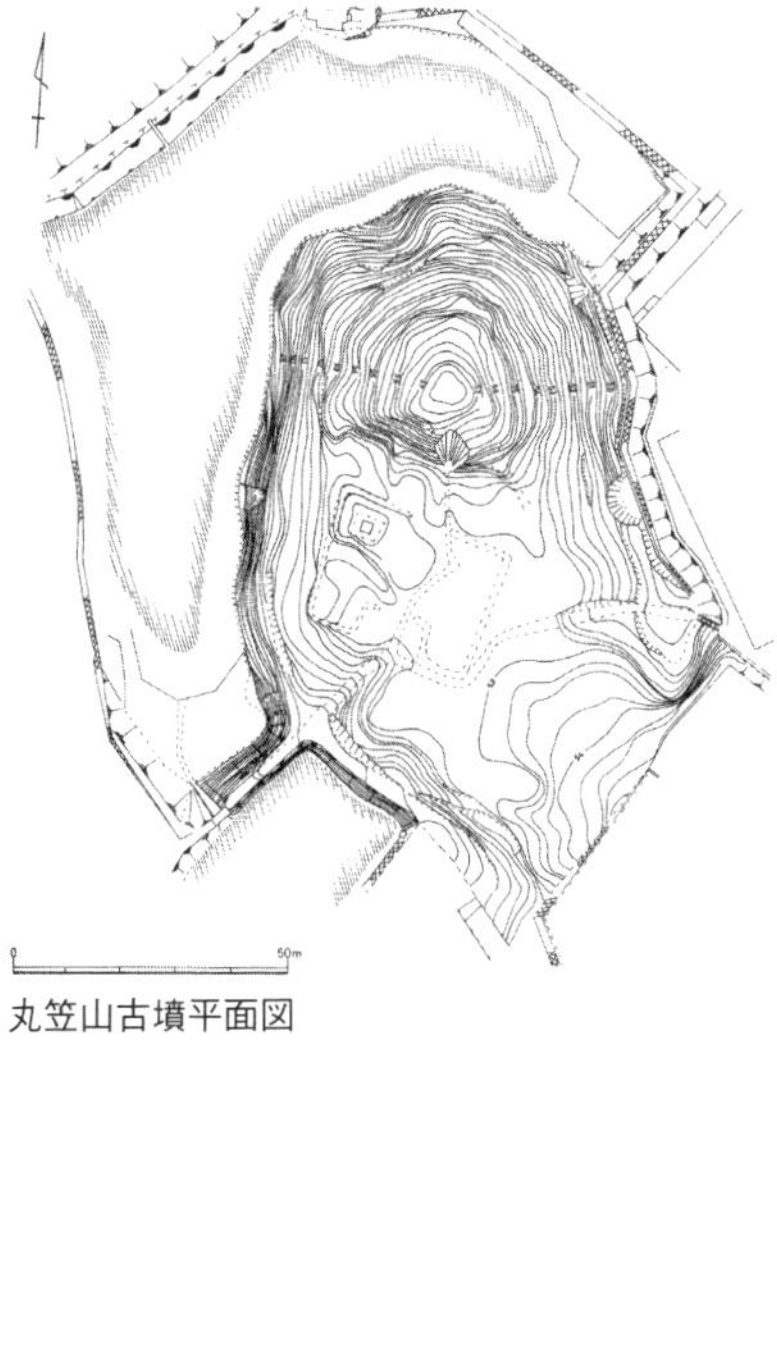

丸笠山古墳平面図

ます。後円部をめぐる溜池は周堀の名残とされていますが、堀ではないという見解もあります。信太千塚61号墳とされていますが、年代・系譜とも信太千塚と異なるものと見られます。

信太狐塚《しのだきつねづか》古墳は、墳丘長五八メートル、二段築成で、後円部に比べ前方部の幅が広く、六世紀後半の築造と考えられます。信太千塚43号墳とされ、この時期の盟主の墓と思われます。かつて後円部の頂部に盗掘坑がありました。一九七九年に土地所有者が竹林をつくるためブルドーザーで雑木林とともに墳丘の削平をはじめましたが、周辺住民の訴えにより工事が中止されました。前方部がは平坦になっているのはこのためです。現在は大阪府史跡に指定され、山荘きつねづか公園として後円部の先にある信太千塚44号墳とともに保存されています。

自衛隊信太山駐屯地内にある**鍋塚**（66号墳）は直径六〇メートル以上、造出しを持つ円墳で、大塚、王塚とも呼ばれ、近畿地方でも屈指の大円墳です。周堀や造出しは埋め立てられており、

信太狐塚古墳

わからなくなっています。埋葬施設や遺物は不明ですが、五世紀初頭の築造と推定され、信太千塚が形成されはじめた頃の首長墓と考えられています。駐屯地のイベントの際には見学することが可能です。

玉塚（62号墳）は、直径四六メートル、幅六〜一一メートルの周堀があり、西側に造出しを持つ二段築成の円墳です。墳頂部には円筒埴輪列があり、細身の碧玉製管玉が出土しました。墳丘裾には河原石の葺石が散乱しています。築造された時期は五世紀中頃です。墳丘に登ると大きな盗掘坑の跡があり、第二次世界大戦中この坑で花札の博打をやっていたと伝えられています。また周囲にも小さな盗掘坑が数箇所開けられていますが、一九七〇年代に横行した盗掘団により掘られたものです。

マイ山古墳（和泉市）

マイ山《やま》古墳は、摩湯山《まゆやま》古墳の南東約一キロメートルにあった帆立貝形古墳です。現在の行政区域は和泉市ですが、摩湯山古墳と同じ丘陵の北斜面にありました。墳丘長三〇メートル以上（推定）の帆立貝形古墳です。開発に伴う事前調査で川原石積みの竪穴式小石槨と木棺直葬二箇所の埋葬施設がありました。須恵器や玉類、鉄製武器などが副葬されており、築造年代は六世紀前半と考えられます。市民団体からの再三の保存要望が出されましたが、調査後宅地開発によって破壊されました。小石槨は唐国《からくに》8号公園に移設されています。

摩湯山古墳（岸和田市）

摩湯山《まゆやま》古墳は、泉北高速鉄道和泉中央駅の西約二キロメートルのところにあります。泉州最大の前期古墳であり、一九五六年に国史跡に指定されました。墳丘長二〇〇メートル、前方部を取り囲む池は周堀が後世溜池として拡張されたものと思われます。くびれ部に通じる渡土堤

鍋塚・玉塚　鍋塚、玉塚ともに帆立貝形古墳との見解もある。

のところに**摩湯バス停**があり、そこに説明を書いた石碑があります。

摩湯山古墳は丘陵の先端部を利用して築造されており、前期古墳に特徴的な**丘尾《きゅうび》切断形**の古墳です。前方部および後円部はともに三段築成で、くびれ部付近二箇所に造出し状の隆起があります。後円部頂は平坦で、板状の割石が散乱しており、竪穴式石槨が想定されます。墳丘の各段ごとに二、三重に埴輪列があり、円筒埴輪、鰭付円筒埴輪、朝顔形埴輪のほか衣蓋形や家形埴輪が立てられていたようです。また後円部頂から土師器高坏が採集されています。墳丘の周囲には葺石もみられます。築造時期は四世紀後半と推定されています。

摩湯山古墳後円部の南西方の外堤に接して三五×三〇メートルの長方形墳、**馬子塚古墳《まごづか》**が築かれています。二段築成の墳丘上段部と粘土槨が一部破壊されましたが、その際に形象埴輪や斜縁《しゃえん》二《に》神《しん》二獣鏡《にじゅうきょう》、碧玉製管玉が出土しています。築造時期は摩湯山古墳と同時かやや新しいと考

摩湯山古墳

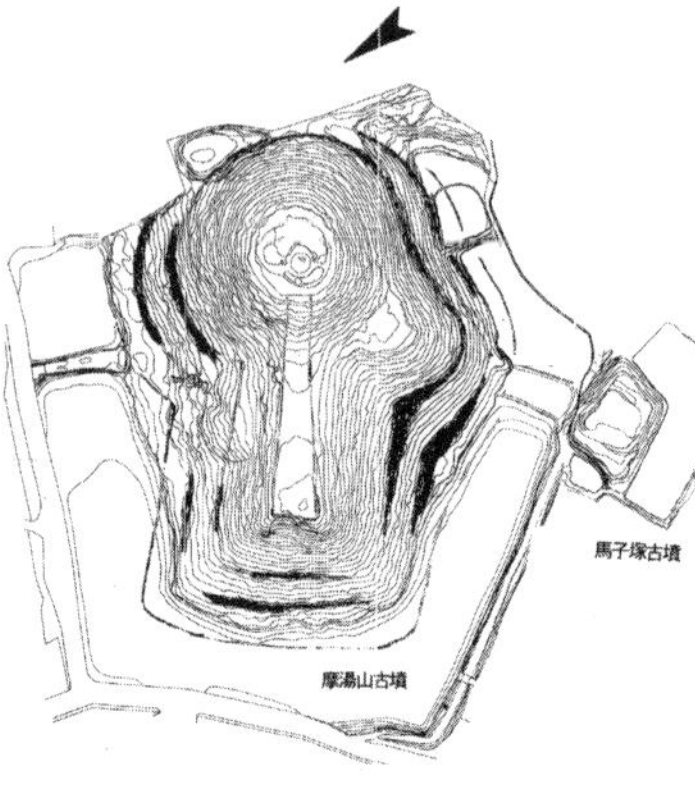

摩湯山古墳復元図

摩湯バス停　泉北高速鉄道和泉中央駅またはＪＲ阪和線久米田駅から南海バスが通じている。

丘尾切断形　山から下る尾根を切断して築造した古墳。

えられています。馬子塚古墳は一般に陪塚と考えられていますが、特殊な祭祀空間であった可能性があります。現在の墳丘は土砂採取後整形されたものです。

久米田古墳群（岸和田市）

泉州一の灌漑用ため池として知られている久《く》米《め》田《だ》池《いけ》は、ＪＲ阪和線久米田駅の南東約一キロメートルのところにあります。僧行基が神亀二年（七二五）に着工し天平一〇年（七三八）に完成させたと伝えられています。池の傍らには天平六年（七三四）創建の行基四九院のひとつ久米田寺があります。往時には伽藍が建ち並び壮観であったと言われていますが、永禄三年（一五六〇）、三好実休と畠山高政の久米田合戦による戦火でことごとく焼失しました。現在の堂宇は江戸時代中期に再興されたものです。

　寺の西方一帯の台地上に古墳が点在しており、久《く》米《め》田《だ》古墳群と呼ばれています。久米田古墳群は貝吹山古墳を中心に十数基の古墳からなりますが、現存しているのは七基です。久米田公園内の無名塚古墳、風吹山《かぜふきやま》古墳、貝吹山《かいぶきやま》古墳が順次調査され、無名塚古墳と風吹山古墳は墳丘が復元されています。無名塚古墳には、各段に埴輪列が再現されていましたが、半数が破壊され、墳頂部にはわずか二本しか残っていません。また、貝吹山古墳は未整備で、樹木が繁茂しているため全景を見通すことができません。その上、雨水の浸食により墳丘に溝ができています。公園全体の再整備が必要かと思われます。

貝吹山《かいぶきやま》古墳は墳丘長一三〇メートルの前方後

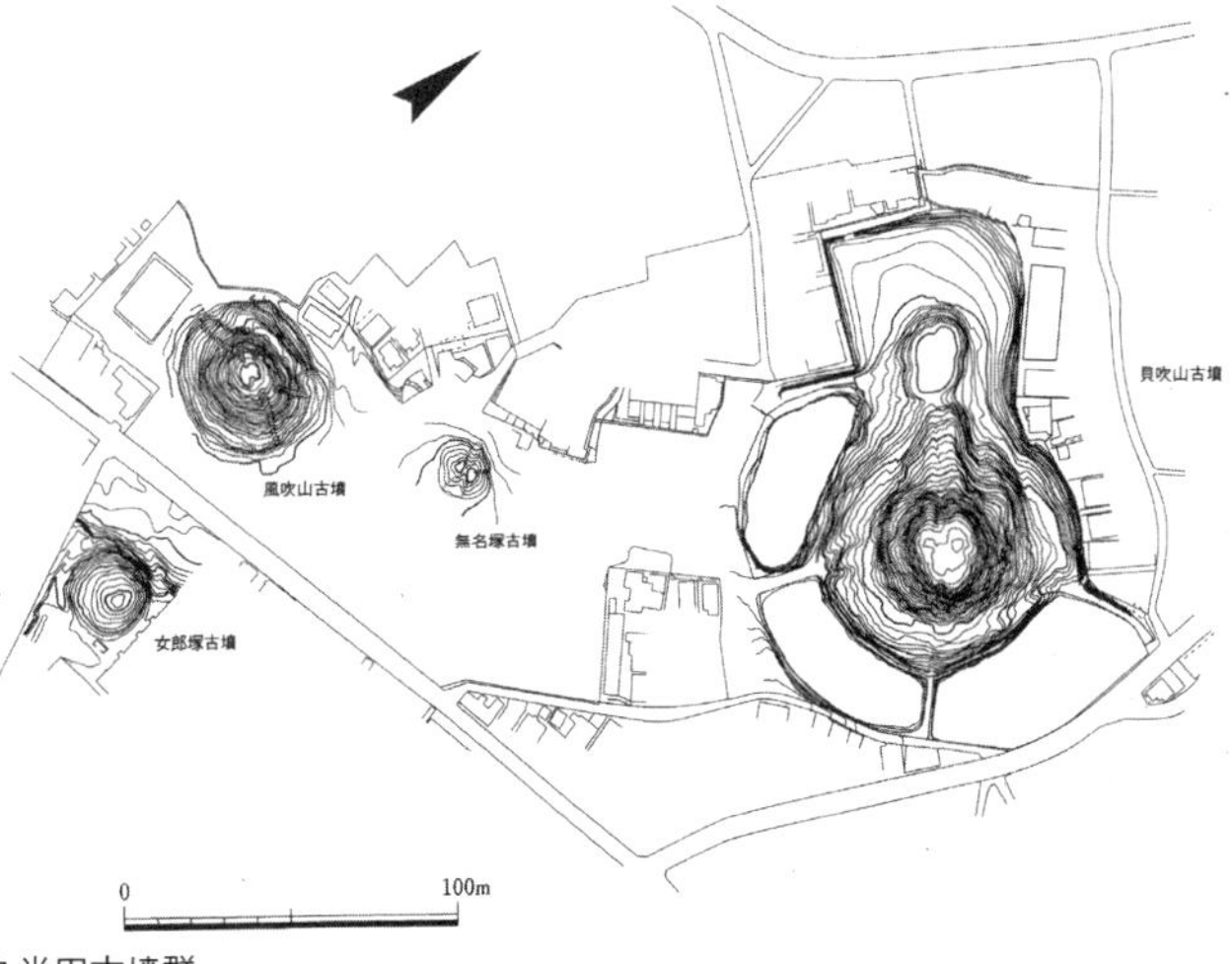

久米田古墳群

貝吹山古墳　和泉市にも貝吹山古墳があり、こちらは信太貝吹山古墳と呼ばれている。

円墳です。後円部は三段築成ですが盛土の流出が著しく、墳丘の表面で埴輪列が露出しているのが観察できます。墳丘に沿って周堀がめぐっていますが、後円部の堀以外は民家などによって埋め立てられています。

後円部の裾に「史跡諸兄塚」と書かれた古い標柱が建っています。この古墳は橘《たちばなの》諸兄《もろえ》の墓であるという伝承があり、周辺の各古墳には光《こう》明《みょう》皇后塚、志阿弥法師塚《しあみほうしづか》などと固有名詞がつけられたものが多くありますが、時代が大きく異なります。

貝吹山古墳は一九三〇年に梅原末治氏らが調査し、墳丘の測量図がつくられています。その際、前方部から墳丘の主軸に平行して粘土槨状の遺構が発見されています。礫石《れきせき》敷きの床の上を木炭を混ぜた粘土で覆っており、両面の接する部分は朱に染まっていたと報告されています。

公園整備による調査で、後円部の埋葬施設の発掘が行われましたが、すでに破壊され、副葬品も大部分が持ち去られていました。埋葬施設は、主軸に平行して築かれており、墓壙《ぼこう》の床面には粘土と礫を敷き、刳抜《くりぬき》式石棺を安置した後、竪穴式石槨を築いています。埋め戻された墓壙から、わずかに画文帯神獣鏡、石製腕飾類、銅鏃、鉄製武器・武具、工具などが見つかっています。また前方部から円筒埴輪、鰭付円筒埴輪、朝顔形埴輪の破片も検出されました。築造年代は、摩湯山古墳に先行する四世紀中頃と考えられ、泉州地域では最初につくられた古墳です。

風吹山《かぜふきやま》古墳は、造出し付きの円墳として築造されていたものが、帆立貝形に改造された珍しい古墳です。

無名塚古墳

被葬者の身分が古墳の築造中に昇格したのではないかとみる人もいます。古墳の規模は墳丘長七一メートル、三段築成で馬蹄形の堀がめぐっています。一段目のテラスから埴輪列が見つかっており、埴輪列の中に等間隔で、用途不明の柱穴があります。墳頂部には平行して二つの埋葬施設があり、南側は粘土槨で割竹形木棺の内外に三角板革綴《さんかくいたかわとじ》衝角付冑《しょうかくつきかぶと》、長方板革綴短甲が副葬されていました。そのほか鉄刀・鉄剣の痕跡も残されています。北側は組合式木棺に二体同時に埋葬されていたと考えられます。棺の中央部に画文帯神獣鏡、東の端に鏡の痕跡、また西の端には四三点もの竪櫛が見つかっています。ほかに翡翠、碧玉、ガラス製の各種玉類が多数副葬されていました。築造時期は四世紀末～五世紀初頭と推定されます。

貝塚丸山古墳（貝塚市）

貝塚丸山《かいづかまるやま》古墳（地蔵堂丸山《じぞうどうまるやま》古墳）はＪＲ阪和線和泉橋本《いずみはしもと》駅の西三〇〇メートルにあります。後円部の東側に入り口があり、石柱と屋根付きの解説板が設置されています。貝塚丸山古墳は貝塚市唯一の前方後円墳です。墳丘長七〇メートル、前方部が西を向いており、もとは周囲に堀があったとされていますが、現在は民家が建て込んでいるので観察できません。

標高二五メートルの台地の西端に立地しており、築造当時は北西に広がる平野を一望できたと思われますが、現在では住宅地でさえぎられ見通しが悪くなっています。墳丘の形は前方部が低く、幅の狭い前期古墳

貝塚丸山古墳

に見られる特徴を持っています。また段築は認められません。天正一三年（一五八五）、豊臣秀吉が根来《ねごろ》・雑賀《さいか》征伐のため、積善寺城《しゃくぜんじじょう》を攻めた時、貝塚丸山古墳に本陣を敷いて陣頭指揮をとったという記録が残っています。このとき墳丘が改変された可能性もあります。

一九五五年にいたすけ古墳の保存問題が起こり、放置されていた貝塚丸山古墳の処遇が問題となりました。このため市は所有者に寄付を依頼して保存されることになり、土砂採取で削られた部分は復旧工事が行われ、翌一九五六年に国史跡に指定されました。二〇〇〇～二〇〇二年度にかけて整備工事に伴う調査が行われ、葺石と埴輪列が確認されています。出土した埴輪から四世紀後半の築造と推定されています。貝塚丸山古墳の南側に貝塚市立南小学校があり、校舎建て替え工事などで方墳や円墳などが六基発見され、地蔵堂《じぞうどう》古墳群と名づけられました。

淡輪古墳群（岬町）

大阪府の最南端、岬町《みさきちょう》には多くの古墳が存在します。なかでも西陵《さいりょう》古墳と淡輪《たんのわ》ニサンザイ古墳の二大前方後円墳の姿は圧巻で、大王家の墓とされる百舌鳥古墳群に匹敵する規模を誇っています。畿内中枢部から遠く離れたこの地にこれほどの巨大古墳が築かれているのは驚きです。

淡輪《たんのわ》ニサンザイ古墳は、南海本線淡輪駅の下りプラットホームの裏手にあります。墳丘長一八〇メートル、段丘の縁辺に位置しており、三段築成でくびれ部両側に造出しがあります。円筒埴輪や朝顔形埴輪のほか、盾、靫、甲冑、衣蓋、家、囲形の各種形象埴輪が出土しています。「垂仁天皇皇子五十瓊敷入彦《いにしきいりひこの》命《みこと》宇度墓《うどのはか》」として宮内庁が管理

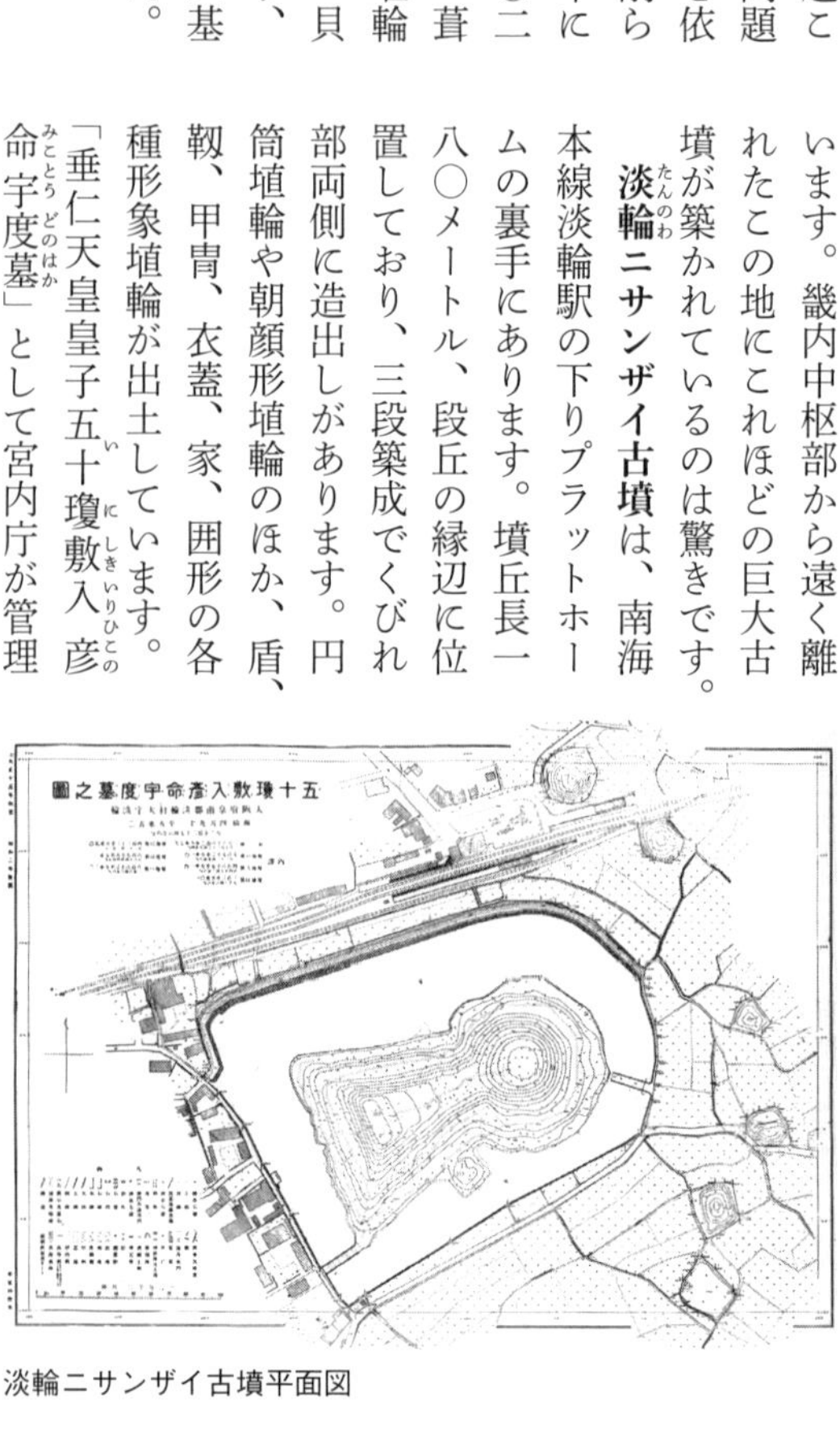

淡輪ニサンザイ古墳平面図

しています。

五世紀中頃の古墳で、満々と水をたたえた盾形の堀に囲まれており、後円部を中心に**七基の陪塚**がありました。以前は東側の道路上から六基の陪塚を一望できましたが、近年家屋などが建て込んで見通しが悪くなりました。後円部付近の水田の畦を注意深く観察すると、陪塚と堤の間に、同心円状に畦道がめぐっていることがわかります。これは二重堀の痕跡と思われます。

二〇一四年、護岸工事に伴う発掘現場が陵墓関係学会に公開されました。この古墳の南側の造出しは平面図からも明瞭な方形をしており、通常の造出しよりかなり高くなっています。造出しは二段になっており、各段に円筒埴輪列がめぐっています。下段の埴輪列では、朝顔形埴輪がほぼ完全な形で立っていました。造出しは墳丘の一段目よりも低いのが普通ですが、ここでは造出しのほうが高く、この部分では形象埴輪が集中して確認され、従来の造出しとは大きく異なっています。さながら二段築成の方墳がくっついたようです。埋葬施設または副葬品専用の施設があるかもしれません。前期古墳に見られる島状遺構は通常、前方部の左右にありますが、こちらは片側だけにしかありません。しかもくびれ部に接続しているので、いわゆる島状遺構とは区別して考える必要がありそうです。

淡輪ニサンザイ古墳の造出し

造出しの埴輪列

七基の陪塚　一基は消滅、現存する二基は方墳、四基が円墳。

この造出しも墳丘を取り巻く陪塚も、中心部分は未調査のため詳細は不明です。

西陵《さいりょう》古墳は、淡輪ニサンザイ古墳の西約七〇〇メートルのところにあります。墳丘長は二一〇メートル、淡輪ニサンザイ古墳とは逆に前方部が北東を向いています。南から延びる丘陵の先端を加工してつくられており、三段築成で西側くびれ部に造出しがあります。円筒埴輪のほか衣蓋、楯形などの形象埴輪が出土しています。淡輪ニサンザイ古墳に比べて墳丘規模が若干大きく、周堀は墳丘に沿った形をしています。また前方部の開きが少なく、立地や形状および埴輪の形式から見ると、西陵古墳のほうが少し前につくられたことがわかります。

後円部上に凝灰岩製刳抜式の長持形石棺が露出していたこともありますが、一九二二年（大正一一）に**史跡に指定**されたとき埋め戻されました。現在は国史跡に指定されており、手続きを踏めば誰でも墳丘内へ立ち入って自由に見学することができます。ただし、雑草がひどいの

西陵古墳

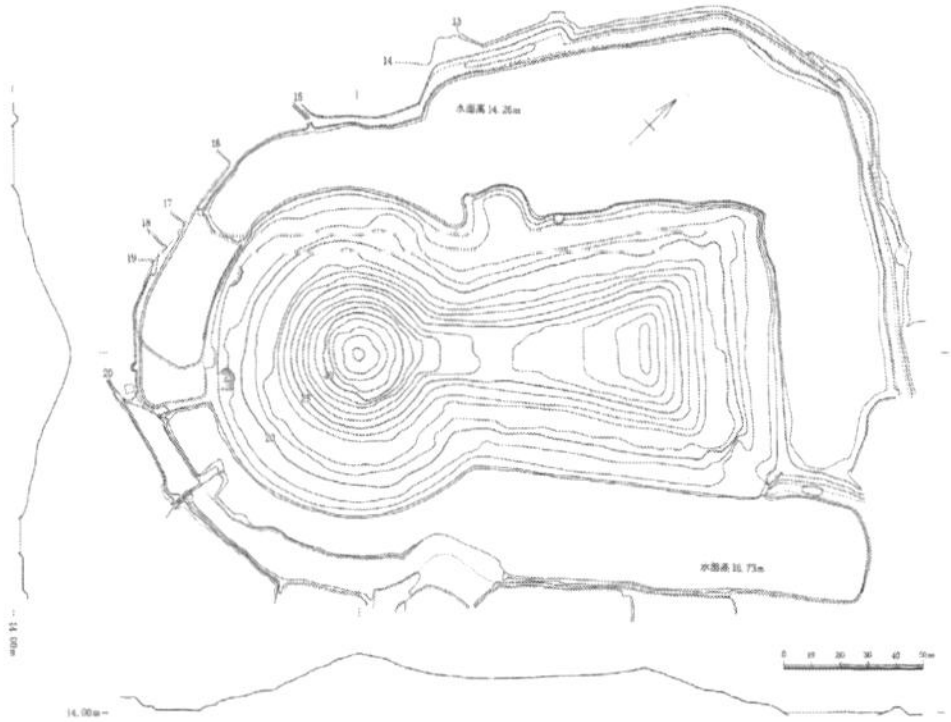

西陵古墳平面図

史蹟に指定　当時は史蹟名勝天然紀念物保存法による内務大臣指定。

で夏場は避けたほうがよさそうです。

前方部に三基の陪塚がありましたが、南海線の建設で一基が破壊されました。破壊された陪塚からは須恵器提瓶《ていへい》、高杯、壺、平瓶、刀身、鉄鏃が出土しているので、陪塚ではなく、独立した後期古墳ではないかと思われます。残る二基は南海線をはさんだ住宅地の中にあります。西陵古墳、淡輪ニサンザイ古墳の全景が見渡せる見学スポットは、道の駅「みさき」です。

淡輪古墳群の中で忘れてはならないのが**西小《にしこ》山《やま》古墳**です。一九三〇年、末永雅雄氏らによって発掘調査が行われ、直径五〇メートルの小円墳ながら学史的にも有名な古墳です。東西方向に長い竪穴式石槨からは金銅装《こんどうせい》眉庇付冑《まびさしつきかぶと》や各種の甲、刀、矛、鏃《やじり》などの武器・武具、滑石製の勾玉などが多数見つかっています。特に冑《かぶと》は**学会で知られている五例**のうち、研究者の調査で唯一発掘した貴重なものでした。この冑は一九五五年に大阪城天守閣の陳列棚から姿を消しました。末永氏は「第二次大戦直後大阪城内はアパッチ族の巣窟となっていたので彼らの中の悪党の仕業ではないか」(『考古学の窓』)と述懐しています。この冑には京大考古学教室で模造や修理を担当していた荒谷芳雄氏がつくった復原品が二例あり、出来映えの良かったほうを本物とともに並べていましたが、それも同時に姿を消しています。もう一方のものは京大に保管されているとのことです。なお、「大阪府史蹟名勝天然紀念物調査報告第3輯」に掲載されている石室および石室内遺物配置図は、前者に対し

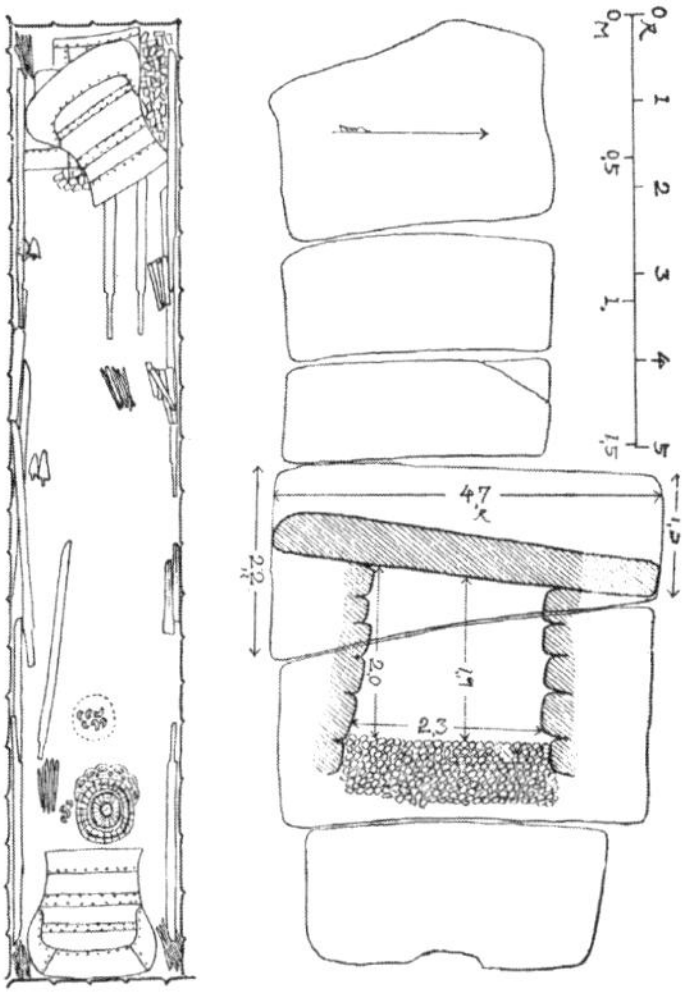

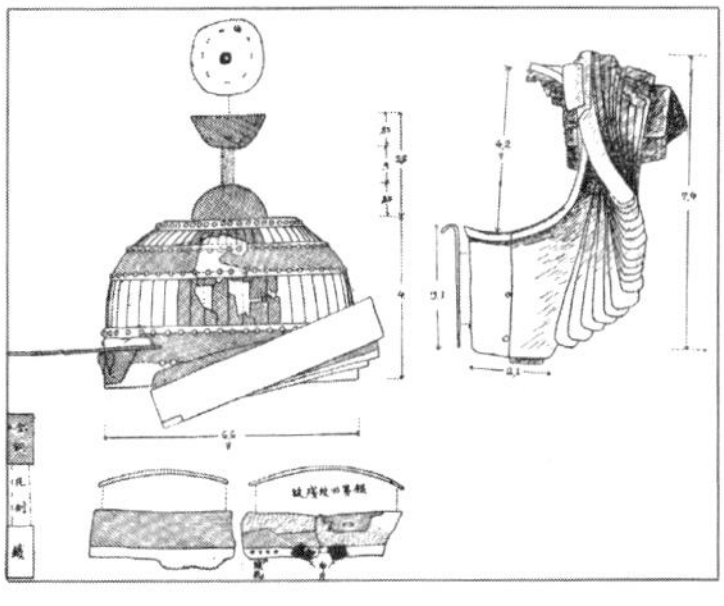

上：西小山古墳の埋葬施設
下：西小山古墳出土冑

学会で知られている五例　他に千葉県の清川古墳、福岡県の月ノ岡古墳、堺市の大山古墳前方部、三重県出土で米国メトロポリタン博物館所蔵品。

後者の方位が逆転しています。末永氏は後日『考古学の窓』で、本書に掲載した図（前頁上図）のほうが正しいことを記しています。

一九八一年、大阪府教育委員会が再調査を行っています。石室は痕跡をとどめないほど削平を受けていましたが、和泉砂岩の葺石と埴輪列はよく残されていました。周堀と、墳丘の北西に造出しを持ちます。円筒埴輪、朝顔形埴輪のほか衣蓋形埴輪があり、そのうち須恵質のものが一五％を占めます。

府道和歌山阪南線（旧国道二六号線）に面していますが、ソーラーパネルが設置されているので、どこまでが古墳か一見しただけでは見分けがつきません。隣は葬儀会場です。府道からでは古墳の姿が確認できませんが、西側から一段下の田圃に降りてみると墳丘のカーブがよくわかります。淡輪古墳群にみられる円筒埴輪には、須恵器と呼ばれる硬質の焼物の技術で焼かれたものがあり、底の部分に特徴的な調整方法を施します。この製作技法は通称「淡輪技法」と呼ばれています。埴輪に詳しい川西宏幸氏によると、これらの埴輪は、その胎土《たいど》から紀ノ川北岸特有のものであるらしいとのことです。

紀ノ川下流北岸の古墳

話は横道にそれますが、紀ノ川の下流、和歌山市木ノ本に**車駕之古址《しゃかのこし》古墳**があります。墳丘長八六メートル、和歌山県内で最大級の前方後円墳です。墳丘が削平され形が崩れていることから、地元の不動産業者によって宅地造成されようとしましたが、保存運動が起こりました。最終的に旅田卓宗和歌山市長（当時）が買収を表明し残されることになりました。風前の灯火であった車駕

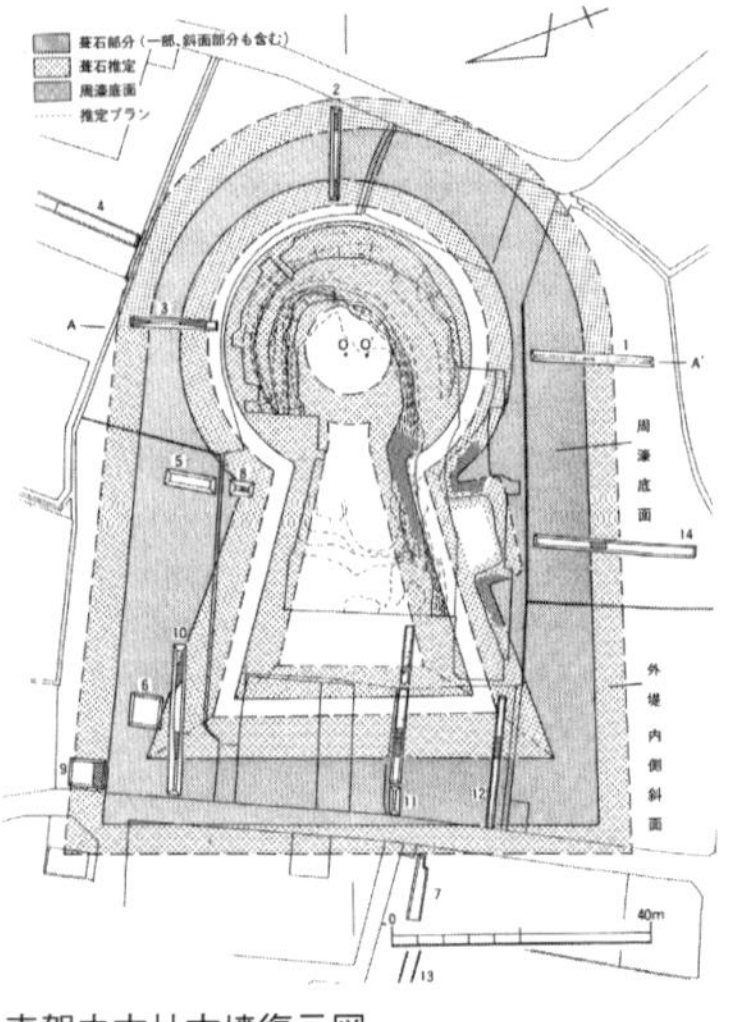

車駕之古址古墳復元図

之古址古墳を破壊から救ったのは、婦人会を中心とした地元の方々の郷土愛に支えられた熱意です。発掘調査の途中、新羅製と見られる金製の勾玉が出土しセンセーションを巻き起こしたことも追い風となりました。

保存運動に奔走した婦人会の中心メンバーの胸には、純金で複製した勾玉のネックレスが輝いていました。その後和歌山県史跡に指定され、古墳公園として整備されましたが、巨大な庭石を墳丘上に配置しており、文化財担当部局が関わったとも思えません。地元の住民からは早急に撤去してほしいとの要望が出されています。

車駕之古址古墳の築造年代は淡輪ニサンザイ古墳に続く五世紀後半で、同古墳の東側四キロメートルの地点にある**大谷古墳**《おおたに》は、墳丘長六七メートル、五世紀末から六世紀初頭頃の築造と推定されています。両者の埴輪は淡輪ニサンザイ古墳の製作技法を受け継いだ可能性が指摘されています。なお大谷古墳からは、有名な馬の冑が出土しています。眼下に楠見《くすみ》遺跡があり、ここでは朝鮮半島色の濃い初期陶質土器（須恵器の原形）が出土しています。さらに約一キロメートル北東部では五世紀前半から中頃の大倉庫群が見つかった鳴滝《なるたき》遺跡があります。

話は和歌山にまで飛んでしまいましたが、淡輪古墳群を含め、紀ノ川下流北岸から大阪湾岸南部にかけての一帯は、大陸との国際交流を取り仕切った集団が活躍した舞台でした。その後紀伊国と和泉国に分かれてしまいましたが、当時この一帯は、同一集団の勢力圏であり、まさに紀伊の国そのものでした。西陵古墳、淡輪ニサンザイ古墳、車駕之古址古墳、大谷古墳はこの地域の歴代の最高首長の墓と考えられます。

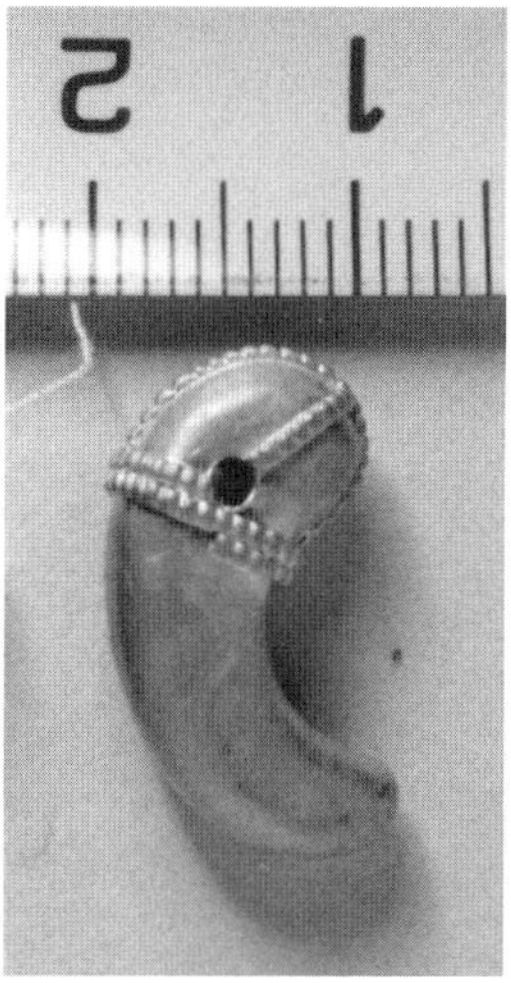

車駕之古址古墳出土金製勾玉

鳴滝遺跡の大倉庫群

あとがき

筆者の生まれ育った泉南市は大阪府の泉州地域の中でも南部にある市です。対岸には関西空港があります。郷土の歴史を学ぶ会「泉南歴史研究会」が発足してまもなく、機関紙「歴研通信」に「泉州の遺跡発掘物語」というテーマで連載する機会を得ました。泉州は遺跡の宝庫でありながら、地元の人にすらあまり知られていません。美しい景観とともに残されていた遺跡も高度成長時代、すさまじい勢いで破壊され、それに激しく抵抗してきた住民の姿も今では覚えている人が少なくなりました。

泉州に残された祖先の足跡を多くの人々に知っていただくとともに、それらの遺跡を守ってきた人々の足取りも同時に紹介するのが、連載の目的です。いわば遺跡の現代史ともいえる内容でした。この連載原稿は、その後『泉州の遺跡物語』として、二冊出版することができました。当初は大阪南部からはじめた連載も、巨大古墳の集積地である堺市にたどり着くまでに終了せざるを得ませんでした。今回、その堺市にある百舌鳥古墳群を紹介できる機会を得たことは幸いです。

小学生の頃、南海電車に乗って大阪方面に行く時、石津川を越えると林立する木製の風車の間隙をぬって、鬱蒼とした森が島のように浮かんでいたのを覚えています。島のように見えたのは、大山古墳と石津ケ丘古墳でした。その後、市街化が進み、車窓からは見えなくなっていましたが、近年線路が高架になったため、また再びよく見えるようになりました。大山古墳の存在は教科書などでよく知られていても、この車窓から見える森がそうであると気づく人は少ないのではないでしょうか。

百舌鳥古墳群は古市古墳群とともに世界遺産登録を目指して、さまざまな取り組みが行われてきました。推進本部などが行う講演会やイベントなどにはできる限り参加してきましたが、参加者の顔ぶれが、いつもどこかで見たような方が多かったような気がしていました。もっと多くの新たな方々に古墳めぐりを楽しんでいただけたら、というのが、本書を執筆した大きな動機のひとつです。

本書執筆にあたり、分布図をもとに何度となく百舌鳥古墳群を歩いてみました。面的に広がる古墳群では、なかなか効率よくまわることができません。また、市街化が進んでおり、住宅密集地の中にあって、道路からは直接見えない古墳もあります。小さい古墳では、墳丘の森か屋敷林かの見当がつかないものもありました。世界遺産登録を機に、個々の古墳には解説板が新たに設置されましたが、宮内庁の陪塚などは古い石碑のみで、それすらもよく見えないものもあります。

現存する古墳でも、半数以上が半壊状態で、およそ古墳の形をしていないものもあります。大型前方後円墳は九基ありますが、このうち宮内庁が管理する陵墓等が六基あり、他の三基は国史跡ですが、自由に立ち入れる古墳はひとつもありません。他方、古市古墳群の藤井寺市の大鳥塚《おおとりづか》古墳や古室山《こむろやま》古墳には自由に登ることができます。古室山古墳の墳丘には梅や桜の木が植えられており、季節になると美しい花を咲かせ、訪れる人々を楽しませています。また、津堂城山古墳は後円部の一部が陵墓参考地ですが、古墳公園として整備され、内堀の部分は菖蒲《しょうぶ》や菜の花、コスモスといった花々が植えられ、ガイダンス棟の「まほらしろやま」があって、古墳についての学習を深めることができます。古市古墳群に比べて百舌鳥古墳群は、市民と古墳との距離感が物心ともに少し離れているとも感じられました。

本書（初版）執筆中に森浩一先生の訃報が入ってきました。筆者が泉大津市に勤務するようになった頃には、森先生はすでに泉大津高校の勤務を辞めておられ、親しくお話しする機会はほとんどありませんでしたが、文化財保護体制がいまだ整っていなかった頃、開発で壊されていく百舌鳥古墳群を精力的に調査され、それらの記録の一端は先生の著書や、同校地歴部のガリ版刷りの冊子などで垣間見ることができました。本書にもたびたび引用させていただきましたが、まだまだ、ご教示いただけることが山ほどあったのではないかと思います。併せて本書の批評も仰ぎたいと思っていたところでしたので、残念でなりません。

最後になりましたが、本書をまとめるにあたってご指導いただいた石部正志、宮川徏、小笠原好彦の各先生をはじめ、堺市文化財課および世界遺産推進室の担当者の方々、和泉市いずみの国歴史館白石耕治氏、泉南市埋蔵文化財センターほか関係機関の皆さん、励ましをいただいた長山雅一、中井正弘、西田孝司の各氏ほか関西文化財保存協議会の方々、本書の出版をお引き受けいただいた創元社と編集の労をおとりいただいた松浦利彦さんに感謝の意を表します。

参考文献（発行年順）

堺市『堺市史　第1巻　本編』１９２９年
堺市『堺市史　第7巻　別編』１９３０年
森浩一・宮川徏「堺市百舌鳥赤畑町カトンボ山古墳の研究（古代学叢刊第1冊）」１９５３年
末永雅雄『空からみた古墳（アサヒ写真ブック17）』朝日新聞社、１９５５年
石部正志「百舌鳥三陵への疑義（古代学研究50）」１９６８年
白石太一郎「畿内における大型古墳群の消長（考古学研究61）」１９６９年
堺市『堺市史　続編　第1巻』１９７１年
高槻市『高槻市史　第6巻　考古編』１９７３年
末永雅雄『古墳の航空大観』学生社、１９７５年
大西美千代「百舌鳥古墳群の現状——中学生の古墳調査（展望）（考古学研究88）」１９７６年
大阪府『大阪府史　第1巻　古代編1』１９７８年
石部正志・田中英夫・宮川徏・堀田啓一「畿内大形前方後円墳の築造企画について（古代学研究89）」１９７９年
石部正志『大阪の古墳（大阪文庫2）』松籟社、１９８０年
石部正志「畿内の巨大古墳と倭の五王の世紀（ヒストリア90）」１９８１年
中井正弘『伝仁徳陵と百舌鳥古墳群——近世資料を中心とした研究と航空写真』摂河泉文庫、１９８１年
原島礼二・石部正志・今井堯・川口勝康『巨大古墳と倭の五王』青木書店、１９８１年
近藤義郎『前方後円墳の時代（日本歴史叢書）』岩波書店、１９８３年
堺市立陵南中学校郷土部「百舌鳥古墳群の現状Ⅱ」１９８６年
近藤義郎『前方後円墳集成　近畿編』山川出版社、１９９１年
中井正弘『仁徳陵——この巨大な謎』創元社、１９９２年
堺市立陵南中学校郷土部・堺市立深井中央中学校郷土部「百舌鳥古墳群」１９９３年
大阪府立近つ飛鳥博物館「仁徳陵古墳——築造の時代」１９９６年
堺市博物館「大王墓の時代——百舌鳥古墳群・よみがえる五世紀」１９９６年
十河良和「百舌鳥古墳群出土円筒埴輪の諸相」『網干善教先生古稀記念考古学論集　上巻』網干善教先生古稀記念会、１９９８年
宮内庁書陵部陵墓課『宮内庁書陵部陵墓地形図集成』学生社、１９９９年
陵墓限定公開20回記念シンポジウム実行委員会『日本の古墳と天皇陵』同成社、２０００年
堺市博物館「堺発掘物語——古墳と遺跡から見た堺の歴史」２００１年
田中晋作『百舌鳥・古市古墳群の研究』学生社、２００１年
広瀬和雄『前方後円墳国家』角川選書、２００３年
森浩一「失われた時を求めて——百舌鳥大塚山古墳の調査を回顧して（堺市博物館報22）」２００３年
久世仁士『泉州の遺跡物語』２００４年
堺市博物館「百舌鳥古墳群と黒姫山古墳」２００５年
文化財保存全国協議会「巨大古墳群と民衆（明日への文化財55）」２００６年
堺市教育委員会「百舌鳥古墳群の調査1～13」２００８～２０１９年
久世仁士『泉州の遺跡物語　第2集』２００８年
一瀬和夫『古墳時代のシンボル　仁徳陵古墳（シリーズ「遺跡を学ぶ」

０５５）』新泉社、２００９年
今井堯『天皇陵の解明――閉ざされた「陵墓」古墳』新泉社、２００９年
大阪府立近つ飛鳥博物館「百舌鳥・古市大古墳群展――巨大古墳の時代」２００９年
堺市博物館「仁徳陵古墳築造――百舌鳥・古市の古墳群からさぐる」２００９年
堺市博物館「百舌鳥古墳群の陵墓古写真集――明治・大正・昭和初期」２００９年
堺市博物館「百舌鳥古墳群――その出土品からさぐる」２０１０年
高木博志『陵墓と文化財の近代（日本史リブレット97）』山川出版社、２０１０年
広瀬和雄『前方後円墳の世界』岩波新書、２０１０年
一瀬和夫『巨大古墳の出現　仁徳朝の全盛（新・古代史検証　日本国の誕生2）』文英堂、２０１１年
大阪府立近つ飛鳥博物館「百舌鳥・古市の陵墓古墳――巨大前方後円墳の実像」２０１１年
堺市文化財課「百舌鳥野の幕開け――大王墓築造開始の謎に迫る（堺市文化財講演会録第2集／第1回百舌鳥古墳群講演会記録集）」２０１１年
徳田誠志「米国ボストン美術館所蔵　所謂『伝仁徳天皇陵出土品』の調査（書陵部紀要62）」２０１１年
樋口吉文「仁徳陵と百舌鳥古墳群（フォーラム堺学第17集）」２０１１年
矢澤高太郎『天皇陵の謎』文春新書、２０１１年
阪口英毅『前期古墳解明への道標　紫金山古墳（シリーズ「遺跡を学ぶ」０８１）』新泉社、２０１１年
「陵墓限定公開」30周年記念シンポジウム実行委員会『「陵墓」を考える――陵墓公開運動の30年』新泉社、２０１２年
石部正志『古墳は語る――最新の成果で学び、楽しむ初期国家の時代（未来への歴史）』かもがわ出版、２０１２年
堺市文化財課「徹底分析・仁徳陵古墳――巨大前方後円墳の実像を探る（堺市文化財講演会録第4集／第2回百舌鳥古墳群講演会記録集）」２０１２年
五十嵐敬喜・岩槻邦男・西村幸夫・松浦晃一郎『古墳文化の煌めき――百舌鳥・古市古墳群を世界遺産に』ブックエンド、２０１３年
堺市文化財課「漆黒の武具・白銀の武器――百舌鳥古墳群と五世紀の動乱（堺市文化財講演会録第6集／第3回百舌鳥古墳群講演会記録集）」２０１３年
和泉市史編さん委員会「和泉市の考古・古代・中世（和泉市の歴史6　テーマ叙述編Ｉ）」２０１３年
七観古墳研究会「七観古墳の研究――１９４７年・１９５２年出土遺物の再検討」２０１４年
高槻市立今城塚古代歴史館「太田茶臼山古墳の時代――王権の進出と三島」２０１７年
今尾文昭・高木博志『世界遺産と天皇陵古墳を問う』思文閣出版、２０１７年
堺市文化財課「堺の文化財　百舌鳥古墳群（第8版）」２０１９年
大阪府立近つ飛鳥博物館「百舌鳥・古市古墳群と土師氏」２０１９年
「大阪春秋　第１７７号」２０２０年

図版出典一覧（特記外は著者作成・撮影、編集部作成）

22頁　広瀬和雄『前方後円墳国家』角川選書（一部改変）
27頁　堺市文化財課「堺の文化財　百舌鳥古墳群（第7版）」（一部改変）
29頁・上段・右上　大阪府立近つ飛鳥博物館提供
29頁・上段・右下、上段・右下・中（2点）　藤井寺市教育委員会提供
29頁・上段・左　広島県教育委員会・広島県埋蔵文化財センター「松ヶ迫遺跡発掘調査報告」
32頁・上　奈良県立橿原考古学研究所提供（阿南辰秀撮影）
32頁・中　大阪府立近つ飛鳥博物館提供、関西大学考古学研究室蔵
32頁・右下　末永雅雄・嶋田曉・森浩一「和泉黄金塚古墳（日本考古学報告第五冊）」（一部改変）
32頁・左下　大阪府立近つ飛鳥博物館提供、堺市立みはら歴史博物館蔵
39頁・下、堺市教育委員会「百舌鳥古墳群の調査10」（一部改変）
43頁　堺市教育委員会「百舌鳥古墳群の調査10」
46頁・下　堺市文化財課「堺の文化財　百舌鳥古墳群（第7版）」
53頁・上　堺市教育委員会「百舌鳥古墳群の調査2」
53頁・下　堺市教育委員会「百舌鳥古墳群の調査1」
55頁　堺市文化財課「堺の文化財　百舌鳥古墳群（第8版）」
56頁　堺市文化財課「堺の文化財　百舌鳥古墳群（第8版）」
57頁（上2点）　八王子市郷土資料館提供
57頁（下2点）　堺市博物館提供
58頁（3点）　宮内庁陵墓調査室「仁徳天皇百舌鳥耳原中陵の墳丘外形調査及び出土品（書陵部紀要52）」
63頁・下　堺市教育委員会「百舌鳥古墳群の調査4」
64頁・上　田中晋作「百舌鳥76号墳出土資料について（古代学研究101）」
67頁・下、堺市文化財課「堺の文化財　百舌鳥古墳群（第8版）」
68頁・上　堺市文化財課「堺の文化財　百舌鳥古墳群（第8版）」（一部改変）
68頁・下　和田一之輔「石見型埴輪の分布と樹立古墳の様相（考古学研究211）」
71頁・下　森浩一「堺市百舌鳥古墳群内出土の琴柱形石製品（古代学研究68）」
73頁（4点）　樋口隆康・岡﨑敬・宮川徏「和泉七観古墳調査報告（古代学研究27）」
75頁・下　堺市教育委員会「百舌鳥古墳群の調査6」
78頁・下　奈良県立橿原考古学研究所提供（末永資料）
79頁・下　堺市文化財課「堺の文化財　百舌鳥古墳群（第8版）」
81頁　末永雅雄『空からみた古墳（アサヒ写真ブック17）』朝日新聞社
82頁・上　堺市教育委員会「百舌鳥大塚山古墳発掘調査報告（堺市文化財調査報告第40集）」
86頁・中　堺市教育委員会「百舌鳥古墳群の調査3」
86頁・下　堺市文化財課提供
88頁・下　堺市文化財課「堺の文化財　百舌鳥古墳群（第8版）」
92頁・下　堺市教育委員会「百舌鳥古墳群の調査6」
93頁　堺市文化財課「堺の文化財　百舌鳥古墳群（第7版）」
96頁、98頁・上　堺市教育委員会「百舌鳥古墳群の調査5」
98頁・下　堺市文化財課提供
101頁、102頁（2点）　森浩一・宮川徏「堺市百舌鳥赤畑町カトンボ山古墳の研究（古代学叢刊第1冊）」
103頁・下　堺市教育委員会「百舌鳥古墳群の調査――ニサンザイ古墳・陪塚の発掘調査報告1　図版編」
119頁、120頁　中井正弘『伝仁徳陵と百舌鳥古墳群』摂河泉文庫
121頁　森浩一「大阪府百舌鳥平井塚古墳の須恵器（古代学研究65）」
122頁　堺市文化財課提供
127頁　堺市教育委員会「四ツ池遺跡発掘調査概要報告」（一部改変）

135頁・下　奈良県立橿原考古学研究所「纒向」
137頁「第2回百舌鳥・古市古墳群世界文化遺産登録推進国際シンポジウム」（百舌鳥・古市古墳群世界文化遺産登録推進本部会議）
145頁（2点）　堺市教育委員会「土師遺跡発掘調査概要報告（堺市文化財調査概要報告第27冊）」
146頁・上　堺市文化財課提供
146頁・下　大阪府教育委員会「百舌鳥陵南遺跡発掘調査概要――堺市百舌鳥陵南町所在（大阪府文化財調査概要1974-13）」
147頁　堺市教育委員会「百舌鳥高田下遺跡発掘調査概要報告（堺市文化財調査概要報告第69冊）」
149頁（2点）　堺市文化財課提供
153頁・上　日下雅義「古代の『住吉津』について」『藤澤一夫先生古稀記念古文化論叢』（一部改変）
157頁　大阪府文化財調査研究センター「堺市下田町所在下田遺跡――都市計画道路常盤浜寺線建設に伴う発掘調査報告書（大阪府文化財調査研究センター調査報告書第18集）」
163頁　四ツ池遺跡調査会「四ツ池遺跡　その7」
166頁　田中清美氏提供
167頁・下　大阪府教育委員会・大阪府埋蔵文化財協会「陶邑・大庭寺遺跡Ⅳ（大阪府埋蔵文化財協会調査報告書第90輯）」
169頁・上　奈良県立橿原考古学研究所「御所市秋津遺跡　現地説明会資料」
172頁　森浩一・宮川徏「堺市百舌鳥赤畑町カトンボ山古墳の研究（古代学叢刊第1冊）」
178頁、186頁　宮川徏氏提供
190頁　高槻市教育委員会「安満宮山古墳――発掘調査・復元整備事業報告書（高槻市文化財調査報告書第21冊）」
192頁・右下　高槻市『高槻市史　第6巻　考古編』（一部改変）
192頁・左下　高槻市教育委員会「弁天山古墳群の調査（大阪府文化財調査報告第17輯）」
193頁・中　高槻市教育委員会『継体天皇と今城塚古墳』吉川弘文館
196頁　高槻市教育委員会「史跡闘鶏山古墳確認調査報告書（高槻市文化財調査報告書第27冊）」
198頁・上　大阪府教育委員会「総持寺遺跡――古墳時代中期の小規模古墳群の調査（大阪府埋蔵文化財調査報告2004-2）」
199頁　大阪府『大阪府史　第1巻　古代編1』
211頁・上　和泉市教育委員会「和泉黄金塚古墳発掘調査報告書」
211頁・下　和泉市史編さん委員会「和泉市の考古・古代・中世（和泉市の歴史6　テーマ叙述編Ⅰ）」
212頁　和泉市教育委員会「和泉黄金塚古墳発掘調査報告書」（一部改変）
213頁　和泉丘陵内遺跡調査会「和泉丘陵の古墳――槇尾川中流域周辺の古墳群の調査（和泉丘陵内遺跡発掘調査報告書3）」
216頁・下　岸本直文「前方後円墳の築造企画からみた古墳時代の政治的変動の研究（平成13年度―平成16年度科学研究費補助金〈基盤研究B〉研究成果報告書）」
217頁　岸和田市教育委員会「久米田古墳群発掘調査報告2――風吹山古墳・無名塚古墳・持ノ木古墳の調査（岸和田市埋蔵文化財発掘調査報告書12）」
220頁　末永雅雄『古墳の航空大観』学生社
222頁・下　岬町教育委員会「西陵古墳発掘調査報告書（岬町文化財調査報告書第2集）」
223頁・上　末永雅雄『考古学の窓』学生社
223頁・下　大阪府「大阪府史蹟名勝天然紀念物調査報告第3輯」
224頁　和歌山市文化体育振興事業団「車駕之古址古墳範囲確認調査概報（和歌山市文化体育振興事業団調査報告書第9集）」

索　引

同一古墳の別称を（　）内に記し、うち本書で採用した正称を参照項目として（→）で示した。同名の古墳が複数ある場合、（＊）で識別した。難読語は〔　〕内に読み仮名を記した。

【あ】

【か】

【さ】

【た】

【や】

【ら】

【わ】

〈著者略歴〉

久世仁士（くぜ・ひとし）

一九四七年大阪府泉南市生まれ。法政大学文学部史学科卒業。泉大津市教育委員会参事・文化財係長を歴任後、現在、文化財保存全国協議会常任委員、大阪府文化財愛護推進委員、日本考古学協会会員。著書『百舌鳥古墳群をあるく』『古市古墳群をあるく』『世界遺産 百舌鳥・古市古墳群をあるく』（創元社）、共著書『新版遺跡保存の辞典』（平凡社）、『世界遺産と天皇陵古墳を問う』（思文閣出版）。

百舌鳥《もず》古墳群《こふんぐん》をあるく 増補改訂第2版
——巨大古墳《きょだいこふん》・全案内《ぜんあんない》

二〇一四年七月二〇日 第一版第一刷発行
二〇二〇年五月二〇日 増補改訂第二版第一刷発行

著 者 久世仁士
発行者 矢部敬一
発行所 株式会社 創元社
〈本 社〉〒五四一-〇〇四七 大阪市中央区淡路町四-三-六
電話（〇六）六二三一-九〇一〇㈹
〈東京支店〉〒一〇一-〇〇五一 東京都千代田区神田神保町一-二 田辺ビル
電話（〇三）六八一一-〇六六二㈹
〈ホームページ〉https://www.sogensha.co.jp/

組版 はあどわあく 印刷 図書印刷

ISBN978-4-422-20164-1 C0021

古市古墳群をあるく【増補改訂第2版】―巨大古墳・全案内―

久世仁士著　世界遺産に登録された古市古墳群を再訪し、現存・消滅を含む全古墳を案内。第2版では発掘調査や現地情報を刷新し、大阪府内の河内地域全域の古墳も増補し掲載。**1800円**

世界遺産百舌鳥・古市古墳群をあるく

久世仁士著、創元社編集部編　巨大古墳集積地として知られる百舌鳥・古市古墳群。世界遺産に登録された全四九基の古墳を、最新の調査結果も交え写真・図版・地図とともに案内。**1200円**

カラー版　大阪古地図むかし案内―江戸時代をあるく―

本渡章著　江戸時代の貴重な古地図を、虫眼鏡ですみずみまで鑑賞するかのような趣向で味わい尽くす。大阪の歴史文化や地理地形もわかる案内書。カラー古地図約150点収載。**2300円**

大阪ことば学

尾上圭介著　いまや全国区になった「無敵の大阪弁」。その背後には人との接触の仕方、表現の仕方など独特の文化がある。気鋭の国語学者が鮮やかに切ってみせたことばの大阪学。**1200円**

日本の祭と神賑―京都・摂河泉の祭具から読み解く祈りのかたち―

森田玲著　日本の祭のかたちを神輿・提灯・太鼓台・地車・唐獅子などの祭具の歴史から読み解き、京都と大阪（摂河泉）を中心に全国各地を探求。祭の本質と新たな魅力を描き出す。**2000円**

橋爪節也の大阪百景

橋爪節也著　大阪的文化の地層を掘り起こす圧巻の100コラム。言葉、人物、絵画、文学その他貴重資料から、この街に埋もれた本物の都市文化とその魅力を洒脱につづる。図版多。**1800円**

大阪万博の戦後史―EXPO'70から2025年万博へ

橋爪紳也著　大阪大空襲、占領下を経て、復興から高度経済成長へと向かっていく時代と70年万博の熱狂を描き出す。2025年日本国際博覧会（大阪・関西万博）の構想案も公開。**1600円**

聖地再訪　生駒の神々―変わりゆく大都市近郊の民俗宗教―

宗教社会学の会編　前著『生駒の神々』から四半世紀を経て、大都市近郊の「神々」の再調査を敢行。石切神社をはじめ中小寺院、新潮流の断食・ヨガ道場、占いストリートなども探求。**1900円**

飛田百番―遊廓の残照―

橋爪紳也監修、上諸尚美写真、吉里忠史・加藤政洋著　飛田遊廓を代表する建物「百番」は様々な「遊びのデザイン」に充ちている。この建築の魅力を多数のカラー写真を中心に伝える。**3600円**

元号読本―「大化」から「令和」まで全248年号の読み物事典―

所功、久禮旦雄、吉野健一編著　全248の日本公年号を網羅した読み物事典。基本データを完備し、歴史的出来事をコンパクトに解説。新元号「令和」の情報もカバーした決定版。**1800円**

＊価格には消費税は含まれていません。